カントの批判哲学の教育哲学的意義に関する研究

鈴木 宏 著

風間書房

目　次

凡　例

序　章 …………………………………………………………………………… 1
　第1節　本書の目的と課題 ………………………………………………… 1
　第2節　問題の背景 ………………………………………………………… 3
　第3節　本書の全体構成 …………………………………………………… 9

第Ⅰ部　道徳教育論を主軸としたカントの教育哲学の再定位 …… 15

第1章　『教育学』と道徳哲学との関係性から読み解く
　　　　　　カントの教育哲学 …………………………………………… 17

　本章の目的と課題 …………………………………………………………… 17
　第1節　『教育学』にみるカントの教育哲学 …………………………… 18
　　　　（A）自然的教育 ……………………………………………………… 20
　　　　（B）実践的教育 ……………………………………………………… 22
　第2節　カントの義務論と定言命法 ……………………………………… 26
　　（1）義務 …………………………………………………………………… 26
　　　　（A）自分に対する完全義務 ………………………………………… 26
　　　　（B）他者に対する完全義務 ………………………………………… 27
　　　　（C）自分に対する不完全義務 ……………………………………… 27
　　　　（D）他者に対する不完全義務 ……………………………………… 28
　　（2）定言命法 ……………………………………………………………… 30
　第3節　『教育学』と道徳哲学との関係性 ……………………………… 34
　本章のまとめ ………………………………………………………………… 40

第2章 カントの良心論とその教育学的位置づけ……………………… 45
本章の目的と課題……………………………………………………… 45
第1節 カントの良心論………………………………………………… 46
（1）良心の概念規定………………………………………………… 47
（2）誠実さとしての良心…………………………………………… 48
（3）良心と実践理性との関係性…………………………………… 51
（4）良心法廷説……………………………………………………… 53
第2節 良心の教育学的位置づけ……………………………………… 56
本章のまとめ…………………………………………………………… 60

第3章 道徳教育の方法論としての「問答教示法」……………………… 63
本章の目的と課題……………………………………………………… 63
第1節 カントの道徳教育の方法論…………………………………… 64
（1）『実践理性批判』にみる道徳教育の方法論…………………… 64
（2）問答教示法……………………………………………………… 67
第2節 カントの道徳教育論の現代的意義…………………………… 73
（1）『実践理性批判』から『道徳形而上学』までの哲学的関心の移り行き…… 73
（2）道徳的判断力の育成の問題…………………………………… 79
本章のまとめ…………………………………………………………… 85

小括…………………………………………………………………………… 89

第Ⅱ部 カントの教育哲学と周辺思想家との関係性の検討……… 91
第4章 カントの教育哲学に対するルソーの影響
　　　　──公教育の概念を中心に──………………………………… 93
本章の目的と課題……………………………………………………… 93

第1節　ルソーの社会哲学と公教育論との関係性……………………… 95
　　（1）ルソーの社会哲学………………………………………………… 95
　　（2）ルソーの公教育論………………………………………………… 98
　第2節　カントの社会哲学と公教育論との関係性……………………… 101
　　（1）カントの社会哲学………………………………………………… 101
　　（2）カントの公教育論………………………………………………… 103
　第3節　ルソーの社会哲学と公教育論が与えたカントへの影響……… 106
　本章のまとめ………………………………………………………………… 108

第5章　教育哲学者としてのロックとカント
　　　　──理性の位置づけとその陶冶の方法をめぐる比較研究──……… 113
　本章の目的と課題…………………………………………………………… 113
　第1節　ロックの教育哲学にみる理性の位置づけ……………………… 115
　第2節　カントの教育哲学にみる理性の位置づけ……………………… 117
　第3節　ロックとカントとの教育哲学における関係性………………… 119
　本章のまとめ………………………………………………………………… 122

第6章　カントの道徳哲学に対するショーペンハウアーの批判……… 125
　本章の目的と課題…………………………………………………………… 125
　第1節　ショーペンハウアーの道徳哲学にみる意志と同情の役割…… 126
　　（1）意志………………………………………………………………… 126
　　（2）同情………………………………………………………………… 129
　　（3）意志の否定………………………………………………………… 131
　第2節　ショーペンハウアーによるカントの道徳哲学への批判……… 133
　　（1）「最高善」に対する批判………………………………………… 134
　　（2）「理性」に対する批判…………………………………………… 137
　　（3）「価値」に対する批判…………………………………………… 140

第3節　ショーペンハウアーの批判から導き出される
　　　　　カントの道徳哲学の特性……………………………………… 142
　　（1）カントの道徳哲学における「同情」の位置づけ………………… 142
　　（2）ディルタイの批判的視点からみたカントと
　　　　　ショーペンハウアーの道徳哲学…………………………………… 145
　本章のまとめ………………………………………………………………… 149

小括……………………………………………………………………………… 153

第Ⅲ部　カントの批判哲学と教育哲学………………………………… 155

第7章　カントの公教育論
　　　　──世界市民的教育の現代的意義の探求── ……………… 157
　本章の目的と課題………………………………………………………… 157
　第1節　カントの公共性概念…………………………………………… 159
　第2節　『教育学』にみるカントの公教育論……………………………… 161
　　（1）公教育の原理…………………………………………………… 162
　　（2）公教育を担う教師像…………………………………………… 164
　第3節　開かれた公教育を実現するための社会のあり方………………… 168
　第4節　開かれた公教育で扱われるべき教育内容………………………… 171
　本章のまとめ………………………………………………………………… 174

第8章　カントの教育哲学にみる強制と自由との両立可能性……… 179
　本章の目的と課題………………………………………………………… 179
　第1節　カント哲学の諸自由概念とその関係性………………………… 181
　　（1）前批判期の自由概念…………………………………………… 182
　　（2）『純粋理性批判』の自由概念──超越論的自由と実践的自由…… 184
　　（3）意志の自由──意志の自律としての自由と選択意志の自由…… 188

第2節　教育における強制と自由の問題……………………………… 193
　本章のまとめ………………………………………………………………… 197

第9章　「物自体」の概念とその教育哲学との関係性…………… 203
　本章の目的と課題………………………………………………………… 203
　第1節　「物自体」論の諸相……………………………………………… 205
　　（1）理論哲学における「物自体」の意味……………………………… 205
　　（2）実践哲学における「物自体」の意味……………………………… 209
　　（3）『判断力批判』における「物自体」の意味……………………… 213
　第2節　「物自体」の概念と教育哲学との関係性……………………… 216
　本章のまとめ………………………………………………………………… 220

第10章　「絶対的価値」論と道徳教育の構想……………………… 225
　本章の目的と課題………………………………………………………… 225
　第1節　カントの価値論――絶対的価値とは何か――……………… 227
　第2節　「絶対的価値」論と道徳教育の構想…………………………… 229
　　（1）人間性の尊厳…………………………………………………………… 229
　　（2）理性的であるということの意味……………………………………… 231
　　（3）絶対的価値の意義を伝える教育の実践的なあり方……………… 233
　本章のまとめ………………………………………………………………… 235

小括………………………………………………………………………………… 239

結　章……………………………………………………………………………… 241
　第1節　各章の要約………………………………………………………… 241
　第2節　総合的考察………………………………………………………… 246
　第3節　今後の課題と展望………………………………………………… 249

参考文献一覧……………………………………………253
初出一覧…………………………………………………261
謝　辞……………………………………………………263
索　引……………………………………………………265

凡　例

　カントの著作からの引用箇所の表示は、（　）内にローマ数字でアカデミー版カント全集（*Kant's gesammelte Schriften, begonnen von der Königlich Preußischen Akademie der Wissenschaften, Berlin,* 1900ff.）の巻数を、アラビア数字で頁数を示す。また、『純粋理性批判』からの引用については、慣例に従って、第一版の表記をA、第二版の表記をBとし、その後に頁数を提示する。引用文中の傍点は原典のイタリックを、太線は原典の強調を、亀甲括弧〔　〕は原典の括弧（　）を示している。また、六点リーダー（……）は、引用箇所の中で本論の趣旨から逸れた部分を省略したことを表している。原典からの翻訳は、断りがない限り筆者によるが、適宜邦訳書を参照させていただいた。邦訳書を引用した場合は、文脈との整合性を考えて一部表現を改めたところがある。

序　　章

第 1 節　本書の目的と課題

　本書の目的は、カント (Immanuel Kant, 1724-1804) の哲学の中でも特に『純粋理性批判』(*Kritik der reinen Vernunft,* 1781/1787) を著した以降の批判期の哲学に着目し、哲学史上の主たる功績である批判哲学の体系が、彼の教育哲学にとってどのような意義をもつのかを解明し、教育哲学研究における新たなカント像を浮かび上がらせることである。こうした目的を設定した理由として、まずはカントの教育学を主題とした先行研究の現状に簡単に触れておきたい。従来の先行研究には、『実践理性批判』(*Kritik der praktischen Vernunft,* 1788) や『道徳形而上学』(*Die Metaphysik der Sitten,* 1797) のように、批判期の作品の中でも教育方法論が展開されている作品の教育実践上の意義を明らかにするものや、人間形成論としての重要性を指摘するものが目立つ。そうした研究は無数に挙げることができ、もはやカントの教育哲学そのものについての解釈の厳密性を追求したり、彼の教育哲学の意味を説いたりすることに多くの可能性が残されているとは言いがたい現状にある。

　しかし同時に、カントの教育哲学を主題としながらも、彼の批判哲学をより包括的に理解し、体系的に論じた研究が、議論の余地がないほど十分に遂行されたと言うこともできない。例えば、カントの主著である『純粋理性批判』や、比較的後期の作品である社会哲学に関する小論集などを研究対象として取り込んだ研究は、管見の限りでは見当たらない。だが、一例として、カントが教育の最大の課題として挙げている子どもへの強制と自由との両立の可能性に関する問題を、『教育学』(*Über Pädagogik,* 1803) の体系の内での

み解決することはできないし、また、公教育のあり方をめぐる議論に関しても、彼の社会哲学を理解して初めてその主張の真意が理解できる部分が多く含まれている。したがって、カントの教育哲学を理解するためには、これまで教育学の領域に直接的に関係があるとは考えられてこなかった部分にも注目することが必要であり、それによって解明することができる課題はまだ残されていると考えられるのである。

そこで本書は、これまでに体系的な著作としての研究成果が打ち出されていないカントの教育哲学研究に対して、彼の主たる功績である批判哲学の体系を取り入れることにより、カントの教育哲学をより包括的に理解することを主たる目的としたい。具体的な課題は以下の三点である。

最初の課題は、これまでカントの教育学研究の主な拠り所となってきた講義録『教育学』の特徴を整理するとともに、彼にとって教育の最大の課題である道徳教育のあり方を解明することである。そのために、『教育学』を批判期の道徳哲学の主張と結びつけることによって、道徳教育のあるべき姿や課題が何かが明らかになるだろう。二つ目の課題は、カントがその教育論を展開するまでに受けた先哲からの影響と、彼の哲学が与えた後世への影響をまとめ上げ、教育哲学者としてのカントの独自性がどこにあるのかを提示することである。あくまでも時代を超えた普遍性を志向する哲学は、同時にそれぞれの時代の中で生まれてくるものでもある。同時代の思想家との比較研究を行うことにより、現代のわれわれの視点から見た場合のカント哲学の時代的制約がどこにあるのか、また反対に、現代でもなお効力を発揮しうる普遍的な要素は何なのかが浮き彫りになるだろう。そして三つ目の課題は、批判期の数々の所産を教育学的視点から捉え直し、『教育学』だけでは論じることのできない教育学的主題を取り上げ、それに対する解をカントの批判哲学の中から導き出すことである。社会哲学の議論に則った公教育論や、三つの批判書の中で常に主題の一つであり続けた「物自体」の概念の教育哲学的意義を検討することによって、本書の考察は、カントの教育哲学の豊かな可

能性を広げることに寄与することになるだろう。

第 2 節　問題の背景

　以上のような課題を設定した理由は主に二点である。第一に、カントの教育哲学の本質的な内容が盛り込まれている『教育学』が、これまでカント研究全体の中でそれほど重要視されてこなかったことである。そして第二に、『教育学』の内容に批判期の哲学の思考法が反映されているかどうかが不明確であり、他の作品とは独立して語られることが多かったということである。そこで本節では、『教育学』刊行の時代背景と成立事情を一瞥することによって、これまでカント研究の領域で『教育学』がさほど頻繁に取り上げられてこなかったことの由来を探り、それでもなお、カントの教育哲学を研究することには大きな意義があるということを論証する。その上で、現代においてカントの哲学を取り上げることの社会的な意義についても論及したい。

　『教育学』を中心としたカントの教育論にそれほど多くの目が向けられてこなかった理由にはさまざまな要因が考えられるだろうが、その一つとして、彼が教育学に取り組んだきっかけが、プロイセン政府によって教育学講義を実施するよう政令が出されたことであったことが挙げられる。1774年6月13日付の政令によれば、カントが在籍していたケーニヒスベルク大学で、哲学部の教授陣が6か月ごとに交代で「公講義」として教育学講義を行うべき旨が記されていた。カントが実際にこの講義を担当したのは、1776/77年冬学期、1780年夏学期、1783/84年冬学期、1786/87年冬学期の四度だが、この教育学講義のためにカントが用意した講義ノートに基づいて編纂されたのが、『教育学』という作品である。『教育学』の出版が決して彼の自発的な哲学的関心によるものではなかったことが、この著作の価値に疑問の目が向けられることになった要因の一つであると考えられるわけである。

　また一方で、『教育学』の内容そのものに関しても、積極的な評価が与え

られてこなかった経緯がある。例えば尾渡のように、『教育学』の内容には『純粋理性批判』以降の批判期の立場が反映されておらず、むしろルソー (Jean-Jacques Rousseau, 1712-1778) に影響された汎愛主義的な教育哲学であると解釈する見方がある[1]。

しかし、近年の研究動向に目を向けてみると、後述するような『教育学』の文献的な不備を認めた上で、それを他の著作によって補完し、この作品の内容をより豊かに理解しようとする試みが広く行われている[2]。実際に、『実践理性批判』や『道徳形而上学』といった批判期の作品の中には、広く知られたカントの道徳論が展開されているだけでなく、その理論の実践的なあり方をめぐる方法論が描かれている。こうした方法論の記述を、彼の教育学的関心に由来するものとして理解し、『教育学』の内容と照らし合わせて解釈することには大きな意味があると考えられる。

ところで、カントの教育哲学がいかなる時代背景の中で生み出されたのかを明らかにするためには、18世紀ドイツ（当時の名称はプロイセン）でどのような教育政策がとられ、教育のあり方にどのような変化が起こったのかを理解する必要がある。「啓蒙の時代」と呼ばれる18世紀のドイツでは、実際は啓蒙という言葉はまだほとんど人々の共通理解を得たものではなく、この言葉をカントが主題として取り上げるようになったのは、1783年に説教師ツェルナー (Johann Friedrich Zöllner, 1753-1804) が『ベルリン月刊雑誌』(Berlinische Monatsschrift) で「啓蒙とは何か」という問題提起を行ったことに始まる。この問いに対して1784年の『ベルリン月刊雑誌』12月号の誌上で『啓蒙とは何か（という問いへの答え）』(Beantwortung der Frage: Was ist Aufklärung? 1784) を発表したカントは、啓蒙を「人間がみずからに責めのある未成年状態から脱すること」(Ⅷ 35) であると定義した。また、カントは18世紀ドイツという時代を「啓蒙の時代であり、あるいはフリードリヒの世紀である」(Ⅷ 40) と述べ、当時のフリードリヒ二世 (Friedrich Ⅱ., 1712-1786 在位：1740-1786) を啓蒙の普及者として讃えている。このことからも分かるように、ド

イツの啓蒙主義は、国家の側からの啓蒙絶対王政によって推進されたところにその特徴がある。したがって、ドイツ啓蒙主義を代表する敬虔主義（Pietismus）、合理主義（Rationalismus）、汎愛主義（Philanthropismus）の思想家たちは、プロイセン政府の意向と結びつくことによってのみ、その活動が認められたのである[3]。

　フリードリヒ一世（Friedrich I., 1657-1713 在位：1701-1713）に始まるプロイセン国家の教育政策は、初等・中等教育から高等教育にまで及び、初等・中等教育では「実科学校（Realschule）」やバゼドウ（Johann Bernhard Basedow, 1724-1790）が創設した「汎愛学舎（Philanthropin）」などが誕生した。また高等教育では、フリードリヒ一世が「世界最初の近代的大学」と称されるハレ大学を創設した。こうした大学の創設が時代の先駆けとして認められたのには、宗教改革以降、いずれの大学でも宗派的立場に限定された研究や講義が行われ、合理主義哲学や自然科学が顧みられなかったことが背景にある。こうした中で、ハレ大学は宗派主義の教育を排除したことによって、学問研究の自由を認めたのである。しかし、そのような見方がある一方で、ハレ大学にしても、必ずしも啓蒙の理念と合致するような大学運営を行っていたわけではない。大学は、あくまでも国家のために奉仕するものであって、大学を監督するための機関として大学監督官がいたし、さらに、教授の任命権は領邦君主がもっていた。教授は国家官吏とみなされ、プロイセン国家の思惑に服従させられていったのである。

　18世紀ドイツの国家と大学の関係性について言えば、カント自身も『たんなる理性の限界内の宗教』（以下、『宗教論』と記す）（*Die Religion innerhalb der Grenzen der bloßen Vernunft*, 1793）の出版をめぐって、プロイセン政府との衝突を経験している。フリードリヒ二世の没後、その後を継いだフリードリヒ・ヴィルヘルム二世（Friedrich Wilhelm II., 1744-1797 在位：1786-1797）は、啓蒙政策を推進していた国務大臣ツェードリッツ（Karl Abraham Freiherr von Zedlitz, 1731-1793）を罷免し、ヴェルナー（Johann Christoph von Wöllner, 1732-

1800）を宗教大臣に任命した。ヴェルナーは、啓蒙主義から宗教を守るために宗教勅令と検閲令を公布した[4]。このときカントは、宗教に関して「人間本性のうちにある根本悪について」（*Über das radikale Böse in der menschlichen Natur*, 1792）と「人間の支配をめぐる善の原理と悪の原理の戦いについて」（*Von dem Kampf des guten Prinzips mit dem bösen um die Herrschaft über den Menschen*, 1792）の二つの論文を著していたが、後者が聖書神学に関わるものと見なされ、検閲によって出版を禁止されることになった。しかしカントは、それら二つの論文にさらに二篇を加えて、プロイセンの検閲を要しないケーニヒスベルク大学の神学部からの許可を得て『宗教論』を出版した[5]。これがさらにヴィルヘルム二世を刺激し、1794年には、カントに対して宗教に関する著作と講義を禁止する勅令が出されることになったのである。こうした傾向は、ヴィルヘルム二世が死去し、ヴェルナーが更迭され検閲令が廃止されるまで続いた。

このようなプロイセン政府の反啓蒙主義的思想は、当時フリードリヒ二世が制定に尽力した「一般ラント法（Das allgemeine Landrecht）[6]」の中にも読み取ることができる。すなわち、一般ラント法の第二部第一二章の第一条では、「学校および大学は国家の施設である」と指摘されていることから、やはりプロイセン国家のいう啓蒙主義的教育はあくまでも国家主義の枠内でのことにすぎないのである。汎愛派のバゼドウは、啓蒙主義的教育理論を打ち出した点で評価されなければならないが、その思想には啓蒙主義的な面があると同時に国家主義的な面があったことに注意しなければならない。国家の下で行われる教育によってそれまでの宗派教育から脱することができるようになった一方で、教育行政が国家の権力に従属し、教育の自由や学問の自由が失われる危険性が生じていたわけである[7]。こうして18世紀ドイツを支えた啓蒙主義の教育理論も、直接的ではないにしろ絶対主義的体制下の教育を補強したことは事実だろう。

結局のところ、プロイセン政府が目指したのは、教育を教会から国家の営

為へと移行させ、これまでの宗派教育とは異なった国民教育を遂行することであった。フリードリヒ二世の時代にはまた、教員養成のための師範学校を設立し、その卒業生が国家試験に合格してはじめて教師に任命される制度を確立した。このことは、聖職者が兼務していた教師ではなくて、新しい教育内容を理解した教師を国家として養成する必要があったことを意味している。こうした国家主義に基づく啓蒙主義的教育制度の導入は、その「啓蒙主義」の側面に目を向ければ近代教育の萌芽を見出すことができるだろうし、反対に、「国家主義」の側面からは、国家にとって有用な人材を育成しようとする反啓蒙主義的精神を読み取ることもできる。しかし、いずれにせよ、18世紀ドイツでは、教育をめぐる環境や制度が大きな転換期を迎えたことを受けて、大学として「教育学」の講義を開講する必然性が生じたということを忘れてはならないだろう。

　では次に、『教育学』という著作がいかなる経緯に基づいて出版されたのかという問題を解明したい。そもそも『教育学』が成立するきっかけとなったのは、ヘルダー（Johann Gottfried Herder, 1744-1803）が『純粋理性批判のメタクリティーク』（*Eine Metakritik zur Kritik der reinen Vernunft,* 1799）を刊行したことである。カントはこれに対してさらなる批判を試みていたが、すでに彼の健康状態ではそれは不可能であった。そこで1800年に、再批判のための資料や覚書が彼の弟子であり同僚のリンク（Friedrich Theodor Rink, 1770-1811）とイェシェ（Gottlob Benjamin Jäsche, 1762-1842）に手渡され、ヘルダーへの批判が託されたのである。同じ年に、『メタクリティークによる侵略史への雑録』（*Mancherlei zur Geschichte der metakritischen Invasion,* 1800）としてヘルダーへの批判が公のものとなっている。ここで『教育学』の成立に関連して注目すべきは、カントがヘルダー批判のためにリンクに手渡した資料の中に、『教育学』の覚書があったということである。『メタクリティークによる侵略史への雑録』の出版後、リンクはカントから手渡された覚書を整理し、刊行することになったのだと考えられる。

しかし、このリンクによる編集作業が、現在でも『教育学』を対象とした研究を困難にする要因となってしまう。というのも、リンクによる編集はかなり投げやりなものとなり[8]、最終的に刊行された『教育学』には、表現の繰り返しや不整合が何度も見受けられるという結果になってしまった。また、リンクが編集したオリジナル版の『教育学』は、ページ数の異なるものが同じ1803年のうちに出版されたという理解しがたい事情もあり、一つの著作としてのこの作品の評価は低いものとなってしまったと言わざるをえない。

　もちろん、上述のような『教育学』成立に関する諸問題を根拠として、著作としての価値を疑問視するのは不当なことではない。あるいは少なくとも、もっぱら『教育学』にのみ依拠してカントの教育哲学をすべて網羅することは困難であろう。カントの主たる功績がその批判哲学の体系を構築したことにあるとすれば、そうした批判哲学との関係性を問いつつ『教育学』を読み解いていくことによってこそ、カントの教育哲学を真に理解することになるだろう。だが一方で、『教育学』をその内容が批判期の体系に馴染まないものであることを理由に消極的に評価する立場に対しては、批判哲学とのつながりを論証することによって、これに応えていく必要がある。『教育学』が批判期以前の内容を含んでいるとしても、そもそも本書の覚書がカントの教育学の講義資料に基づくものであったことを考えれば、その講義の開講時期を鑑みると、批判期の立場が全く反映されなかったはずはないだろう。したがって、『教育学』の内容を取り扱う上では、著作としての体系性の欠如という問題点を前提としながらも、それを克服するために、批判期の主な成果との関連性を意識しながら論証を進めなければならないのである。

　さて、こうした問題意識からすると、本研究は学界に寄与する純粋な思想研究に属するものであり、社会的な意義はないと思われるかもしれない。もちろん、本研究は、カントの教育哲学に対する一面的な理解を打破するという目的のもとで行われるものではある。しかし同時に、カントはたんなる過去の思想家の一人などではなく、その主張は、今を生きるわれわれが抱えて

いる問題に対する多くの手がかりを与えてくれるものでもある。たとえば、現代を特徴づける一つの要素として、ポストモダンの論者たちがカントをはじめとした近代哲学の主張する規範的価値の物語性を暴露し、近代の思想は過去のものとされてしまったという経緯がある。本論の主旨からは外れるため詳論することは避けなければならないが、こうした経緯によって、規範的な価値が見失われ、教育の分野には効率性を重視する新自由主義の考え方が積極的に導入され、さまざまな問題が表面化してきているという事実がある[9]。

　当然、こうした問題を踏まえ、安易にカントの立場に回帰するわけにはいかないだろう。それでも、いま一度近代哲学の所産に目を向けて、われわれが直面している問題の解決への鍵を見つけられるかどうかを探っていく努力をする必要はあるのではないか。その意味で、本研究は、カントの教育哲学を批判哲学の体系を踏まえて捉え直し、その考察の結果から波及的に現代の諸問題に対するヒントを導き出すことをも射程に入れて進められるものである。

第3節　本書の全体構成

　以上のような問題意識に基づいて、本書では、カントの道徳教育論を批判期の実践哲学と関連づけて定位することを考察の出発点にして、次に、彼とその同時代の周辺思想家との関連性の中からカントの独自性を浮かび上がらせ、そして批判期の哲学を教育学的視点から捉え直し、その意義を解明することを課題とする。

　ここで各部および各章の流れを俯瞰しておきたい。まず第Ⅰ部は、カントが『教育学』を中心に展開した教育論の中で、教育の主たる目的として掲げた道徳化（Moralisierung）をめぐる三つの主題を設定し、カントの道徳教育論の再定位を行う。

考察の手始めとして、第1章では、カントの教育哲学の基本的な立場が読み取れる『教育学』の要点を整理し、その主張が彼の批判期の道徳哲学の内容とどのような形で結びついているのかを明らかにする。『教育学』ではさまざまな形で教育の区分が示されているが、本章では「自然的教育」と「実践的教育」という二つの領域区分に基づいて、幼児の保育から子どもの道徳化へと至る論理を辿っていく。そして、『教育学』の論述が、カントの道徳哲学の核心である定言命法との類似点を示していることを指摘し、道徳哲学の主張の中にも道徳教育というテーマを介して教育学的な関心が見え隠れしていることを示す。

　第2章では、カントが説く道徳教育のあり方をめぐって、ほとんど手がつけられてこなかった良心（Gewissen）の概念と、その教育学的な意義を提示する。カントの良心論は、いわゆる三批判書が出版されるまで体系的に取り上げられたことがなく、従来の研究で主題として扱われたことはごくわずかにすぎない。とはいえ、道徳教育を論じる上で、良心のはたらきを無視することはできない。本章では、『弁神論の哲学的試みの失敗』（以下、『弁神論』と記す）（*Über das Mißlingen aller philosophischen Versuch in der Theodicee*, 1791）以降の諸著作で展開されているカントの良心論をまとめた上で、道徳教育の中で子どもの良心をどう扱うべきであるのかを論じていく。

　第3章では、第1章の考察によって導き出されるカントの道徳教育論の原理がいかなる方法論によって実践されるのかという問題を、『道徳形而上学』で具体例が挙げられている「問答教示法（Katechismus）」に依拠しながら論じる。ここでは、問答教示法と道徳哲学の原理との整合性について検討した上で、この方法の現代的な意義について吟味する。

　第Ⅱ部では、第Ⅰ部で取り上げたカントの教育哲学の基本的な立場が思想史上にどのように位置づけられるのかという主題を取り扱う。周辺思想家からの影響やその関連性、さらには後の時代の思想家のカント受容のあり方を理解することにより、カント自身の教育哲学の特性や独自性がどこにあるの

かという点が、これまで以上に明確に浮かび上がってくることになるだろう。それによって、カントの教育論が『教育学』だけを拠り所として解釈できるものではなく、批判期の作品の内容も取り入れることによってこそ、はじめて包括的に理解できるものであるということを示していく。

　第4章では、カントが複数の著作の中でその名を引用し、『教育学』でも何度も引き合いに出しているルソーからの影響と、二人の間の立場の違いについてまとめていく。これまでも幾度となく研究が行われてきたルソーとカントとの思想史上の影響について、本章が焦点を当てるのは二人の公教育論である。彼らの社会哲学の構想を解釈することを通して、公教育の考え方について然るべき影響の跡を辿り、なおかつその中でカントが示した独自の主張の内容を浮き彫りにしていく。

　第5章では、教育哲学者としてのロック（John Locke, 1632-1704）の思想に着目し、カントの立場との比較研究を行う。本章で主として論じるのは、二人が考える子どもの理性の位置づけやその陶冶の方法論である。認識哲学の領域で多大なる影響を受けたロックとの比較を通して、ルソーとの関係性からでは読み取ることができなかった道徳教育の原理に関する共通項を見出すことができるだろう。

　そして、先の二つの章の考察を踏まえ、第6章では、カント以降の時代の論者として、従来あまり比較研究の対象とされてこなかったショーペンハウアー（Arthur Schopenhauer, 1788-1860）を取り上げ、彼のカント解釈から見えてくるカントの道徳哲学の特性を論じる。彼は認識哲学における『純粋理性批判』の歴史的な功績を讃えるほどカントの哲学に傾倒した一方で、彼の道徳哲学に対しては徹底した批判を行っている。そこで本章では、彼のカント批判の妥当性を吟味した上で、それに対してカントの思想体系からどのような応答が可能なのかを考えてみたい。また、ショーペンハウアー自身の道徳哲学の基盤である同情や意志といった概念の意味を理解することによって、カントの立場を相対化させ、再度その思想の独自性を示すことができるだろう。

第Ⅲ部では、カントの教育哲学の本質的な内容が、『教育学』のように教育を主題とした作品だけでなく、批判期の哲学の成果の中に数多く読み取ることができるということを論証する。以下それぞれの章では、社会哲学の作品から読み取れる公共性概念、理論哲学から実践哲学までの自由概念の変遷、三批判書の中で一貫して重要な意味を持ち続ける「物自体（Ding an sich）」の概念、そして道徳哲学で提起される価値論と、批判哲学の体系の中で論じられた主題を教育学の問題として捉え直すことができることを明らかにし、教育哲学の領域に対するカント哲学の積極的な意義を強調したい。

第7章では、カントが『啓蒙とは何か』で定義した公共性（Öffentlichkeit）の概念に基づいて、公教育とはそもそも何を目指して行われるものなのか、そして公教育を担う教師には何が求められるのかといった問題を解明する。

第8章は、カントが教育という営為が抱える最大の課題であるとした「法則的強制に服従することと、自分の自由を使用する能力とを、どのようにして結合できるか」（Ⅸ 453）という問題に対する一つの答えを提示する。そのための一助として、前批判期から『純粋理性批判』、そして批判期の道徳論に至るまでのカントの自由論を考察の対象とする。それによって、カントが教育を通して獲得するべきものとして想定していた自由が一体どのような性質のものであったのかが、具体的に示されるだろう。

第9章では、カントが主著『純粋理性批判』をはじめとする理論哲学の中で主として論じた「物自体」の概念の意味を、三批判書全ての論述に即して整理し、その教育哲学に対する意義を明らかにする。考察を進めるにあたっては、教育の最終的な目的である道徳化と物自体の概念とがどのように結びつくのかを主たる議論の対象とする。また、それによって、道徳化を目的とした教育論が抱えている問題点が、物自体の概念と関連づけられることによっていかにして解決されうるのかという点を取り上げる。

最後に第10章では、本書の考察の締めくくりとして、道徳哲学の中で展開されているカントの価値論が持つ教育学的な重要性を論じる。考察の手順

としては、相対的な諸価値と対比する形で提示される「絶対的価値」の意味を整理した上で、規範となる絶対的な価値を意識して行為することの重要性と、こうした絶対的な価値を教育の場でどのように伝えていくべきなのかという問題を吟味していくことになるだろう。

註

1) 尾渡達雄「カント教育論の性格について」『哲学』第18集、広島哲学会、1966年、60-71頁。
2) 例えば山口は、教育哲学の問題としてカントを論じるために不可欠となる手続きの一つとして、カントにおける教育学の方法論的基礎づけの可能性を他の著作を援用して再構成することを挙げている(山口匡「カントにおける教育学の構想とその方法論的基礎——理論＝実践問題と≪judiziös≫な教育学——」『教育哲学研究』第71号、教育哲学会、1995年、74頁)。
3) 田中明徳「プロイセン『啓蒙』絶対王政の教育政策」世界教育史研究会編『世界教育史大系11　ドイツ教育史Ⅰ』梅根悟監修、講談社、1976年、167頁。
4) Cassirer, Ernst. *Kants Leben und Lehre,* Bruno Cassirer, Berlin, 1918, S.401. カッシーラー、E.『カントの生涯と学説』門脇卓爾・高橋昭二・浜田義文訳、みすず書房、2003年、398頁。
5) Ebd., S.406-407. 同書、403頁。
6) 一般ラント法は1791年3月に一旦公布されたのち、改正によって1794年2月5日付で改めて公布された。この法律はフリードリヒ二世が命じて編纂させたものであるが、王の存命中には完成をみず、次の王フリードリヒ・ヴィルヘルム二世の時代になってようやく完成した。
7) カント、I.『カント全集17』加藤泰史訳、岩波書店、2001年、解説421頁を参照。
8) リンクによる編集が不正確になった理由については、『自然地理学』(*Physische Geographie,* 1802)の出版をめぐってのトラブルや、リンク自身の人間性によるものなどさまざまな指摘がなされているが、正確には明らかになっていない(カント、I.『カント全集17』解説428-429頁を参照)。
9) 現代の教育をめぐる諸問題の詳細については、以下の文献の諸論文が示唆に富む。『現代思想』vol.42-6、青土社、2014年。例えば佐々木賢「教育商品化の現在」や矢野眞和「教育家族の逆説」などを参照。

第Ⅰ部
道徳教育論を主軸としたカントの教育哲学の再定位

第1章　『教育学』と道徳哲学との関係性から読み解くカントの教育哲学

本章の目的と課題

　本書全体の中での本章の位置づけは、今後の諸章でさまざまな観点から論じられるカントの教育哲学の基本的な立場が読み取れる『教育学』の要点を整理し、その主張が彼の道徳哲学の本質的な内容とどのように関連づけられるのかを明らかにすることである。
　以下では、主に三つの課題を設定して論を展開していくことにする。第一に、『教育学』にみられるいくつかの教育の分類の中から「自然的教育」と「実践的教育」という二分法の考え方に着目し、それぞれの特徴について簡潔にまとめていく。ここでは、特にカントが教育の最終的な目標として掲げた道徳化へと至る論理を中心に追っていくことになるだろう。第二に、道徳化を教育という営為の最大の関心事と考えるカントの教育論にあって、そもそも彼が道徳という概念をどのように理解していたのかという点を、義務論の体系と定言命法の意義を題材にして論じていく。さらに、それを基にした第三の課題は、『教育学』に立脚したカントの教育論と批判哲学の所産である道徳論の内容を統合することによって、道徳教育の原理を提示することである。これまで『教育学』という作品をめぐっては、論者によってはそれが批判哲学の体系には含まれないものとして理解されてきた経緯がある。しかし本論では、『教育学』の論理と定言命法の諸定式との類似性について明らかにし、さらには最高善という理念の教育学的な意義を検討することによって、『教育学』の主張がカントの道徳哲学の構造と切り離しがたく結びつい

ているということを論証したい。

第1節　『教育学』にみるカントの教育哲学

　カントの教育論の基本的な性格を簡潔に表す言葉として、これまで何度となく、かの有名な一節が引用されてきた。それは、『教育学』の冒頭にある「人間は教育されなくてはならない唯一の被造物である」（Ⅸ 441）というものである。また、これも周知の言葉だが、「人間は教育によってだけ人間になることができる。人間は、教育が人間から作り出したものに他ならない」（Ⅸ 443）とも述べているように、カントは、人間が真に人間となるために必要な営為として教育を捉えている。ここでカントが「人間は教育によってだけ人間になることができる」と言った背景には、人間が生まれた当初は未開の状態にあるという理解がある。では、人間が人間であること、すなわち、人間を他の動物と区別することのできる根拠はどこにあるのか。それは、動物が行為する際にはその本能にのみ従っているのに対して、人間の場合は、理性を必要とし、それによって自ら計画を立てて行為しなければならないという点にある（Ⅸ 441）。したがって、人間がその人間性を獲得するためには、いわば「第二の本性」（Ⅸ 445）となるような普遍的な法則に従うための適切な教育が必要であり、そのための計画的で体系的な教育の構想が求められるわけである。カントは、これまでの教育では人間がその素質を十分に発展させることができなかったことへの反省から、教育学の必要性をこのように訴えているのである。

　では、こうした計画的で体系的な教育のあり方を描き出すために、カントはどのような教育論を展開していくのであろうか。もちろん、それを理解するには『教育学』の論述に依拠するしかないのだが、ここで、この作品がカント自身の手によって編纂されたものではなかったことを思い出さなければならない。『教育学』の構成は、序説・論説・結語の三部に分かれているが、

その区別の根拠は明確ではない。大まかに見れば、序説は教育論の一般的な問題、本論である論説は特殊的な教育論、そして結語は性教育や階級の区別などを扱っている部分として区分けすることもできるだろう[1]。しかし、ここで問題なのは、教育の区分に関する記述が、序説から論説にかけてまったく不整合で首尾一貫しない形でなされていることである。

　一つの例として、カントが掲げる教育の区分の中でも、序説の冒頭部分にある分類を整理してみたい。カントは先に挙げた『教育学』冒頭の一節に続いて、「教育とは、養護（Wartung）〔保育（Verpflegung）・扶養（Unterhaltung）〕、訓練（Disziplin）〔訓育（Zucht）〕、教授（Unterweisung）ならびに陶冶（Bildung）を意味する」（IX 441）として、三つの区分を提示している。これら三つの分類を簡単にまとめてみると、第一の養護とは、「幼児がその能力を危険な用い方をしないように、両親があらかじめ配慮すること」（IX 441）である。第二の訓練は、「人間がその動物的衝動により、人間の本分つまり人間性からそれることのないよう予防する」（IX 442）ことである。つまり、人間から野性を取り除く消極的な教育である。それに対して第三の教授は、積極的に何かを学ばせることを意味している。

　こうした区分だけを見れば、カントは的確に教育段階を分類したと言うこともできるだろう。しかし『教育学』では、こうした分類を示した直後に、「人間は養護と陶冶を必要とする。陶冶は訓育と教授を含む」（IX 445）という新たな区分が登場する。さらに序説では、訓練（Disziplinierung）、教化（Kultivierung）、文明化（Zivilisierung）、道徳化（Moralisierung）という四つの区分も示されていて（IX 449-450）、いったいどの区分がカントの真意であるのか理解しがたい構成であることは否定しえない[2]。

　そこで本節では、『教育学』の中心的部分に位置づけられる「論説」で最初に表される教育の区分に依拠して、カントの教育哲学を読み取っていくことにする。ここでの分類によれば、教育は自然的教育（physische Erziehung）か実践的教育（praktische Erziehung）かのどちらかに分けることができる。自

然的教育は、人間にも動物にも共通な教育、つまり保育（Verpflegung）であり、実践的教育は、自由に行為する存在者のような生き方ができるように人間を陶治するところの教育である（Ⅸ 455）。このように教育を二種類に分ける方法は、カントが教授就任論文『感性界と英知界との形式と原理』（*De mundi sensibilis atque intelligibilis forma et principiis,* 1770）を著して以降、批判哲学にも受け継がれる思想である「感性的存在者」と「英知的存在者」という人間の二つの存在のあり方との類似点を見出すことができる。したがって、自然的教育と実践的教育という二つの区分は、カントの批判期の考え方が多分に反映されたものであり、この区分に則ることがカントの教育哲学を理解する上で最も適した方法であると考えられる。

（A）自然的教育

　論説の冒頭部の説明によれば、自然的教育と保育とは全く等しい意味で用いられる。保育は、人間にも動物にも共通の教育である。この教育段階についての説明では、特に幼児の身体の育成に関する論述が目立つ。例えば、幼児が口にすべき食物は母親の母乳であるべきであること（Ⅸ 456）や、寒さに慣れさせるために幼児をあまり暖かくしてはいけないこと（Ⅸ 458）などがそれである。こうした生活上の諸注意に共通するのは、幼児に対してはできるだけ消極的な態度で、自然のままにしておくよう心がけなければならないという考え方である（Ⅸ 462）。保育の段階では、初めから人為的な道具を使うようなことはせず、何事もひとりでに学ばせるようにすることがよいとされる。それらはすべて、自然の企てを尊重する意味を持つと同時に、子どもが早くから誤った習慣を身につけてしまうことを避けるために必要なのである。

　さて、本来であれば、保育の具体的な内容を整理することで、自然的教育に関する論述はすべて網羅したことになるだろう。しかし『教育学』では、先に挙げたような成立事情のために、次の段落で新たに自然的教育の積極的

な部分が組み入れられている。それが教化である。この場合、前段階である保育は、自然的教育の中でも消極的な部分として再定義されることになる。保育と対比させる形で言えば、教化が主眼とするのは「人間の心的能力の訓練」であり、この教育の必要性の有無が人間と動物とを分ける点であるとカントは指摘する（IX 466）。それゆえ、自然的教育における教化とは、精神の自然的教化と言い換えることもできる。このことは、後にも触れるように、実践的教育の中で行われることになる精神の実践的教化との関連では重要な定義となる。

　精神の自然的教化は、自由な教化（freie Kultur）と学課的な教化（scholastische Kultur）に分けられ、それぞれの具体的な内容として遊戯（Spiel）と仕事（Geschäft）が対応している（IX 470）。前者の遊戯については、もちろんただそれを行うことだけで精神の教化ができるわけではない。遊戯が重要なのは、それが子どもの強靱さ（Stärke）や練達性（Geschicklichkeit）の訓練に結びつき、さらには感官（Sinn）の訓練にも役立つからである。感官の訓練とは、距離や大きさや割合を正しく判断し、いろいろな場所の位置を目測で行う訓練や、場所の記憶を行うといったことである（IX 467-468）。また、遊戯にはその内容そのもの以外にも重要な役割がある。それは、子どもが十分に遊戯に満足することで、持続して仕事に集中するよう習慣づけることができるようになるということである（IX 468）。したがって、自由な教化としての遊戯は、学課的な教化である仕事との関係性の中で意味をなす行為だということになる。

　一方の仕事は、遊戯がそれ自体で快適なものであるのに対して、他の意図や目的をもって行うものとして定義される（IX 470）。労働には少なからず強制が伴うことは確かである。そのような労働が精神の自然的教化であると言えるのは、それが、然るべき強制に対して従順であることを可能にさせるような精神の教化であるからである。カントによれば、人間は働かなくてはならない唯一の動物であり、働くことによってはじめて生計の資を得ることが

できる（IX 471）。労働に伴う強制に従うことは、生きる上で必要不可欠な事柄であって、そのように習慣づけることが自然的教化の中での最も重要な課題であると考えられる。労働への習慣づけという教化を前にしては、「子どもが何でも遊戯とみなすよう習慣づけられることは、きわめて有害」（IX 472）ですらある。遊戯が自然的教化としての役割を担うことができるのも、それが労働への最上の休息となるからにほかならない。

『教育学』では、教化の説明に続いて、自然的教育についての論述の中に「教育の全目的とそれを達成する方法とに関する体系的な概念」（IX 475）が示されている。この概念は、教化を心的能力の特殊的教化と一般的教化との二つに分けて説明するものである。前者の特殊的教化とは、「認識能力・感官・構想力・記憶力・注意力および機知（Witz）の教化、したがって悟性の下級能力（untern Kräfte）に関するものの教化」（IX 475）であり、先述した自由な教化の中で行われる自然的教育の一部に該当する。その一方で、後者の一般的教化については、それがさらに自然的教化と道徳的教化との二つに細分化され、そのうち道徳的教化は、その名前からしても明らかに実践的教育の範囲に含まれるものである。したがって、ここで示される概念がすべて自然的教育の内容と一致したものとは考えられないし、カント自身も、この概念を自然的教育の範囲の中で考えていたかは疑わしい。もちろん、この概念が実践的教育の中に位置づけられるものであると断言できるわけではないが、少なくとも、この概念はそもそも「教育の全目的とそれを達成する方法」についての概念であって、そうした目的は自然的教育だけで達成できるものではないだろう。そこで、この二つの分類を自然的教育の範囲の中で理解するのではなく、実践的教育についての考察を通して、改めてその意義を問うことにする。

(B) 実践的教育

『教育学』の論説の冒頭にある区分に従えば、実践的教育とは（一）練達

性に関わる学課的機械的陶冶（scholastisch=mechanische Bildung）、（二）怜悧（Klugheit）に関わる実用的陶冶（pragmatische Bildung）、（三）道徳性（Sittlichkeit）に関わる道徳的陶冶（moralische Bildung）の三つから成り立つ教育である（Ⅸ 455）。そして、それら三つの陶冶がいかなる関係にあるのかという点について、カントは以下のように説明する。「学課的陶冶が最も早く、また第一の陶冶である。なぜなら、怜悧はすべて練達性を前提としているからである。怜悧とは、自分の練達性をうまく売りつける能力である。道徳的陶冶は、人間が自ら洞察するべき原則に基づくものであるかぎり、最後の陶冶である。しかし、それが常識に基づくものにすぎないかぎり、そもそも最初から、そして自然的教育の中でも考慮されなければならない。さもないと、さまざまな欠陥が根ざして、その後にはあらゆる教育術が無駄になってしまうからである」（Ⅸ 455）。このことから、実践的教育で行われる三つの陶冶は、先に挙げられたその順序どおりに進められるべきであることや、その一方で、最後の陶冶である道徳的陶冶は、あらゆる教育段階の中で常に意識されなければならないということが分かる。この「あらゆる教育段階」が先の自然的教育をも含むことは明らかだろう。自然的教育の内容が実践的教育の範囲と重複するような分類が『教育学』の中に散見されるのも、こうした道徳的陶冶に特有の性格に由来するものである。

　ところで、この実践的教育の三段階をめぐっては、カントの『実用的見地における人間学』（以下、『人間学』と記す）（*Anthropologie in pragmatischer Hinsicht abgefasst*, 1798）に見られる人間の三つの素質（Anlage）に関する記述と結びつけて捉え直すことによって、その内容がより深く理解できると考えられる。カントは、人間と他の動物とを明確に区別するものとして三つの素質を挙げている。それらは（一）物を使用するための技術的な素質（technische Anlage）、（二）他人を自分の意図のために利用する実用的な素質（pragmatische Anlage）、（三）法則に基づき自由の原理に従って行為する道徳的な素質（moralische Anlage）である（Ⅶ 322）。『人間学』では、これら三つの間の

具体的な関係については詳細に論じられていないが、「人間がその理性によって課せられている使命は、……自己を教化し、文明化し、道徳化することである」（Ⅶ 324）り、「だから人間は善に向かうように教育されなくてはならない」（Ⅶ 325）のであるとするならば、三つの素質はたんなる並列的な関係ではなく、先の二つの素質が、第三の素質である道徳的な素質に収斂するような形で結びついていると考えることができるだろう[3]。

このことから、実践的教育の三つの分類と人間の素質との類似性を読み取ることができる。機械的陶冶、実用的陶冶、道徳的陶冶は、それぞれが独立して行われるべき性質のものではない。機械的陶冶は、実用的陶冶が後に続くことによってその成果をあげることができるのであり、また実用的陶冶についても、道徳的陶冶の下で十分に役割を果たすことができるのである。機械的陶冶を通して培われる練達性は、それが適切な方法で使用されないかぎり、うまく機能することができない。そこで、練達性を他者に売り込む技術として、実用的陶冶がもたらす怜悧が必要になる。さらに怜悧は、自分の目的のために他者を手段化するための技術である。しかし、この怜悧にしても、自分の目的を果たすのに他者の存在が不可欠であるとするならば、結局は他者を目的と見なす態度も必要となるのであって、そこで道徳性の陶冶が求められるというわけである[4]。したがって、実践的教育の最終段階に位置づけられる道徳的陶冶こそが、人間の教育の最終目的だということになる。

そこで、次に取り上げるべきなのは、実践的教育の三つの陶冶がどのような活動を通して行われるのかという点である。しかし、『教育学』では、道徳性の陶冶を除く他の二つの陶冶については、具体的にどのように行われるのかは明らかにされていない。そのため、ここでは唯一示されている道徳的陶冶の内容から、実践的教育の全体像を理解するほかない。『教育学』では、実践的教育の概要がまとめられている部分で、道徳性は品性（Charakter）の事柄であると論じられている（Ⅸ 486）。この品性の樹立をめぐっては、先の自然的教育の論説の中でより詳細に説明されているため、以下ではその部分

を中心にして考察を進めることにする。

　カントは、道徳教育で求められる第一の努力は品性の樹立であると説く。品性とは「格率（Maxime）に従って行為することに熟達していること」（Ⅸ 481）であるから、「すべての事柄の中に、一定の計画、一定の法則を認めさせ、これにきわめて厳格に従わせること」（Ⅸ 481）が重要である。睡眠時間や勉強時間を守るというように、直接的に道徳性に結びつくとは考えられない事柄でも、そうした一定の規則を守ることが、周りからの信頼を得ることに結びつくことになる（Ⅸ 481）。品性の樹立に必要なものは、従順（Gehorsam）、誠実（Wahrhaftigkeit）、社交性（Geselligkeit）という三つの要素である[5]。そうした諸要素は、子どもが一定の法則に従う際に、いやいやながら従うのではなく、いわば心から法則に従うことを要求するものである。さらに、品性を樹立するためには、子どもが果たすべき義務を教えなければならないとも指摘されている（Ⅸ 488）。「人間は生まれつき決して道徳的存在者ではな」く、「その理性が義務と法則の概念にまで高められるときにだけ道徳的存在者になる」（Ⅸ 492）のだから、子どもが義務に基づいて行為できるようにするために、そうした概念を教え込まなければならないのである。

　こうした内容が、道徳的陶冶として行われるべき教育内容である。本来であるならば、ここで最後に道徳教育の実践的な方法論にも触れておくべきだろう。もちろん、道徳的陶冶に際しては子どもを一定の法則に従わせることだけが必要なのだとすると、彼らを適切に強制することで、その目的を果たすことはできるだろう。だが、それに加えて、義務をはじめとする道徳の概念をどのようにして教えるのかという方法をめぐっては、話はそれほど単純ではない。実際のところ、『教育学』ではその具体的方法に関する記述を見出すことはできない。したがって、まずはカントが道徳という概念をどのように捉えていたかを理解し、それが教育の中ではどのように扱われるのかを確認していこう。そうした考察を踏まえた上で、道徳教育の方法論に関する詳細な検討は第3章に譲ることにしたい。

第2節　カントの義務論と定言命法

　本節の考察の目的は、カントの道徳哲学の全体像を描き出すことではない。彼が教育の最後の段階として位置づけた道徳教育のあり方をより明確に理解するために、先に考察したカントの教育哲学と密接に関わり合うと考えられる義務論の体系と定言命法の諸法式を取り上げることが主題である。カントがどのような項目を「義務」として捉えていたのかを明らかすることによって、道徳教育の中で取り上げるべき具体的な内容が浮かび上がることになると考えられる。また、彼の義務論の特徴として、一つひとつの行為の格率が普遍的な法則になり得るかどうかを検証するということが挙げられる。そこで、この「普遍化の可能性」を基礎とする定言命法が定式化されている『道徳形而上学の基礎づけ』（以下、『基礎づけ』と記す）（*Grundlegung zur Metaphysik der Sitten,* 1785）に依拠しつつ、義務論と定言命法との関係性について明らかにしていくことにする。

(1) 義務

　そこでまず、道徳的陶冶の中で教えるべき概念として提示された義務（Pflicht）とは何かを問わねばならない。『教育学』でも義務の概念の大要が示されてはいるが、それ以上に『基礎づけ』では彼の義務論が体系的に整理されている（Ⅳ　421-423）[6]。カントは、義務を自分自身に対する義務と他者に対する義務に、また完全な義務と不完全な義務とに区別する。したがって、カントの義務論は以下のような四つの分類で表すことができる。彼はそれぞれの義務のカテゴリーに対して具体的な例をもって説明している。

(A) 自分に対する完全義務

　この義務は、いかなる理由によっても自ら生命を絶ってはならないという

義務を指す。害悪や絶望のために生きることに嫌悪を感じている人が、自分の生命を絶ってもよいという主観的な原理、すなわち格率は、決して普遍的な法則とはなりえない。自殺を認める論理とは、人生でこれから比較的長い期間に、快適よりも害悪がおびやかすのならば、自愛の念に基づいて自らの生命を切り捨ててもよいということである。しかし、生命の促進へと駆り立てるはずの快適さの感覚によって、生命そのものを奪うということは明らかな矛盾である。それゆえ、先の格率は普遍的法則として認められない。

(B) 他者に対する完全義務

　第二の義務は、果たせない約束をしてはならないという義務である。カントはここで、返すことのできない借金を借りることが、普遍的な法則になりうるかどうかと問う。しかしこの格率も、普遍的とはなりえない自己愛の原理にすぎない。なぜなら、もしもこうした格率を普遍的に認めるとなれば、そもそも約束という信頼関係そのものが成り立たなくなってしまうからである。

(C) 自分に対する不完全義務

　人間は一人ひとり、何らかの才能を持った存在である。その才能は、努力や鍛錬によって発展するものである。したがって、人はその才能をできるかぎり発展させるべきであるというのが、自分に対する不完全義務である。

　この義務が先の完全義務と異なるのは、この義務に反する格率（例えば、自分の才能を発展させるために努力せず、怠惰であることなど）が、普遍的な法則として認められることを考えられなくはないということである。しかし同時に、われわれは、自らの才能を伸ばさずにいることを欲すること（wollen）はできない。われわれの才能が何らかの意図のために役立つものとして与えられている以上、それを放っておくように意図することはできないのである。

(D) 他者に対する不完全義務

　この場合、義務を果たすべき当人は、万事がうまくいっている人間である。他者に対する不完全義務とは、そうした人間が、困窮の状態にある他者に対して救いの手を差し伸べるべきであるというものである。もちろん、他者に危害を加えない代わりに他者の幸福にも関与しないという格率は、普遍的に認められないわけではないだろう。しかし、このような原則が普遍的に妥当するよう欲することは、やはり不可能である。たとえ万事がうまくいっている人間でも、他者の同情や助けを必要とする場合が起こりうるし、その意味で、われわれは積極的に他者の幸福を願い、それに積極的に関わっていくべきなのである。

　以上のような区分からも分かるように、完全義務とは、それに反する格率が普遍的な法則にはなりえない性質のものであり、一方の不完全義務は、それに反する格率が普遍的法則になることを考えることはできても、われわれがそのように意欲することはできないような性質のものである。

　それでは、なぜカントは「普遍的な法則となりうるか否か」という点を、義務論を構築する上での拠り所としたのだろうか。その理由は、『基礎づけ』の中で義務論が展開される直前に提示される唯一の断言的な命法（Imperativ）が、こうした義務を導き出す上での根拠となっているからである。その命法とは、「・普・遍・的・な・法・則・と・な・る・こ・と・を、・そ・れ・に・よ・っ・て・あ・な・た・が・同・時・に・欲・し・う・る・よ・う・な・格・率・に・従・っ・て・の・み・行・為・し・な・さ・い」（Ⅳ 421）という一節である。ここから理解できるのは、自分自身がその行為の格率を普遍的法則となるように欲することができるか否かが、道徳的判定の規準となるということである（Ⅳ 424）。そうすると、さらにこの断言的命法がいかなる根拠によって命法として認められるのかと問う必然性が生じるだろう。この問題については、次の定言命法に関する考察で詳しく論じることにする。

　さて、これまでの考察から、義務が四つのカテゴリーに分類されるという

ことが明らかになった。そこで次に、カントが道徳的行為とは何かと考えるときに、義務に適って(pflictmäßig)行為することと、義務に基づいて(aus Pflicht)行為することを厳密に区別していることに注目したい。前者は適法性(Legalität)と呼ばれ、外面的には義務を果たしているように見える行為でも、その意志を規定しているものは傾向性(Neigung)であってもかまわない。傾向性とは、欲求能力が感覚に依存して、感性的な欲望に駆り立てるものである(Ⅳ 413)。それに対して、後者は道徳性(Moralität)と呼ばれ、その意志の規定根拠はただ道徳法則のみである(Ⅴ 81)。このように、意志の規定根拠の違いによって道徳性の有無を判定する考え方が、カントの道徳哲学の特性の一つである。義務に適って行為することに道徳性が付与されないのは、その意志の規定根拠が傾向性をも含むというまさにその理由による。

　傾向性が道徳性を損なうものであるのは、以下のような理由があるからである。カントは、われわれ人間の存在のあり方を、感性界(Sinnenwelt)に属する者としての感性的存在と、英知界(intelligibele Welt)に属する者としての英知的存在との二つに区別する(Ⅳ 452)。感性的存在としての人間は、傾向性に左右され、自然の法則に従属して他律的に幸福を求めていく存在である。反対に、英知的存在である人間は、自然から独立して自らの理性に基礎をもつ法則に従って行為する。つまり、経験的なものから自律した原理に基づいているため、その人間は自由な存在なのである。それゆえ、カントが人間の行為の道徳性を判定するときに、それが義務に基づいているか否かを問題にするということは、その人間が自らの理性の法則に自律的に従属しているかどうかを問うことと同義なのである。行為の道徳性は、その動機のうちに傾向性を含まず、ただ道徳法則にのみ従うところに存在すると言えるのは、こうしたカントの人間理解があるからにほかならない。

　それでは、義務論の考察を終える前に、なぜ道徳法則を遵守することが義務として論じられなければならないのかを考えたい。というのも、道徳を義務として位置づける一方で、道徳的な行為を好意によって行うところに道徳

性を見出すことはできないのだろうか、という疑問が生じるからである。この点は、カントの道徳哲学が厳格主義であると批判されてきた理由の一つでもある。しかし、カントの真意は決してそうではない。彼は道徳的行為を好意から行うことをまったく否定してはいないし、むしろ常に好意から道徳的にふるまうことが可能であるならば、それこそ道徳的行為の理想である。とはいえカントは、人間が普遍的に道徳的にふるまうことは不可能だと考えていた。道徳法則が命法という形で表現され、義務として行為するように迫るのは、人間が、時と場合によっては感性的で非道徳的な動機に影響されることに対して、例外なく道徳を目的として行為するように促すためである。つまり、道徳法則はそれ自体としてはまったく命法ではないが、この法則と人間の意志とが関連づけられる中で、はじめて命法と呼ばれるようになるのである（Ⅳ 413）[7]。

道徳的陶冶の段階で教えるべき義務は、普遍的に妥当するべき命法という形で表されることになる。そこで次に取り組むべき問題は、義務をどのように教えるかというところから、いかにして例外なく命法を守らせることができるかという問題に移行することになるだろう。以下の考察では、命法がどのような内容をもつものであるかを解明し、そして命法へと向かう意識がどこからどのように生じるのかを考えたい。

(2) 定言命法

カントは、人間の意志を規定する命法を仮言命法（hypothetischer Imperativ）と定言命法（kategorischer Imperativ）の二つに分類する（Ⅳ 414）。仮言命法とは、何かある目的に達するための手段としての行為を命ずる、条件つきの命法である。それに対して定言命法は、何か別の目的に関係のない行為を、客観的で必然的なものとして端的に提示する命法である。二つの命法は、手段であるか目的であるかの違いはあるにせよ、ともに行為の善さを提示するものである。しかし同時に、そうした違いがあるという理由から、仮言命法

は練達性の掟（Vorschriften der Geschicklichkeit）と呼ばれ、定言命法だけが実践的法則（praktische Gesetze）と呼ばれることになる（Ⅴ 20）。仮言命法に関しては、その行為の目的は個人によってさまざまで、相対的なものである。ただ任意の目的のために何をなすべきかだけが問題になる。しかし、定言命法の場合は、行為の実質や結果の如何を問わず、その行為の形式や行為の原理に関わる。この命法によって命じられる行為の善さは、その心のあり方（Gesinnung）にある。したがって、定言命法のみが道徳性の命法と呼ばれるのである（Ⅳ 416）。

そもそも定言命法とは、先にも挙げたように「普遍的な法則となることを、それによってあなたが同時に欲しうるような格率に従ってのみ行為しなさい」という普遍的法則の定式（定式Ⅰ）ただ一つである。しかし、カントはこの基本定式に続いて、さまざまな諸定式を示している。これまでに、定言命法の諸定式とそれぞれの関係性について最も体系的にまとめた研究として、ペイトンの『定言命法』（*The Categorical Imperative*, 1947）が挙げられる。彼はその著書の中で、基本定式を含めた五つの定式を以下のように整理している。

（定式Ⅰa）自然法則の定式
「あなたの行為の格率がその意志を通して、あたかも**普遍的な自然法則**となるべきであるかのように行為しなさい」（Ⅳ 421）

（定式Ⅱ）目的自体の定式
「あなたの人格のうちにもあらゆる他者の人格のうちにもある人間性を常に同時に目的として用いて、決してたんなる手段としてのみ用いないように行為しなさい」（Ⅳ 429）

（定式Ⅲ）自律の定式
「意志がその格率を通して自分自身を同時に普遍的に立法するものとして見なすことができるように行為しなさい」（vgl. Ⅳ 434）

（定式Ⅲa）目的の国の定式

「あたかもあなたがその格率を通して常に普遍的な目的の国で立法する成員であるかのように行為しなさい」(vgl. Ⅳ 438)

　それでは、以上の諸方式はそれぞれどのような関係にあるのだろうか。まずは、基本定式である普遍的法則の定式が導き出される根拠と、その補足的役割をもつ自然法則の定式との関係性についてみてみよう。

　道徳法則は、すべての理性的存在者に普遍的に妥当するものでなくてはならない。人は、自分が他者をある原理の下で扱いながら、その他者が自分を別の原理で扱うように要求する権利を与えられてはいない[8]。普遍的法則の定式の意図はまさにこの点にある。この定式から、それを補うものとして自然法則の定式が掲げられるのはなぜか。それは、人が普遍的法則を適用する場合に、経験によって研ぎ澄まされた判断力が必要になるからである（Ⅳ 389）。そのために、自分自身の格率が自然法則となりうるかどうかを想像することが、適切に道徳法則を適用することになると考えられるのである[9]。自然のうちでは、あらゆる出来事は普遍的な因果法則に従って生起しており、その点で、自然の出来事と道徳的行為は同一の形式をもつ[10]。このようにして、普遍的法則の定式から自然法則の定式への移行がなされるのである。

　それでは、普遍的法則の定式と目的自体の定式との関係はいかなるものであろうか。道徳法則がすべての理性的存在に当てはまるべきものであるとすると、その行為の目的が普遍妥当的な価値をもつことが必要である。つまり、その存在がそれ自身として絶対的価値を所有するような目的がなければならない。そこでカントは、「それ自身における目的として現存する」（Ⅳ 428）ものは「人間および一般にあらゆる理性的存在者の存在」（Ⅳ 428）であると考える。人間が目的であるという根拠は、人間が目的を生み出すからではなく、何が絶対的目的であるかを知っている善意志を持った存在だからである[11]。だからこそ、カントは「無制限に善いと見なされうると考えることのできるものは、まったくただ**善い意志**のみである」（Ⅳ 393）と主張してい

るのである。したがって、人間は何のために存在しているのかと問われることのない、絶対的価値すなわち人格（Person）をもつ存在である。目的自体の定式が導き出される前提には、こうした目的概念がある。

　次に、定言命法の三つ目の定式として挙げられるのが、自律の定式である。一見すると、この定式は普遍的法則の定式と異なるところがないようにも思われる。しかしながら、普遍的法則の定式については、道徳法則が普遍的であって、人はそれに従うべきであるということに注意が向けられているのに対して、自律の定式では、そうした法則に服従するとともに、それを自らが立法しなければならないということが加えられているのである。こうした展開には、目的自体の定式も多くの部分で関わっている。というのも、目的自体の定式の中で善意志の尊重が命じられていることによって、道徳法則は外的に与えられるものではなく、理性的存在者が自らの善意志から導き出すものであることが示唆されているからである[12]。したがって、自律の定式として提示される命法は、普遍的法則の定式に由来する法則の理念と、目的自体の定式に由来する目的自体の理念とが結合した結果として生じる定式であると言うことができるのである（Ⅳ 431）。

　ただし、それでもなお、自律の定式は行為の実質的な目的を規定していないという側面がある。そこで、自律の定式の適用に際して補足的役割を担うのが、目的の国の定式だということになる。これまでの定式からも推察することができるように、道徳的な行為は、普遍性という一つの形式（単一性）と、実質としての多くの目的（数多性）をもつ。そして最後に、目的の国の定式が加えられることで、すべての理性的存在者が道徳法則に基づいて行為すること（全体性）が導き出されることになる（Ⅳ 436）。カントはこれら三つのカテゴリーをすべて備えた目的の国の定式を「あらゆる格率の完全な規定」（Ⅳ 436）と述べている。こうして理性的存在者がつくる世界としての目的の国の理念が生み出されるのである。目的の国という理念は、あくまでも可想的世界（intelligibele Welt）であって、この国を現実の世界の中でいかに

して実現することができるかを理論的に提示することは、人間の理性の能力を超えた事柄である。しかし同時に、こうした理念が実現されるべきであることは、純粋実践理性が要請するところのものである（V 133）。したがって、人間がすべきことは道徳的世界の実現に向けて絶えざる努力をすることであって、たとえその努力が成功しなくとも、人間の善意志のもつ絶対的価値は変わらないのである。

　最後に、定言命法の諸定式がそれぞれどのような関係にあるかを考えなければならない。カントは当初、普遍的法則の定式を唯一の断言的命法と呼んでいた。しかし、これまでの考察から、行為の実質である目的や自律の理念という諸要素を取り入れることで、命法はさまざまな定式を通して完全な規定として表されることになった。また、定言命法を志向する意識がどのように生じるかという問題についても、すでに明らかである。カントはこの意識を「理性の事実」（V 31）と言っているように、それは目的自体の定式で絶対的な価値を付与された善意志によって導かれるものなのである。

　それでは、時として傾向性に左右され、道徳的な動機よりも利己的な動機に振り回されてしまう人間を、定言命法を導き出す善意志に注意を払うようにさせるためにはどうすればいいのだろうか。本章の最後の課題として、カントの道徳論をその教育哲学と結びつけ、彼が教育の最終段階として位置づけた道徳教育のあり方について検討することにしたい。

第3節　『教育学』と道徳哲学との関係性

　道徳的陶冶はカントにとって教育の最終段階に位置づけられ、この陶冶を実現するためには、一定の法則に従わせるといった形での適切な強制が必要になる。また、彼の道徳哲学から理解できることは、人が道徳的であるためには、自らの善意志からもたらされる義務の法則としての定言命法に基づいて行為することが求められるということである。しかし、ここに一つの問題

が生じることになる。それは、『教育学』で取り上げられているように、「法則的強制に服従することと、自分の自由を使用する能力とを、どのようにして結合できるか」（Ⅸ 453）という問題である。カントはこの問題の解決の一助として、（一）他人の自由を妨げないかぎりで、子どもを自由にさせておくこと、（二）子どもが自分の目的を達成するには、他人の目的をも認めなければならないということを示すこと、（三）強制を行う根拠が将来の子ども自身の自由のためであることを明らかにしてやること、の三点に注意を促している（Ⅸ 454）。こうした配慮によって、教育による強制から子どもの自由がもたらされるというわけである[13]。

　この三つの提言を読み解くと、これらが定言命法の三つの定式（定式Ⅰ～Ⅲ）と対応関係にあることは興味深い。（一）のように、個人の行為が他者の行為を妨げないかぎりで認められるということは、普遍的に妥当することである。（二）で言われるように、他者の目的を認めることは、目的自体の定式が説くような目的の崇高さと一致する。さらに（三）の注意については、カントは子どもへの強制の理由を「他者の配慮によらなくてもよいようになるため」（Ⅸ 454）とも言い換えており、これが将来の子どもの自律を目指しているものだということが読み取れる。こうして考えると、定言命法で命じられている内容と、子どもを道徳的陶冶へと導く教育内容との間には、然るべき共通項を見出すことができる。道徳性の陶冶とは、定言命法を理解し、その命法が示す形式に則って行為できるように導くことであると言っても過言ではないだろう。

　また一方で、カントの道徳哲学の中にも、それをどのように実現するのかという教育学的関心を読み取ることができる。道徳的に行為することは義務の法則として命じられることではあるが、それがただ義務として迫ってくるのであれば、それを実現することは困難なことであろう。何度も繰り返すが、カントは人間が理性的存在である一方で、感性的存在でもあると考えている。感性的存在にとっての目的は自己の幸福である。そのため、感性的存在とし

ての人間にとっては、幸福の実現とは関係のない、否むしろ、それに反するような道徳法則には嫌悪感を抱かざるをえない。人間がいかなる時も例外なく理性的な存在であるとするならば、人間は、道徳法則に対して理性がもたらす唯一の「道徳的感情」である尊敬の感情を抱く（Ⅴ 75）。しかし、道徳法則に対して抱く感情はそれだけではなく、感性的存在者である人間には、その法則に対して屈辱（Demütigung）の感情が生じる。それゆえ、道徳的陶冶をめぐっては、それを単純に人間の理性的性格に委ねるような形で楽観的に行うことは許されない。こうした背景から、カントはその道徳論で幸福の意義を十分に認めることになる。「ある点では、幸福を配慮することは義務でありうる。一部には幸福（これには熟練、健康、富が属する）が、彼が義務を遂行するための手段を含むがゆえに、また一部には幸福の欠如が彼の義務に違反する誘惑（例えば貧困）を含むがゆえである」（Ⅴ 93）というのはそのためである。幸福を志向することが人間の行為の前提であるということは、カントの道徳哲学の中ではっきりと認められるところである。幸福によって生じる快楽は「生の促進の感情」（Ⅶ 231）をもたらし、そこで「はじめてわれわれは生命を感じる」（Ⅶ 231）。それゆえ、幸福の追求をまったく放棄して、ただ道徳的行為を遂行せよと人間に命ずることは不可能である。そこでカントは、最高善（höchstes Gut）という理念を持ち出して、道徳の実現を図ろうと試みることになる。

　カントは最高善を次のように定義している。「徳と幸福とが一緒になって人格が最高善を所有することが成り立つ。また、幸福が（人格の価値や人格が幸福であるに値することとしての）道徳性と全く厳密に比例して分配されるならば、可能的世界の最高善を形づくるのである。この最高善は全体としての完全な善を意味する」（Ⅴ 110-111）。道徳がただそれだけで最上善（das oberste Gut）であることは揺るがないが、それが人間にとっての全くの完全な善（das ganze und vollendete Gut）であるためには、幸福までもが必要とされるのである。しかし同時に、最高善の一つの要素としてその意義が認められる幸

福は、あくまでも「常に道徳的な、合法則的なふるまいを条件として前提とするもの」（V 111）である。そのため、ここで言うところの幸福は、感性的存在者が意志の最高の規定根拠として求めるものとは性質が異なる。「幸福が道徳性に対して従属する関係にある場合にのみ、最高善は純粋実践理性の完全な対象」（V 119）なのであり、最高善の要素である幸福は、純粋実践理性が要請する、道徳性の結果としての幸福なのである。

　さらに、最高善の一部としての幸福は、ただ個人が一人ひとり求めればよいというものでもない。カントは、もっぱら感性的な快楽を追求する「自己愛の原理（Prinzip der Selbstliebe）」（V 22）に基づいて個人の欲望や傾向性を満たすことを幸福と呼んでいるが（Ⅳ 405）、こうした利己心に基づく個人的な幸福が完全に満たされることが不可能であることは明らかだろう。『宗教論』の中でも「最高の道徳的善は、個々の人格が自分自身の道徳的完全性を求めて努力するだけでは実現されず、個々の人格が同一の目的を、つまり、善い心術をもつ人間の体系を目指す全体に合一されることを要求する」（Ⅵ 97-98）という指摘があるように、カントは、道徳の実現が一人ひとりの道徳的行為を基盤にしながらも、最終的にはそうした個人の集合としての倫理的公共体の中で成し遂げられると考えている。したがって、最高善の第二の要素である幸福は、公平無私な立場から是認される普遍的なものであって、利己的な幸福と同一視されるべきではないのである[14]。

　ところで、道徳の実現を問題にした場合に、ここではじめて宗教が持ち出されることになる。たんに道徳的行為を実践することだけが重要なのであれば、そこに宗教が入り込む余地はない。それにもかかわらず、なぜ道徳を論じる上で宗教が問題となるかと言えば、道徳的行為を果たすことの結果として、われわれは幸福に値することが期待できるからである。そこで、カントは次のように述べる。「道徳は本来、どのようにしてわれわれは自らを幸福にするかということの教説ではなく、どのようにしてわれわれは幸福に値するようになるべきかということの教説である。宗教がそれに加わるときにの

み、われわれが幸福に値しなくはないようにと配慮した程度に応じて、いつかは幸福にあずかるようになるという希望が生じるのである」（Ⅴ 130）。たとえ道徳的行為を行うことが前提条件とされているとしても、快楽としての幸福がなければ、理性的であると同時に感性的存在でもある人間には、道徳の実現を目指すことは容易ではない。その上、個人の行為だけを問題とするならば、幸福だけではなく、道徳についてもそれを完全に実現することは不可能である。カントの言葉で言えば、「人間が努力しうるかぎりでの善の原理の支配は、道徳法則に従い、かつそれを目的とするような社会を建設し、拡大することでしか到達は不可能」（Ⅵ 94）なのである。なぜなら、「敵意ある傾向性は、彼が人間の間に存在する場合にただちにその自足的な本性を襲う」（Ⅵ 94）ものであり、道徳を実現することは個人だけの問題ではないからである。

　したがって、最高善とは、人間が完全にそれを達成できるものではなく、純粋実践理性が要請する事柄なのである。そして、こうした要請の事柄が実現することを保障するものとして、理性は神（Gott）・自由（Freiheit）・魂の不死（Unsterblichkeit der Seele）といった実践的理念を想定することになる。「最高善が可能であるためには、われわれはさらに高次の、道徳的な、もっとも神聖にして全能な存在者を想定せざるをえない」（Ⅵ 5）から、人は道徳的行為をそうした存在である神の命令として履行するほかはない。また一方で、「最高善は実践的にただ霊魂の不死を前提としてのみ可能である」（Ⅴ 122）というのは、道徳を実現することが無限の進歩の中でのみ考えられうるからである。理論的認識の成立過程とその限界を明らかにした『純粋理性批判』では、こうした実践的理念は空虚なものとして廃棄されている（A 798/B 826）けれども、実践理性によってそうした理念は現実性を与えられ、空虚が満たされる[15]。つまり、純粋実践理性がもたらす諸理念は、理論的な実在性について証明することはできないけれども、実践的な実在性を備えたものなのである。もちろん、道徳教育が基本的に個々の人間を相手にする

ものであることを考えれば、たとえ道徳の実現が個人の行為によってだけでは達成できないといっても、それを踏まえた上で、どのように個人と向き合うことができるかを考えなければならないのは当然である。しかし、その場合には、倫理的公共体の理念が示される宗教哲学の内容と、さらに宗教教育のあり方に関する詳細な考察が必要になると思われる。とはいえ、それらは本論の論旨から逸れることになるため、ここではこれ以上触れないことにする。

　ここまで、人間が道徳を実現していく上でどのような過程をたどるのかを理解するために、その周辺概念を整理することに努めてきた。そこで最後に、改めて道徳的陶冶のあり方を考えてみたい。

　人間は、生来感性的な存在として、快楽を伴う幸福を求めるものである。それゆえ、そうした人間の性格を理解した上で、はじめて道徳の実現の可能性を語ることの意味が生じてくる。カントが道徳性の陶冶を問題としたとき、それ以前の段階として機械的陶冶や実用的陶冶の必要性を説いたことも、そういった人間の性格に対する配慮があったからであると考えられる。しかし一方で、カントは人間が道徳的動機と利己的動機を転倒させる根本悪に陥る可能性があることも忘れてはいない（Ⅵ 36）。道徳教育を行う上で、人間の感性的な性格を考慮することの意味は大きいとしても、それによって道徳が手段化されるようなことがあってはならない。それゆえ、道徳法則はあくまでも人間にとって義務の法則として認識されなくてはならないのであり、適切な強制をもって教えられなければならない要件なのである。道徳的陶冶の最終的な目標が、個人の自律した姿勢にあるとしても、なによりもまず道徳は獲得されなければならないものであり、身につけなければならないものである（Ⅵ 477）。だからこそ、カントの道徳哲学と教育哲学は、道徳教育という共通項によって密接に関わり合うのである。

本章のまとめ

　本章では、『教育学』の基本構造と、道徳化を目的とした体系の意義を解明し、その教育論が批判哲学の所産である道徳哲学とも深く結びついているということを明らかにした。

　『教育学』は、その成立過程による性質上、論述箇所によって教育区分の説明の仕方に整合性が欠如しているという問題点があるものの、いずれの区分でも道徳化がつねに意識されるべき内容として定位されていた。そうした道徳化を頂点とする教育の構想から判断するかぎり、カントにとって道徳という主題はただそれ自体として規定すればすむ概念ではない。その概念をいかにして子どもに伝えていくか、あるいは子どもが自らの行為として実践できるかという問題が、無視することのできない重要な問いだったのである。

　カントの道徳哲学の要点は、自らの理性に由来する道徳法則を義務として果たしていくことであり、そうした道徳法則がさまざまな定式として表されたものが定言命法である。本章では、定言命法の諸定式が指し示す内容が道徳的陶冶のために子どもに教えるべき内容と類似点がみられることも指摘した。こうした類似点から読み取れることは、カントにとって道徳が教育の領域でも論じられるべき対象だったということである。そして、定言命法が命ずる行為の形式へと促すことこそが、道徳教育の本質にほかならない。

　これまで、『教育学』を批判哲学の体系には数え入れられないものと見なす立場がなかったわけではない。しかし、『教育学』の論理展開と定言命法を中心とした道徳哲学との類似点や、道徳哲学の中に見出せる教育学的関心からも推察できるように、カントにとって、教育学という学問分野は決して周辺事情によっていやいやながら取り組んだテーマではなく、批判期の思想を形成する上で不可欠な問題だったのである。

　そこで次の考察では、本章の考察を通して明らかになったカントの教育哲

学と道徳哲学との深い関係性について、これまで道徳哲学の枠組みの中で論じられてはきたものの、教育学的な主題として取り上げられていない課題に目を向けてみることにしたい。そのうちの一つとして、次章では、カントが三批判書を出版した後に体系的に論じるようになる良心の概念の教育学的意義を取り上げることにする。

註
1) カント、I.『カント全集第16巻』尾渡達雄訳、理想社、1966年、解説560頁。
2)『教育学』序説の教育区分に関する説明ではルソーの名が挙げられており、また、養護、訓練、人間形成といった分類が『エミール』と共通していることからしても、『教育学』の区分はルソーからの影響を多分に受けていると考えることができる。例えば『エミール』では、「養うこと、しつけること、教えることは、養育者、家庭教師、教師が異なるように、その目的において異なる三つのことである」(Rousseau, Jean-Jacques. Œuvres complètes de Jean-Jacques Rousseau Ⅳ, édition publiée sous la direction de Bernard Gagnebin et Marcel Raymond, Gallimard, 1969, p. 252. ルソー、J. J.『エミール（上）』樋口謹一訳、ルソー全集第6巻、白水社、1980年、24頁）と記されており、カントが序説で行った教育区分と一致している。さらに、教育のあり方を自然的・実践的という観点から区別する方法についても、「私たちは、いわば二度生まれる。一度目は存在するために、二度目は生きるために。はじめは人間に生まれ、二度目は男性か女性に生まれる」(Ibid., p.489. 同書、283頁）という一節がカントに大きな影響を与えていると言われている。とはいえ、実践的教育を教化、文明化、道徳化に区別する考え方は、『基礎づけ』で示されている命法の三通りの区別（技術的命法、実用的命法、道徳的命法）（Ⅳ 416-417）と一致するものであり、総じて『教育学』はカントの批判期の思想に基づいていると言うことができる（石橋孝明「カント『教育学』の基本構造」『哲学論文集』第43輯、九州大学哲学会、2007年、41-57頁）。
3) 人間の持つ素質については、以下のような指摘もある。「人間素質は目的論的連関の中に位置づけられることによって発展され、実現されるのであり、目的論的連関での究極目的である道徳的自由の自覚態としての道徳的存在は人間素質の発展過程を通して具体化される」（三井善止「カント教育論の目的論的構造」『教育哲学研究』第64号、教育哲学会、1991年、39頁）。

4）もちろん、道徳を怜悧の要求に応じる形で用いることは、カントの道徳哲学からすればまったくその意に反した考え方である。実際に、カントは『宗教論』の中で、道徳的動機と利己的動機を転倒させること、すなわち自分の幸福のために道徳を用いることを人間の根本悪（radikales Böse）として問題視している（Ⅵ 36）。しかし、『人間学』にあるように、そもそも道徳と怜悧が結びつくのは、人間は「私」という主語を用いるようになるそのときからエゴイズムを発達させ、自己を押し出していくからである（Ⅶ 128）。そうした人間の利己的な性格がある以上、それと道徳とがどのように関連づけられるかを示さなければ、道徳哲学はたんなる机上の空論にとどまることになる。『教育学』や『人間学』が実用的および経験的な内容を含み、人間を直接の主題としている点で共通していると言われるのも、以上のような点を考慮して議論が展開されていることによるのだろう（カント、Ⅰ.『人間学・教育学（西洋の教育思想5）』三井善止訳、玉川大学出版部、1986年、解説27頁）。

5）「少年の従順は幼児の従順と区別される。……幼児は単なる本能によって導かれるかもしれないが、成長するとすぐに義務の概念が加わらなくてはならない。羞恥もまた幼児に適用されてはならず、少年期になってはじめて適用されなくてはならない」（Ⅸ 483-484）というように、第一の従順は、子どもの年齢によってその意味が異なって使われている。しかし、ここで重要なのは、子どもが一定の法則の下に立ち、それに違反すれば罰を加えられるようにするということである。従順には二通りあり、それらは強制による絶対的なものと、信頼に基づく自発的なものである。こうした従順が必要とされるのは、「将来公民として、たとえ自分の気に入らなくても履行しなければならない法律を履行するよう子どもに心構えをさせるもの」（Ⅸ 482）だからである。第二の誠実とは、「品性の特質であり本質的なもの」（Ⅸ 484）である。カントは嘘をつくことを品性のないことと捉え、それが子どもにとっての不利益を招くがゆえに、尊敬の剥奪によって罰せられなければならないと説いている。第三の社交性は、子どもの快活な心情（fröhliches Herz）をもたらすために必要とされる。というのも、快活な心情は、それだけが善に対する喜びを感じるものだからである（Ⅸ 485）。

6）カント自身も断っているように、義務を最も詳細に分類することは『道徳形而上学』の「倫理学原理論」の主題である（Ⅳ 421）。それにもかかわらず、ここで『基礎づけ』の区分を用いたのには、二つの理由がある。一つは、『道徳形而上学』がその著作全体として、道徳と政治および法との関係性を問題にしているからである。二つ目に、『基礎づけ』の区分には、義務の根拠となる命法との結びつきがより鮮明に描かれているからである。

7）もちろん、道徳法則に従うことが、そのまま強制を伴う義務であるというわけではない。人が道徳法則に従おうとする時には、すでにそこには法則に対する愛が伴っているとも考えられる。なぜなら、人間が道徳法則に従う理由を考えると、当為の前にすでに意欲が存在しているからである（小倉志祥『カントの倫理思想』東京大学出版会、1984年、359、409頁）。
8）ペイトン、P. J.『定言命法』杉田聡訳、行路社、1986年、198頁。
9）カントは『実践理性批判』で自然法則の定式を以下のようにも言い換えている。「あなたの意図する行為が、あなた自身がその一部であるとされる自然の法則に従って生起するであろうとき、あなたはその行為をあなたの意志を通して可能なものと見なしうるかどうか自問してみなさい」（V 69）。
10）ペイトン、前掲書、232頁。
11）人間が目的であるという点については、『判断力批判』（*Kritik der Urteilskraft,* 1790）でも詳しく論じられている。ここでカントは、人間が目的そのものである理由を「人間は、みずから目的についての概念を作り出し、合目的的に形成された物の集合から自分の理性を通して目的の体系を作ることができる地球上の唯一の存在者であるから」（V 426-427）であると説明している。そもそも目的というものを想定する主体が人間なのであるから、人間自身が「創造の究極目的」（V 435）であるというわけである。
12）ペイトン、前掲書、266頁。
13）教育による強制からどのようにして自由がもたらされるのかという問題については、第8章で詳しく論じることにしたい。
14）小倉志祥、前掲書、434頁。
15）高坂正顕『カント』理想社、1977年、209頁。

第2章　カントの良心論とその教育学的位置づけ

本章の目的と課題

　カントの教育哲学の特徴の一つを挙げるとすると、それが人間の道徳化を目的とした体系をなしているということは、彼の『教育学』の論述を見れば疑いようのないことである。実践理性がもたらす道徳法則、ないし定言命法そのものを義務として履行するように主体を導き、その主体が自律して行為することができるようになることが、カントの教育論での最大の関心事であることに異論はないであろう。しかしその一方で、従来のカントの教育哲学研究では、一つひとつの行為に対する道徳的な判断について考えたときに、実践理性という原理的能力だけで十分な機能を果たすことができるのかどうかという問題提起がなされてきたことも事実である。このような立場からすれば、実践理性が十分に機能するように導くことが重要であることはもちろんのこと、個々の事例に対して臨機応変に対応できる道徳的判断力の育成こそが必要であるということになるだろう。

　しかしながら、これまでのカントの教育哲学研究の中でも、特に道徳教育のあり方をめぐって、ほとんど手がつけられてこなかった分野として挙げられるのが、良心の概念とその教育学的な意義についてである。もちろん、カントの良心論がこれまで主題として取り上げられてこなかったのには、ある意味で十分な理由があると思われる。というのも、『基礎づけ』や『実践理性批判』をはじめ、彼の道徳論の中心的な位置を占める著作の中で、「良心」という表現がほとんど登場せず、まったく体系的な説明がなされていないのである。実際に、カントが本格的に良心について論じ始めるのは、『純

粋理性批判』、『実践理性批判』、『判断力批判』といういわゆる三批判書が出版された後のことである。具体的には『弁神論』、『宗教論』、『道徳形而上学』、『教育学』の四つの著作である。

　こうした著作の中で、『弁神論』や『宗教論』では、その題名からも分かるように、宗教の観点から、より詳しく言えば、信仰における良心の自由という観点から、良心論が展開されている。これら二つの著作とは異なり、カントが宗教との関係性を切り離し、道徳の問題として良心を取り上げているのは、『道徳形而上学』に至ってはじめてのことである。さらに、カントの良心論を考察する上で注目に値するのは、メンツァーが編纂したカントの『倫理学講義』である。そこでカントは、先に挙げた作品で行った概念規定を引き継ぎながら、さらに良心とその教育のあり方をより積極的な形で論じている。そこで本章では、ここに挙げた著作に依拠しつつ、彼の良心論の特徴とその教育学的な意義について明らかにしていきたい。

第1節　カントの良心論

　上述したように、カントが主として良心の問題を論じるようになったのは、いわゆる三批判書が出版された後のことである。もちろん、批判期の道徳哲学の代表作である『実践理性批判』にも、良心を「内なる原告」（V 98）と定義している箇所はあるものの、この著書の中ではそれ以上に詳細な説明が加えられているわけではなく、良心論と呼びうるほどまとまった論述が展開されているとは言いがたい。

　それでは、三批判書の体系が完成してから、カントはなぜ良心の概念を積極的に論じるようになったのだろうか。それにはさまざまな理由が考えられる。その理由のいくつかを、実際にその時期に出版された著作の主題から類推してみたい。そうすると、『宗教論』の内容からも分かるように、人間の悪の克服あるいは倫理的公共体の実現というテーマにカントの主たる問題関

心が移っていったということ、そして、それらの問題を論じる上で、良心の概念を無視して通ることはできなかったということが理解できる[1]。カントは人間の完全な道徳化、ないし道徳的な存在によって構成される倫理的公共体を実現するためには、人間がもつ根本悪を克服する必要があると考えた。しかし、この悪の克服は容易に達成されるものではなく、カントの言葉を借りれば「思考法の革命（die Revolution der Denkungsart）」（Ⅵ 47）と言われるほどにまで徹底的な思考の転換がなされなければならないのである。そして、実際に思考法の革命を達成するためには、もっぱら道徳法則を導き出す原理的能力である実践理性に依拠するだけでは困難であり、そこで良心がある一定の役割を担うことが期待されるのである。

　これからの考察では、以上のようにカントが良心の問題を取り上げるようになった動機を踏まえながら、その議論の要点を整理していきたい。

(1) 良心の概念規定

　カントの良心論の特徴について論じる上での前提として、そもそもドイツ語の良心（Gewissen）という用語にどのような意味が込められているのかということを確認する必要があるだろう。そこでまず、現代ではGewissenという言葉が何を意味するのかを調べてみると、良心とは「個々の行為に関する善悪の意識[2]」と定義されている。だが一方で、この言葉が原義として何を指し示していたのかを考えると、このような現代的な意味とは異なることが分かってくる。そのことを確かめるために、Gewissenという言葉を分解してみると、「ge（共に）」と「wissen（知る）」という二つの要素に区別することができる。そうすると、われわれが普段「良心」と訳しているドイツ語のGewissenは、そもそも「共に知る」という知的な作用を表す用語だということになる。このことは、Gewissenの語源を辿っていっても正しいとわかる。Gewissenは、そもそもラテン語のconscientiaという用語に由来する。この用語は、先のGewissenと同様に、「con（共に）」と「scientia（知）」の

二つの部分に分けることができ、やはり「共に知る」という意味が付されている。このconscientiaという用語は、語形からも推測することができるように、英語やフランス語でいうところのconscienceにも受け継がれ、それらが現在では一括して「良心」という日本語で用いられている。われわれが訳語として用いている「良心」には、最初から道徳的な意味合いが含まれていたわけではなく、主に知的作用として用いられていたということは注目に値する[3]。

それに対して、日本語で用いられている「良心」という概念には、上で見たような知的側面が含まれているだろうか。このことを明らかにするために、『広辞苑』の定義を参照すると、良心とは「何が善であり悪であるかを知らせ、善を命じ悪をしりぞける個人の道徳意識[4]」を表すとされる。用例の中でも「良心がとがめる」などと用いられているように、日本語では、良心は道徳的価値を含んだものとして捉えられており、さらにはたんなる知的作用ではなく、意識の問題として理解されているということが分かる。

したがって、ドイツ語のGewissenに「良心」という訳語を充てて用いるときには、以上のような意味上の相違点を理解した上で、今後の考察を進めなくてはならないだろう。

(2) 誠実さとしての良心

三批判書が刊行されるまでにほとんど体系的な良心論を展開してこなかったカントが、はじめて良心の概念を取り扱うようになったのは、『弁神論』でのことである。この著書の結語では、良心それ自体のはっきりとした定義づけはなされていないものの、そのはたらきについて説明されている。そこでは、まず良心の説明に移る前に、真である（wahr）ということと誠実である（wahrhaft）ということとが区別されている（Ⅷ 267）。カントによれば、ある人の言うことが真であるということは、いつでも保証できるものではない。その反対に、その人の告白が誠実なものであるということは、その人自身が

意識している事柄であるから、それを保証できるし、保証しなければならないと考えられる。このような区別は、一見すると良心論にとって無関係のように思えるが、実はそうではない。カントは、こうした区別の中で、真が客観との比較の中で保証されるものであるのに対して、誠実さが主観の主観自身との比較によって保証されることを明確にすることで、良心のはたらきの特徴を論じているのである。このことは、義務に適った行為をしようという誠実さを、カントが「形式的良心性 (die formalische Gewissenhaftigkeit)」（Ⅷ 268）と呼んでいるところからも窺い知ることができる。

さらに『弁神論』の記述を辿っていくと、良心の作用についての直接的な説明が展開されている。それによると、良心がなす判断とは、何が真であり、正しいのかという客観的な判断ではなく、ある人が行為をするときに、その人自身がその行為を正しいと確信したかどうかという主観的な判断である（Ⅷ 267-268）。良心の判断は、行為の主観がその主観自身の確信について吟味するものであるから、その判断が誤るということはありえない。もしも誤りうる良心というものが存在するならば、われわれは決して正しく行為したのだという確信を持つことはできないだろうと考えられるのである（Ⅷ 268）。以上のように、良心のはたらきを主観の自己確信として定義することは、先述したような真と誠実さとの区別の中でも、誠実さの方に良心の役割を見出したということと一致する。良心は、あくまでも主観が自分の行為を誠実になしたかどうかを判断する主観的な作用なのであって、行為の客観的な道徳的価値を判断する機能ではないのである。

しかしながら、良心の判断が誤りえないものであることが確かだとしても、行為の道徳性が問題となった場合には、主観が自らの行為の正しさを確信するだけでは不十分であることは明白である。自らの行為が正しいという確信があるにせよ、それが結果として正しく、道徳的に善い行為を実践しているかどうかと問うならば、そこには少なからず疑問の余地があるように思われる。このような問題点に対して、カントは以下のように答えている。すなわ

ち、人は自分が正しいと信じている判断では誤りうるものであるけれども、それは良心が行う判断ではなく、悟性（der Verstand）による判断なのである（Ⅷ 268）。ここで言うところの悟性とは、真か偽かということを客観的に判断する機能として捉えられている。したがって、一般的に良心の誤りとして認識されている行為の不正とは、実のところ、悟性の判断の誤りに由来するものであることになるのである[5]。

ここで取り上げた良心と悟性との役割の相違については、『弁神論』に続いてカントが良心の問題を取り上げることになる『宗教論』にも引き継がれている。そこでは「ある行為が一般に正しいか正しくないかを判定するのは悟性であって、良心ではない」（Ⅵ 186）という『弁神論』での主張が繰り返されている。このことからも分かるように、『宗教論』での良心の位置づけは、主たる内容としては、先の『弁神論』と比べて大幅に変化したところは見られない。

ただし、そうした中でも、『宗教論』で取り上げられている良心の概念についての説明は、これまでの立場とはいくぶん異なる内容を含んでいる。それは、良心という概念それ自体の定義がなされているということである。その定義によれば、良心とは「自分自身を裁く道徳的判断力（die sich selbst richtende moralische Urteilskraft）」（Ⅵ 186）である。もちろん、ここで「道徳的判断力」という言葉が導入されたといっても、先にも確認したように、良心は出来事としての行為そのものの道徳的価値を判定するのではなく、自分自身を裁くものであることには変わりはない。すなわち、良心は、自分自身が行為の判定を慎重になしたかどうかを自分自身に問うものである。ここでカントが「道徳的」という言葉で意味しているのは、人がある行為を選択する際に、その人自身に対して誠実であるということだと考えるべきだろう。また、この定義について注目しておきたいのは、この段階ではまだはっきりと意識化されてはいないものの、良心がもつ「裁く」というはたらきが、カントの良心論がこれから少しずつ内容を変えながら発展していく上で、重要

な意味を持つことになるということである。

　ここでひとまず、これまでにカントが論じてきた良心の概念の特徴をまとめてみたい。そうすると、彼の良心論の要点は、良心のはたらきが不可謬なものだと理解されていることであろう[6]。良心は、ある行為が正しいかどうかを問うのではなく、行為の主観がその行為を正しいと確信して行ったかどうかを問うものである。この判断は、主観が主観自身の意識を問うものであるから、誤ることはありえない。

　だが、ここで一つの問題が生じてくる。それは、良心の判断が主観の確信に関する判断であるがために、それがたんなる主観的な思い込みとなる可能性があるのではないか、という問題である[7]。たとえ良心の判断が誤らないものであるとしても、結局その行為が正しくなかった場合に、はたして良心を「道徳的判断力」として規定することに問題はないのだろうか。これまでのカントの良心論では、良心と他の道徳的諸能力との関係性が明らかではなく、道徳性と良心とのつながりが不明確なままであったために、このような疑問に明確に答えることができないように思われる。そこで、こうした不明確さを克服するためにも、以下の考察ではさらにカントの著作で展開されていく良心論の変遷を辿っていくことにしたい。

(3) 良心と実践理性との関係性

　カントが道徳の原理的能力と関連づけてはじめて良心について論じるようになったのが、『道徳形而上学』である。彼は、本書の第二部「徳論の形而上学的基礎論」で、道徳的感情（das moralische Gefühl）、隣人愛（die Liebe des Nächsten）、そして自己自身に対する尊敬（die Achtung für sich selbst）とともに、良心を道徳的諸性質（die moralische Beschaffenheiten）の一つとして位置づけて、「良心について」という一節を設けて論じている。その中で、良心と道徳的能力との関係を最も端的に表しているのが以下の一節である。「良心は法則を適用するそれぞれの場合に、人間に対して自らの義務を示して、罪がある

かないかを判定する実践理性である」（Ⅵ 400）。さらに、このことの帰結として、カントは「良心は、客観に関係するものではなく、ただ主観に関係している」（Ⅵ 400）というこれまでの主張を付け加えている。このことから考えると、良心が行う判断とは、主観の確信に関わる判断であるとしても、それが同時に主観的な思い込みに陥ることはないということが推察できる。なぜなら、「良心は実践理性である」という部分をもとに推論してみると、良心が実践理性によって、ないし普遍的に妥当する道徳法則によって支えられた道徳的判断として捉え直されていることが明らかであるからである。

ただし、良心が実践理性によって導き出される道徳法則に基づいていて、道徳的な判断を行う機能をもっているからといって、良心と実践理性とをまったく同じものとして理解するべきではない。このような解釈は、先のカントの主張と完全に矛盾するように思われるかもしれない。だが、もしも良心と実践理性とがまったく同じ機能を持つものであるとすれば、それらを二つの用語に分けて用いる必要性はないと考えることもできるだろう。そうすると、二つの用語を分類する方法の一つの例として、良心が行為者自身に罪があるかないかを道徳法則に則って裁く機能であるのに対して、実践理性は、同じく道徳法則に則りながらも、行為者自身に命令する機能であるというように区別することができる[8]。あるいは、良心は、個々それぞれの場合に直面した道徳法則であり、実践理性であると位置づけて[9]、それら二つの機能が類似した分野をもっていても、良心の機能の特殊性に目を向けて、そのはたらきを際立たせることも可能であろう。実践理性が行為を行う以前の主観に対して端的な命令をなす一方で、良心は、実践理性と同様に、主観が何をなすべきかという判断に関わると同時に、行為をした後の主観自身に対して、呵責や後悔といった形で自らを責めるものである。このように、普遍的に命令をする実践理性とは違い、時間軸によって異なる役割をもって主観に関わるという点も、道徳的な判断力としての良心の特徴の一つであろう。

こうして、カントの意図をよりはっきりと示すならば、二つの機能はまっ

たく同等のものではなく、相互補完的なものとしてまとめることができるだろう。良心は、行為の主観自らを裁く道徳的判断力として、それがたんなる思い込みになることを回避するために、実践理性による裏づけを必要とする。その一方で、実践理性は、道徳的存在であると同時に感性的存在でもある人間に対して、道徳的な行為を行うようにはたらきかけたり、あるいは道徳に反する行為をしてしまった人間に反省を促したりする上で、より積極的な影響力を及ぼすために、良心を必要とするのである[10]。

(4) 良心法廷説

『道徳形而上学』では、カントはさらに「倫理学原理論」の「自分自身を裁く生まれながらの裁判官としての自己自身に対する人間の義務について」という一節の中で、新たな形で良心を位置づけていくことになる。それは、この節の表題からも窺い知ることができるように、良心のはたらきを法廷に例えて説明していくものである。カントはこの中で「人間の内なる法廷の意識（das Bewusstsein eines inneren Gerichtshof im Menschen）は、良心である」（Ⅵ 438）と述べて、法廷としての良心の機能について自説を展開している。これは、一般に「良心法廷説」という名で紹介されてきた考え方である[11]。

良心を法廷に例える場合に、正確に定義しておかなければならないのは、実際の法廷で登場する三者の存在——原告・被告・裁判官——が良心の法廷ではそれぞれ誰に当てはまるのかということであろう。ここではまず、先の二つの役割である原告と被告に相当する存在について考えたい。『道徳形而上学』でカントは、原告と被告との差異に言及することを通して、二つの存在の解明を行っている。それによると、「原告であり、しかもまた被告である私は同一の人間（数的に同一）である。しかしながら、自由の概念に由来する道徳的立法——そこでは、人間は自己自身に与える法則に従属している——の主体（英知人）としては、人間は、理性を与えられた感性的存在とは別のものとして、しかもただ実践的見地からのみ見られなければならない」

（Ⅵ 439 Anm.）。ここでカントは『基礎づけ』で提唱したような感性的存在と英知的存在という人間の存在の二つのあり方（Ⅳ 452-453）を、良心の法廷にも応用していることがわかる。良心の法廷で原告ないし被告の役割を担う人間は、数からすれば一人であるにせよ、その人が則っている法則の差異によってその立場が区別され、それが良心の法廷では原告と被告との違いとなって現れることになる。つまり、道徳法則に基づいて行為する英知的存在としての人間が原告であり、反対に、自然法則の下で他律的にふるまう感性的な存在としての人間が被告に該当するのである。

次に、良心の法廷の裁判官が良心そのものであるということは、良心が人間の罪の有無を判定するはたらきであるという定義からも読み取れることであろう。だが、良心が裁判官であることは当然だとしても、さらにそれが何に由来するものであるのかということを明らかにする必要がある。つまり、良心が判断する根拠は自分自身のうちに備わっているものであるのか、それとも何らかの外的な存在によってもたらされるものであるのかということである。結論から言えば、カントの良心論の中で、裁判官として罪を裁くのは自分自身とは異なる他者の存在である。というのも、カントによると「自分の良心によって告発された者が裁判官と同一の人格であるのは不合理である」（Ⅵ 438）から、「自分以外の他者を自分の行為の裁判官と考えなくてはならない」（Ⅵ 438）のである。

それでは、ここで言うところの他者とは、いったいどのような存在を指し示しているのだろうか。改めてカントの言葉を引いてみると、裁判官としての他者は、「現実の人格であっても、理性が自分のために創り出すたんなる観念的な人格（bloß idealische Person）であってもよい」（Ⅵ 438-439）。ただし、ここで示されている観念的な人格とは、以下のような三つの条件を満たす人格でなければならない。第一に、衷心照覧者（der Herzenskündiger）でなければならない。第二に、すべてを義務づけるものでなければならない。そして第三に、あらゆる権威を備えていなければならない。こうした諸条件の帰結

として、カントはこの観念的人格を改めて神（Gott）と定義して、「良心は神に対して自分の行為について果たされるべき責任の主観的原理である」（Ⅵ 439）と述べている。

ところで、従来のカント解釈では、良心の法廷で登場する裁判官に関する以上のような説明に依拠して、彼の説く良心の概念は結局のところ神の声のことであるという主張がなされてきた[12]。しかしながら、カントの主張を正確に読み解くと、彼は必ずしも裁判官である他者の人格が観念的人格でなければならないとは言っていない。さらに「良心と呼ばれるこの根源的英知的で、道徳的な素質は……人間が自分の理性によって、これをあたかも他の人格の命令によってであるかのように営むように強要されていると認めるような特徴をもっている」（Ⅵ 438）という説明からも、裁判官の役割を担うのは、実際には神ではないことが分かる。良心の法廷が開かれる原点にあるのは、あくまでも、このような観念的人格を要請する人間自身である。

このように、良心を自己内他者の声として理解する考え方は、他の思想家に対しても一定の影響を与えている。例えば、カントの良心論の性格を受け継いだヤスパース（Karl Jaspers, 1883-1969）のように、良心の声を「私自身であるところの声が、私に語りかける[13]」と述べ、「良心の声は神の声ではない[14]」とする考え方は他にも存在する。また、ヤスパースの良心論にあっても、神の存在がまったく無視されているわけではなく、良心を語る上では、神は客観的な事実としてではなく、良心のうちに間接的に自らを告知するような存在として捉えられている[15]。

反対に、シュプランガー（Eduard Spranger, 1882-1963）の良心論を例にとると、「われわれは、注意し、諫止し、罰する良心のはたらきによって、われわれのより高次の自己を通じて、自らをわれわれに分からせようとする神そのものに出会う[16]」というように、神との関係性がより積極的に論じられている。また、「良心は、自由の最もはっきりした証である[17]」とした上で、「われわれはただ神のうちでのみ自由になる[18]」とも述べている。カントの

思想に対しては、「カントの意味での自由に関する合理的な解釈を超え出て、何かもっと偉大なものが存在している[19]」と述べ、神の存在についての論及が欠如していることを暗に示している。

このような二つの立場の中で、どちらがより優れた体系であるのかを一概に判断することはできないし、それは本論の関心でもない。さらには、カントの良心論が歴史的に見てどのように位置づけられるかということも、ここでは詳しく論じることはできない。ただし少なくとも一つ言えることは、カント自身はバウムガルテン（Alexander Gottlieb Baumgarten, 1714-1762）やヴォルフ（Christian Wolff, 1679-1754）が示したような良心の理性起源説から影響を受けながらも[20]、良心の裁判官を自己内他者として定義したところに、彼の良心論の独自性があるということだろう。

第2節　良心の教育学的位置づけ

本節では、これまで見てきたようなカントの良心論の特徴を踏まえた上で、良心の由来とそのはたらきについて、また別の視点から新たな問いを立てて、良心がもつ教育学的な意義について考察を加えていきたい。以下では最初に、良心は教育によって獲得されるものであるのかどうかを吟味し、その上で、人間の道徳化というカントの教育哲学の最終的な目的との関係性の中で、良心はどのように位置づけられ、さらにどのような役割を担うことができるのかという問題を取り上げる。

はじめに、良心が教育によってもたらされるものなのか、それとも教育を受ける以前からもともと人間に備わっているものなのかどうかという問題について考えることにしたい。そのための前提として、最初にカントの『教育学』の中で良心がどのように取り扱われているかをまとめておこう。カントが本書で良心の概念に言及しているのは、以下の一節である。「われわれのうちにある法則（das Gesetz in uns）は良心と呼ばれる。良心とは、元来われ

われの行為をこの法則に適用することである。もしも良心が、われわれの上に崇高な御座をもち、しかも、われわれの中に裁きの座を樹立した神の代理と考えられないならば、良心の呵責はその効力を失うであろう。もしも宗教が道徳的良心に加わるのでなければ、それは効果がない。道徳的良心のない宗教は迷信的な儀式である」（Ⅸ 495）。このように、『教育学』には、良心が教育できるかどうかという点に関する直接的な説明を見出すことはできない。さらに、ここで良心の概念は、あくまでも道徳教育と宗教教育との関係性を論じる中で、派生的に取り上げられているにすぎない。

しかし、良心が「われわれのうちにある法則」と捉えられていることは注目に値する。というのも、「われわれのうちにある」ということが、教育を受ける以前に備わっているという先天性を示唆しているのであれば、われわれはこの言葉から、良心の教育学的位置づけについて吟味することができるからである。それでは、この「われわれのうちにある」ということは、具体的には何を表しているのであろうか。

そこで次に、『道徳形而上学』に依拠しながら、この問題について考察していきたい。本書で展開されている良心論には、前節で取り上げたような良心法廷説の他にも、良心を教育の中でどのように扱うべきであるかという問題についての重要な指摘がなされている。このことを最もよく表しているのが、次の一節である。「良心は何か獲得することのできるものではなく、そういうものを備えていなければならないという義務はない。むしろ、すべての人間は道徳的な存在であるから、良心を根源的に自分のうちに持っている」（Ⅵ 400）。さらに続けてカントは、良心が誰にでも等しく備わっているものであることの帰結として、「良心に従って行為するということ自体は義務ではありえない」（Ⅵ 401）とも述べている。なぜなら、良心に従うということは、自らの意志をもって義務として遂行することではなく、たとえ行為の主観の内に良心に従おうとする意志がなくとも、自ずと生じるのが良心の特徴だからである。

以上のような説明からも読み取れるように、カントの良心論の立場からすると、良心は教育によってもたらされるものではないと考えることができるだろう。このような考え方は、『道徳形而上学』の他にも、例えば彼の『倫理学講義』でも見て取ることができる。そこでは、何よりもまず「良心とは自己自身を道徳法則に則って裁く本能である[21]」という定義が前提とされており、獲得されるものとしての能力とは異なることがはっきりと打ち出されている。その上で、良心の教育という問題についても直接的に論じている。「人為と教育とは、われわれにすでに自然素質として備わっているものを完成しなければならない。したがって、良心が裁くときには、われわれはあらかじめ善悪の知識をも備えていなければならない。しかしながら、悟性は教養されても、良心は教養される必要はない。つまり良心は、まったく自然な良心であるにすぎない[22]」。

　このように、カントの良心論にあっては、良心が教育によってはじめてもたらされるものではなく、すでに人間に備わっているものであることは、どの著作でも一貫して主張されていることである。したがって、われわれは、良心を直接的な教育の対象として取り扱うことはできないということになる。そしてこのことが、カントの教育哲学研究の中で、これまで良心の教育という問題がほとんど論じられてこなかった理由であるとも考えられる。

　しかしながら、良心が教育によってもたらされるものではないからといって、教育学の領域で良心の役割について問う必要はないと考えるのは早計だろう。たとえ良心が後天的に獲得される能力ではないとしても、それが幼い子どものときから大人と同様に十分な機能を果たすものであるかどうかということはまた別の問題だろうし、良心という本能を適切にはたらかせるように導くことに、教育の意義があると言えるのではないだろうか。

　このように推考するのは、何もまったく根拠のないことではない。というのも、カントは『道徳形而上学』の中で、良心に従って行為することが義務ではないと語っている一方で、良心に関する義務として「自らの良心を開拓

し、内なる裁判官の声に対する注意を研ぎ澄まし、聞き従うために、あらゆる手段を行使すること」（Ⅵ 401）を「間接的な義務」として挙げているのである。行為を選択する上で、道徳的な悪を選ぶ可能性をもつ人間にとって、良心はそれを禁ずる役割をなし、あるいは行為の後では呵責として現れるという事実がある以上、われわれ人間は良心による責めから逃れることはできない。そのような良心の性質を理解し、責めとしての良心のはたらきを正面から受け止めることは、すべての人間が生まれながらにできることではなく、他者からのはたらきかけによってはじめて成し遂げられることである。

　それでは、良心が十分な形で作用するようになるためには、具体的にどのような方法をもって他者にはたらきかけるべきなのだろうか。もちろんここでは、『倫理学講義』にも書かれていたように、「悟性は教養されても、良心は教養される必要はない」という基本的な立場に沿って考えるべきであり、良心そのものを教育するわけにはいかない。そこで改めて考えられるのは、これまでのカントからの引用文の中でもいくつか指摘されていたように、良心が機能する前提として必要とされる善悪の知識を伝えることによって、悟性の確立を目指すということである。

　知識の伝達や悟性の陶冶というと、やはり良心の教育そのものは不可能なのだという異論が起こるかもしれない。だが、良心（Gewissen）の原義がそもそも「共に知ること」という知的側面を表していたことを考えると、道徳的知識を教えていくことが、良心を開拓し、良心の声に耳を傾けるように促す契機を与える可能性をもっていることは否定できない。また、良心と実践理性との関係性を考えれば、良心が行為の主観の誠実さを判断する機能であるとはいえ、実践理性の支えがなければ、その判断は主観的な思い込みに堕する危険性がある。そこで、道徳的な判断に基づいて行為の主観自らに対して禁止の声を与え、反省を迫るためには、確固たる道徳的価値に裏打ちされた良心が必要である。それゆえ、道徳的価値を伝達していくことによって、良心のはたらきそれ自体にも少なからず影響を与えることができるだろうし、

さらには良心の声に耳を傾けるような態度を育成することができるだろう。

『宗教論』でも述べられているように、人間の完全な道徳化は、常にそれに向けて努力をするべきことであると同時に、現実的にはそれを完全な形で実現することは困難を極めることでもある（Ⅵ 94）。どのようにすれば人間の道徳化が成し遂げられるのかを理論的に提示することはできないし、それこそまさに宗教の問題領域となってしまう。ただし、究極的には人間の道徳化が実現できないとしても、だからといって道徳化へと努力することを諦め、道徳教育を施していくことを断念しなければならないと考えることはできない。見方を変えれば、カントがその歴史哲学で「人類の歴史は悪から始まる」（Ⅷ 115）という出発点から人間の道徳化を歴史的視点でもって説明しているように、人間を類（die Gattung）として捉えた場合、段階的に人間は道徳化に向けて進歩していくと考えることもできる。たとえ道徳的価値を伝えていくことに何らかの不確実性がついて回るとしても、その可能性に活路を見出していくことに、良心の教育の余地が残されているのではないだろうか。

本章のまとめ

本章では、カントの良心論の特徴をいくつかの著作の内容から解き明かし、良心が教育学的にどのように位置づけられるかを示した。良心は、あらゆる人間が生まれながらに備えている道徳的な判断力であり、それを直接的に生み出すということは教育には不可能なことである。しかし、その良心の判断材料となる道徳的価値を正しく理解させることや、良心の声に向き合う態度を養うという点に関しては、教育にはなお果たすことのできる積極的な役割があると考えられる。

ただし、教育によってはじめて良心の声に向き合う道徳的な態度を養うことができると考えると、それを自律的な態度と呼ぶことができるのかどうか疑問の余地が残るだろう。他者からの教育的はたらきかけによって形式上は

道徳的な行為を選択することと、自らのうちの道徳法則に則って行為を選択することとを厳密に区別するのがカントの道徳哲学の大きな特徴であって、たとえ教育によって良心の声に向き合うように導くことができるとしても、そのように行為すべき根拠が不明確なままであれば、いまだその態度は他律的なものにすぎない。もちろん、良心の作用そのものは、教育によって左右されるものではない以上、常に自律的であるといっていいだろう。しかしそれでもなお、そうした良心のはたらきに正面から向き合う道徳的な姿勢が、他律的でなく自律的であるということのできる根拠は不明確なままだ。このことから、カントが自律と他律とをどのように区別していたのかという点を考察することが必要であるのはもちろんのこと、第8章で取り上げるように、彼が説く道徳的自由との関係性を吟味することが求められるだろう。

　また、道徳的な態度を養うということの実践的な側面に目を向けてみると、カントの教育論の中で、道徳的陶冶がいかなる方法によって成し遂げられると考えられているのかという点を明らかにすることが、次なる課題となるだろう。第3章で取り組むのはまさにこの点についてであり、カントが『道徳形而上学』で示した「問答教示法」の特性を明らかにした上で、彼の道徳教育方法論の意義を吟味していくことにしたい。

註
1）小野原雅夫「カント良心論の体系的位置づけ――神へと至るもう一つの道――」『福島大学教育学部論集　人文科学部門』第70号、福島大学教育学部、2001年、2-3頁。
2）*Duden Deutsches Universalwörterbuch,* hrsg. u. bearb. vom Wiss. Rat u.d. Mitarb. D. Dudenred. Unter Leitung von Günther Drosdowski. Mannheim; Wien; Zürich: Dedenverl., 1989, S. 607-608.
3）岸本芳雄・市倉宏祐・島田四郎『倫理学』建帛社、1987年、83頁。
4）新村出編『広辞苑』第六版、岩波書店、2008年、2963頁。
5）石川文康『カント 第三の思考』名古屋大学出版会、1996年、246頁。

6) 同書、246頁。
7) 菅沢龍文「カント良心論の革新性について」『哲学』第42号、日本哲学会、1992年、173頁。
8) 三渡幸雄「カントにおける『良心』の問題」『人文論叢』第37号、京都女子大学人文・社会学会、1989年、62-63頁。
9) 石川文康『良心論：その哲学的試み』名古屋大学出版会、2001年、95頁。
10) 菅沢龍文、前掲論文、174頁。
11) 石川文康『カント 第三の思考』第Ⅱ編第四章（220-250頁）を参照。
12) 三渡幸雄、前掲論文、66頁。
13) Jaspers, Karl. *Philosophie, Zweiter Band: Existenzerhellung,* Verlag von Julius Springer, Berlin, 1932, S.268. ヤスパース、K.『実存開明〔哲学Ⅱ〕』草薙正夫・信太正三訳、創文社、1970年、303頁。
14) Ebd., S. 272. 同書、307頁。
15) Ebd., S. 272-273. 同書、308頁。
16) Spranger, Eduard. *Eduard Spranger Gesammelte Schriften, Band* Ⅰ, Max Niemeyer, Quelle & Meyer, 1969, S.240. シュプランガー、E.『教育学の展望：現代の教育問題』村田昇・片山光宏訳、東信堂、1987年、171頁。
17) Spranger, Eduard. *Eduard Spranger Gesammelte Schriften, Band* Ⅱ, Max Niemeyer, Quelle & Meyer, 1973, S.331. 同書、198頁。
18) Ebd., S. 339. 同書、210頁。
19) Ebd., S. 339. 同書、211頁。
20) 石川文康『カント 第三の思考』227頁。
21) Menzer, Paul. *Eine Vorlesung Kants über Ethik,* Berlin, 1924, S. 161.
22) Ebd., S. 167.

第3章　道徳教育の方法論としての「問答教示法」

本章の目的と課題

　本章の目的は、カントの道徳哲学と教育哲学との関連性を解き明かす中で導かれる、具体的な教育方法について取り上げることである。第1章でも指摘したように、『教育学』では教育の順序やその分類に関する考察がなされてはいるものの、道徳的陶冶を実践するための具体的な方法についての記述は皆無である。そこで本章の論考が拠り所とするものは、『実践理性批判』で展開されている方法論と、『道徳形而上学』に見られる「問答教示法（Katechismus）」[1]の二つである。一見して分かるように、カントが具体的な形で道徳教育の方法を提示しているのは、後者の問答教示法に限られる。それに対して『実践理性批判』で論じられる方法論は、問答教示法とは異なり、体系的な方法を示しているわけではない。それでもなおこの方法論を取り上げるのは、そうした具体的な方法を導く上での実践的理念が論じられているからである。カントの道徳教育の方法論を考察するにあたっては、ただ具体的方法を取り上げることだけが重要なのではなく、そうした方法を裏づける理念をも考慮に入れることによって、その意義を十分に理解することができるようになる。そこで本章第1節では、二つの著作に見出される方法論に関するカントの主張の要点を整理していきたい。

　ただし、これら二つの著作を並列して取り上げることに全く問題がないわけではない。というのも、『実践理性批判』の出版年が1788年、『道徳形而上学』の出版年が1797年であるように、二つの著作の出版年には10年近くの隔たりがある。『実践理性批判』がまさに批判期の中心的な思想であるこ

とを考えれば、その中で論じられている方法論は、批判期の影響を最も受けているものであることは間違いない。それに対して『道徳形而上学』は、批判期の中でも後期に位置づけられる作品である。したがって、『実践理性批判』との時期の隔たりの中で、カントの思想にどのような変化が生じたのかを踏まえなければ、その考察は、二つの作品を安易に結びつけたものになりかねない。そこでまず、『実践理性批判』の出版から『道徳形而上学』が著されるまでの間にカントが取り組んだ諸著作の内容を吟味することによって、その思想の特性に目を向けることが必要だろう。そうした予備的考察を踏まえてこそ、カントが『道徳形而上学』で提示した問答教示法の役割を検討することの意味があるものと考えられる。それに基づいて、第2節では、最近の研究動向を参照しながら、問答教示法を中心としたカントの道徳教育の方法論の現代的な意義を解明したい。

第1節　カントの道徳教育の方法論

(1)『実践理性批判』にみる道徳教育の方法論

　『実践理性批判』の中で道徳教育の方法論が主として展開されているのは、第二部「純粋実践理性の方法論」である。ここでカントが課題としているのは、理性が命じる道徳法則がどのように人間の心術（Gesinnung）へともたらされるのかという問題である。

　そこでまずカントは、無教育な心術を道徳的に善いものへと導くためには、その人自身の利益によって誘ったり、不利益によって嚇したりするという準備的な手段を用いることが必要であると述べている（V　152）[2]。道徳教育の初期の段階では、何よりも子どもの関心を道徳的なものへと向かわせることが重要であるため、間接的な手段に訴えてでもその目的を達成しなければならないのである。しかし、すぐ後の論述では、カントはそうした手段をあく

までも予備的なものと見なしている。道徳性の陶冶を目的とするならば、すぐに純粋な道徳的動機がもたらされなければならず、そのためには利益に基づく判断が入り込むべきではない（V 152）。カントにとって、たとえそのような判断を用いることにある程度の意味が見出されるとしても、人間のうちにはそもそも実践的な問題に対する理性の傾向が見られるのだから、それに基づいて個々の実践的問題への判断力を養い、道徳的価値に気づかせることも十分に可能なことである（V 154）。そうした活動が、子どもにとって道徳性の陶冶であるということを直接的に意識させるものではないにせよ、それが尊重の持続的な印象を与え、将来の生活態度における誠実さのために適切な基盤を形づくるものであるかぎり（V 154-155）、道徳性の獲得のための方法としては有効なものであると言えよう。

　また、カントが提示する方法によると、一般的には道徳的な価値があると考えられるような事柄でも、積極的に子どもに示すことを回避するべきであると見なされるものもある。それは、功績のある行為である。カントの道徳哲学の基本的な立場がそうであるように、道徳的な動機や、道徳的な行為と呼ばれるものはすべて、義務の法則をその義務に基づいて行為するという条件を満たすものでなければならない。たとえ外面的には道徳的な行為と見なすこともできるような行為でも、その動機が道徳法則に則ったものでないかぎり、その行為は道徳的ではありえない。このことは、道徳教育についても同じことである。つまり、その行為の内容が道徳的であると呼びうるような行為を示すのではなく、その動機が義務に基づいている行為を示すことが必要なのである。子どもの道徳性の陶冶にあたっては、一時的で過渡的な心の満足に注意を向けさせるべきではなく、義務のもとに心術が服従することに注意を向けさせるべきである。純粋な道徳性を養うために、功績のある行為を模範として掲げることは、その目的に反することであり、そうした手段に依拠することは、子どもたちを空想家にすることを意味するだけであり、有害ですらあるとカントは言う（V 157）[3]。

そこでカントは、ここまでの考察のまとめとして、子どもに道徳的な関心をもたらすための二つの方法を提示している。まず一つ目の方法は、自分自身の行為を道徳的な法則による判定を通して行うように、子どもを習慣づけるというものである。常に道徳法則に基づいて行為したかどうかを考えることによって、そうした法則に対する関心が生じ、さらにはその法則を愛するようにもなるとカントは述べている（Ⅴ 159-160）。とはいえ、この方法によってだけでは、道徳法則への関心を引き起こすことはあっても、道徳性そのものへの関心をもたらすことにはならない。なぜなら、この方法によって子どもに与えられるものは、法則による判定を楽しむことによる満足のみであって、直接的には道徳性への関心の有無を問われないからである（Ⅴ 160）。

こうした不十分な点を克服するために、第二の方法では、さまざまな実例に即して道徳的心術を提示することによって、意志の純粋性を明白なものにすることが必要になる。子どもが道徳法則に対して愛着を抱くことは、もちろん否定されることではない。しかし、道徳法則に適った行為がただ傾向性による満足を求めるがゆえになされるならば、それは道徳的行為ではなく、むしろ利己的な行為と見なされるべきである。したがって、子どもが自らの行為を道徳法則によって判定することと同時に、その行為の動機が道徳的に純粋なものであるかどうかを明らかにするためには、教師の側から、実例をもって心術の純粋さを見出すことができる行為を示さなければならない。それによってはじめて、子どもは自由の意識に気づくようになるのである（Ⅴ 160）。もちろん、行為の心術が道徳的でなければならないということは、傾向性をもった子どもにとっては苦痛の感情を引き起こすものではある。それでもなお、そうした感情が子どもを欲望による強制から免れさせることで、欲望に支配されることによって生じる不満足から解放され、他の源泉に基づく満足の感情に向かうようになるのである（Ⅴ 160）。そうした満足は、傾向性に由来するものではなく、道徳的感情によってもたらされるものである。

こうした二つの方法が、カントの道徳哲学の根本的な考え方と深く結びつ

いており、教育の理念とも共通していることを読み取ることは容易なことである。だが一方で、これら二つの方法を見ても、カントの説明がいまだ抽象性を免れてないと言うこともできるだろう。彼自身も、『実践理性批判』の考察はあくまでも予備的なものであることを認めている。ここで展開された方法論が、道徳教育を行うための一般的な指針を示すものではあっても、具体的な活動の内容が明らかではないために、実践のあり方を重要視する立場から批判を受けることは避けられないだろう。

しかし、先にも断っておいたように、『実践理性批判』の考察に関しては、カントの道徳哲学と教育哲学とが密接に関わっており、それに基づいた実践的な道徳教育の理念が提示されていることを確認することが目的である。義務に基づく行為に絶対的な価値を見出し、さらにその崇高さを表したカントの道徳哲学の本質に忠実な形で、彼の道徳教育の理念やその一般的な方法が語られているという点を理解することが重要なのである。ここでは、道徳教育が何よりも道徳のもつ価値や崇高さを伝えるものであるべきであり、できるかぎり他の要素を用いるべきではないということが、カントの主張の要点である。

それゆえ、こうした理念に基づく具体的な方法がいかなるものであるかについては、次に考察する問答教示法に譲らなければならない。というのも、カントが義務の詳細な規定を必要とすると述べたその仕事はまさに、後年の『道徳形而上学』で達成されたものであるからである。これから取り上げる問答教示法は、『道徳形而上学』の中でも徳論の原理に関する考察を踏まえた上で論じられる方法であり、『実践理性批判』ではいまだ予備的なものであった方法論からさらに発展した理論が示されることを期待できるだろう。

(2) 問答教示法

ここでまず、問答教示法について書かれている『道徳形而上学』の概要を簡単に整理しておきたい。そもそもこの著作は教育哲学について説いたもの

ではなく、法と道徳の二つの概念を取り上げて、その関係性を考察することが主題である。特に本書で論究されているのは義務の体系についてであり、法義務と道徳義務との相違に関する考察や、それぞれの義務の内容に関する詳細な解説がなされている。

本章の関心と関わりのある論述として、カントは道徳を「同時に義務であるところの目的」（Ⅵ 385）と定義している。その際、それを目的として規定できるような道徳的能力は生まれながらに備わっているものではなく、身につけなければならないものと考えられている（Ⅵ 477）。道徳的な目的が義務とされるのは、それが、人が自ら進んでなそうとするものではなく、いわば「いやいやながら採用された目的」（Ⅵ 386）であるからである。人間が目的として規定する対象の多くは「人間が自分の本性の感性的衝動に従って自分で立てる目的」（Ⅵ 385）であり、促進すべく義務づけられるような道徳的な目的とは区別される。それゆえ、道徳的能力は「それに反対する非常に強力な傾向性との戦いにおける意志の強さを通して生み出されるもの」（Ⅵ 477）なのである。

こうした道徳的能力の獲得のための方法として登場するのが、問答教示法である。カントは、講義を行うための方法である試問式教授法（erotematische Lehrart）を二つに分け、「教師が教えようとする事柄を生徒たちの理性に問い質す方法、すなわち**対話教授法**（dialogische Lehrart）であるか、あるいはたんに生徒たちの記憶力に問い質す方法、すなわち**問答教授法**（katechetische Lehrart）であるかのいずれかである」（Ⅵ 478）と述べている。

カントによれば、対話教授法では、生徒は自分自身で考え、ある時は教師に反問することで自ら学ぶことができる程度までは指導を受けていなければならない。その一方で、問答教示法は、自分がいかに問うべきかをすら心得ていない生徒をも教育の対象に含むことができる[4]。なぜなら、問答教示法は「道徳の義務についての根本理論」（Ⅵ 479）であり、なおかつそれが扱う内容は「普通の人間理性から展開されうる」（Ⅵ 479）ものであり、教授法の

規則に対する詳細な理解をほとんど必要としないからである。そのため、問答教示法では常に教師のみが質問者になり、それに対して生徒が答えていくという形をとることになる。そこで注意しなければならないのは、「教師が生徒の理性から方法的に導き出してくる応答は、容易に変更されるべきではない一定の表現の形をとって作成され、保存され、したがって、生徒の記憶力に委ねられなくてはならない」（Ⅵ 479）ということである。カントはここで、問答教示法と対話教授法との区別を図っている。また、問答教示法では、もしも生徒が教師の問いに答えられない場合には、教師がその問いに対する答えを言い含めることも必要であると見なされている。これらの点から考えて、問答教示法の大きな特徴は、生徒の理性に備わっている道徳的素質に全面的に頼るのではなく、この素質に対して積極的にはたらきかけ、指導をすることによって、道徳の概念を理解させるように努めるところにあると言うことができるだろう。

　そこで実際に、問答教示法の一連の流れについて示すことにしたい。カントは「倫理学方法論」の中で、教師と生徒との問答教示のやり取りの断片を、八つの部分に分けて表している（Ⅵ 480-482）。この八つの分類がいかなる規準によってなされたものであるかについて、カント自身による説明はなされていないため、その内容から判断して四つにまとめ、＜　＞の形で表すことにする。

　＜幸福の定義＞
　一、教師…人生の最大の要求は何でしょうか。
　　　生徒…（黙っていて答えない）
　　　教師…あらゆることがいつも望みのままになることです。
　二、教師…そのような状態を何と呼ぶでしょうか。
　　　生徒…（黙っていて答えない）
　　　教師…それを幸福と呼ぶのです。

＜理性が果たす役割＞

三、教師…（この世でできるかぎりの）幸福を手に入れたとしたら、それをすべて自分のために手離さずにおきますか、それとも隣人にも分け与えますか。

　　生徒…幸福を分け与えて、他の人を幸福にし、満足させるでしょう。

四、教師…それであなたがとても善い心（Herz）の持ち主であることは解かりました。それでは、善い分別（Verstand）を示しているか見せてください。――あなたは、怠け者や乱暴者に対しても、彼らが求める幸福を与えますか。

　　生徒…そんなことはしません。

五、教師…それでは、幸福を求める人には誰にでもゆだねてしまうのではなく、まずそれぞれの人がどの程度まで幸福に値するかどうかを考えるということが分かるでしょう。

　　生徒…はい。

　　教師…しかし、そこであなた自身が幸福に値するかどうかという疑問を浮かべることはないですか。

　　生徒…もちろん思い浮かべます。

　　教師…あなたの中で、ただ幸福だけを追求するものを傾向性と呼びます。その傾向性を、あらかじめ幸福に値するという条件に制限するのが理性です。そして、理性によって傾向性を制約し、克服できることが意志の自由なのです。

＜義務の遵守について＞

六、教師…あなたが幸福にあずかりながら、しかもそれに値するものであるためにはどうすればよいかを知るための規則や指示は、自分自身の理性のうちにあります。つまり、このようなふるまいの規則を経験や他人から学びとる必要はないのです。さてそこで、理性の役割に鑑みて、嘘をつくことはどのように考えられるで

しょうか。

生徒…たとえそれによる利益が大きなものであっても、嘘をつくべきではありません。嘘は卑劣なことで、人間を幸福に値しないものにしてしまいます。

教師…そうした理性の法則に従って行為する必要性を何と言いますか。

生徒…それは義務と言います。

教師…したがって、人間にとっては、義務を遵守することが幸福に値するための普遍的で唯一の条件なのです。

＜義務の遵守の上に成り立つ幸福への信仰＞

七、教師…われわれがそのような善い意志を自覚しているとして、その上で、幸福に値するという確かな希望を持てるでしょうか。

生徒…いいえ。幸福を手に入れることは、人力の及ばない環境に左右されるものです。それゆえ幸福は常に願望にとどまって、何か他の力がなければこの願望は希望にはなりえません。

八、教師…そのような幸福を人間に分け与え、自然全体を支配し、世界を最高の英知でもって統治する力としての神を信じる根拠を理性は持っているでしょうか。

生徒…はい。自分の義務に背くことで自分自身を幸福に値しないという事態に至らせなければ、幸福にあずかるようになることを期待できます。

　以上のように、問答教示法は、道徳を説明する上で必要とされる概念の整理と、その教示を中心に展開される方法である。『実践理性批判』にもあったように、道徳教育の内容は、義務を義務として実践することを生徒に学ばせることにこそ意味があるのだとすれば、この問答教示法はその用件を満たすものである。また、過度に子どもの心を高揚させるような内容を含んでいないということについても、『実践理性批判』の主張と一致すると考えるこ

とができるだろう。

　ただし、問答教示法について、まったく疑問点が存在しないわけではない。例えば、問答教示の流れを通して、どのようにしてそれが子どもの主体的な行為に結びつくかは明らかではない。この問題に関連して、カントは問答教示法の断片を掲げた後で、この方法が子どもの道徳的教養の育成にとって有益である理由を、次のように説明している。「ひとつの知識にまとめ上げたところのものに愛着を持つということは、人間の本性に宿っており、したがって、生徒はこうした練習によって、人知れず道徳的な事柄に関心を持つようになる」（Ⅵ 484）。このことから、カントは、そもそも問答教示法によって子どもの自律した行為に直接的に影響を与えられるとは考えていないことが窺える。それでもこの方法が重要であると考えるには、道徳的な事柄に関心を持つことが、子どもの行為を規定するようになるという信念や期待がなければならないだろう。

　こうした問題点は、さらに次の問題提起へと結びついていく。カントはあくまでも、道徳法則の源泉である理性は子どものうちに備わっているものであると考え、その理性に問いかけることによって道徳性は陶冶されると見なしているけれども、そうした理性の存在をいかにして明らかにすることができるのだろうか、という問いである。われわれは、問答教示の断片の中に、教師が子どもの理性に問いかける場面を散見することができるが、子どもが教師の問いに対して本当に断片にあるような返答をすることができるかどうかについては、疑問を拭い去れない。そこで、こうした問題点から推測されるのは、カントはもともと人間の本性をかなり肯定的に理解しており、その人間観を前提として道徳哲学を構築しているのではないかということである。そのことを裏づけるように、「人間は、まずその善への素質を発展させなければならない」（Ⅸ 446）と述べて、彼は実際に、人間には道徳的な善に向かう性質があるという立場をとっている。したがって、生徒が教師との問答の中で道徳論を身につけていくことができると言えるのは、カントによるこう

した人間理解があるからだと考えられる。彼の実践哲学が理性への信仰の上に成り立っていると言われるのも、この意味においてである[5]。問答教示法は、人間は理性的能力に対する素質を持つ存在である、という前提の上に築かれた方法として解釈することができるのである。

　もちろん、問答教示法がカントの有する人間観の影響の下にあるということによって、その意義が失われるわけではない。むしろ、人間のもつ素質を積極的に認めるような理解があるからこそ、カントの言うように、人間を人間たらしめる営為としての教育が成り立つのである。それゆえ、問答教示法が解決すべき問題とは、それが実践可能な方法であるのかどうかということではなく、その基盤となる人間理解の由来をどこまで論理的に説明することができるかということである。『道徳形而上学』が、カントの著作の中でも後期に属するものであることを鑑みれば、そこにそれまでの彼の思索全体が少なからず反映されていることは間違いない。そう考えると、『実践理性批判』以降、カントがどのような事柄に哲学的な関心を向けていったのかということに着目し、その思想の変遷を辿ることによって、カントの人間観の源泉を解明することができるのではないだろうか。

第2節　カントの道徳教育論の現代的意義

(1)『実践理性批判』から『道徳形而上学』までの哲学的関心の移り行き

　『実践理性批判』ではじめて道徳教育の方法論についての直接的な言及をして以降、約10年の時を経て、カントは改めて『道徳形而上学』で問答教示法を提示することになる。『実践理性批判』の方法論では、子どもに一定の習慣づけをさせることに注意が向けられており、教師が実質的な内容を教えるような活動はほとんど含まれていない。それゆえ『実践理性批判』の主張には、「自ら自律して考える」という、彼の啓蒙主義的な考え方を読み取

ることのできる部分が多分に残されている。それに対して『道徳形而上学』では、道徳性を陶冶するための方法として、教師の側が積極的に生徒にはたらきかけてゆく問答教示法が示されているところに、カントの思想の変化を見て取ることができる。その変化の背景を探るためには、『道徳形而上学』が出版されるまでの間に、カントがどのような問題に関心を移していったのかという点に注目することが必要である。それを通して、カントがなぜ問答教示法を取り上げたのかという経緯を明らかにすることができるだろう。

いわゆる三批判書が出版された後に、カントがまず関心を向けたのは宗教についてであった。第1章でも触れたように、カントは『宗教論』の出版をめぐって、プロイセン政府との激しい衝突を経験している。その経験の中で彼は、たとえ国家が国民に対してある種の強制を加えることが許されるとしても、純粋な理論や普遍妥当的な倫理学の諸原則を表明し、論究することに関して、国家はそれを妨げることはできないことを強く主張していた[6]。カントは、国家によってこうした文筆の自由（Freiheit der Feder）すら保障されないならば、国民が国家に権利を要求することをすべて奪い取られることに等しく、国民の普遍意志を代表するべき国家の姿とは矛盾すると断じている（Ⅷ 304）。いずれの公共体にあっても、国家体制の機構の下で強制法に服従することがなくてはならないが、しかし同時に、自由の精神および現存の強制に対する公的な批判の精神は認められなければならないのである（Ⅷ 305）。

『宗教論』の周辺的状況は以上のようなものであるとして、次に考察しなければならないのは、その著作の内容についてである。カントの宗教観は理性の要請によって築かれる理性宗教であると言われるように、『宗教論』はただ啓示的な内容を扱ったものではなく、彼の道徳哲学の延長線上で論じられるものである。実際にカントは、啓示信仰と理性信仰との関係性を説明する中で、以下のように論じている。「真の宗教は、神がわれわれを至福にするのに何をなすかとかなしたとかを知ったり告白したりすることにではなく、それに値するようになるためにわれわれがなすべきことにあるということで

あるが、このなすべきことは、実にそれだけで間違いない無条件の価値を有し、したがって、それだけがわれわれを神意に適う者とし、聖書についての学識が一切なくとも人間がみなその必然性を十分に確信しうるところのものに他ならないのである」(Ⅵ 133)。さらに、「人間の道徳的改善は、すべての理性宗教の本来の目的をなすものである」(Ⅵ 105) と述べている点からしても、カントにとって啓示信仰の意義が見出されるのは、それが道徳的信仰に基づいている場合のみに限られるということになる。

　カントが『宗教論』で展開している道徳哲学の中でも、彼の思想の変遷を理解する上で注目すべきなのは、カントが地上での道徳の実現を倫理的公共体の中で成し遂げられるものと考えている点である。それまでの彼の見解によれば、道徳の実現は、人間がそれに向けて無限の努力を必要とするものである一方で、その達成を保障するものはただ信仰だけであった。その点について、カントは『宗教論』でより詳細な論述を行っている。

　カントはまず、ホッブズ (Thomas Hobbes, 1588-1679) による周知の一節を引き合いに出しながら、われわれの自然状態を、人間各自のうちに見出される悪による不断の交戦状態であると規定する (Ⅵ 97)。たとえ各人が善い意志をもつ場合でも、各人の間を合一する原理が欠如しているために、われわれの意志の不一致によって共同的な目的から遠ざかってしまうのである。そこで、この共同的目的を達成するために、不可避的に倫理的公共体が求められることになる。倫理的公共体の成立には、その構成員を結合するための法則がなければならない。ただし、倫理的公共体を支配する法則は、何か内的なもの (etwas Innerliches) であって、人間の手になる公の法則ではない。したがって、倫理的公共体の立法者は、その構成員である民とは別の者でなければならないということになる。その立法者は「倫理的公共体の最高の立法者」(Ⅵ 99) と呼ばれ、われわれにとっての一切の義務は、この立法者による命令として見なされるべきものとなる。すなわち、この公共体の立法者となるのは「道徳的な世界支配者としての神」(Ⅵ 99) である。それゆえ、倫

理的公共体は、神的命令の下にある民としてのみ考えられうる理念となる。

さらに『宗教論』では、倫理的公共体の具体的な形式が示されている。その形式とは教会（Kirche）である。カントは教会について、それを見えざる教会（unsichtbare Kirche）と見える教会（sichtbare Kirche）とに区別して説明する（Ⅵ 101）。見えざる教会とは、神による人間の合一という理念であって、それは一切の教会の原型として役立つものである。その一方で、見える教会とは、見えざる教会が教える理念に基づいて、現実に建設される教会のことを意味している。その中でも、具体的な形式としての教会が、見える教会を指していることは明らかだろう[7]。したがって、カントは、純粋な道徳的理念に基づいて建設される教会の中に、たとえそれが「神の国のたんなる代理者（bloße Repräsentantin eines Staats Gottes）」（Ⅵ 102）にすぎないとしても、現世における道徳の完成体を見ていたと言うことができるのである。

『宗教論』の成果によって、カントは道徳と宗教の理論に関するかぎり、その影響力が実践にまで高めうる地点へと導いたことを信じていた。しかし、その際に、そうした実践に対して彼自身が直接的な使命をもっているとまでは感じていなかった。なぜなら、彼は、自らの哲学が国民生活全体に与える力として意味していたものを、完全に展望したり評価したりすることができなかったからである[8]。そこでカントは、それまで以上に、哲学的思索の中で、より実践的で政治的な諸問題に関心を向けるようになる。それは、『宗教論』でも少なからず触れられていたように[9]、道徳が実現した時に訪れるであろう平和がいかにして成り立つかという問いであった。

カントは『永遠平和のために』（Zum ewigen Frieden, 1795）で、諸国家間で成り立つ平和に向けて、より具体的で実践的な論考を行っている。平和状態は決して自然の状態ではなく、設立されなければならないものである（Ⅷ 348-349）という理解に基づいて、それぞれの国家が段階的に平和を実現するための諸条項を提示していくことが、本書の主たる目的である。

ここで特に注目すべきなのは、平和論の「附録」で論じられている思想で

ある。その冒頭でカントは、「道徳はすでにそれ自体で、客観的な意味からすれば、われわれがそれに従って行為すべきところの無制約に命令する法則の総括としての実践であり、人がこの義務概念にその権威を認めた後でもなお、それを為しえないだろうと言いたがるのは、明らかに理不尽なことである」（Ⅷ 370）と述べ、平和を実現するための実践としての役割を担う政治が、道徳と一致するべきであると主張する。とはいえ、政治による法概念を必要とするような道徳的行為の実践は、はたして実現できるものなのだろうか。カントが道徳の実現可能性を語ることのできた前提には、理性に対する信頼、理性への信仰があったことは疑いえない。しかしながら、そうした前提がそもそも誤りでないということをどのように証明することができるのだろうか。

　この点について、カントは『永遠平和のために』の出版後に著した『哲学における永遠平和条約の近い締結の予告』（*Herkündigung des nahen Abschlusses eines Tractats zum ewigen Frieden in der Philosophie,* 1796）[10]の中で、次のように論じている。「人間の理性のうちには、どんな経験によってもわれわれに熟知されないけれども、経験のうちに提示され、したがってまた（しかもア・プリオリな原理によって）絶対的に命ぜられうる作用において実在性と真理を証明するところのあるものがある。それは自由の概念と、定言的な、すなわち率直に命令する命法の、自由に由来する法則とである」（Ⅷ 416）。また、「理性を介して人間の魂には**精神**が付与されており、これは、人間がたんに自̇然̇のメカニズムと自然の技術的－実践的法則に適合した生活のみならず、また自̇由̇の自発性と自由の道徳的－実践的法則に適合した生活を行うためである」（Ⅷ 417）と述べられているように、自発性としての自由や、その自由に由来する道徳法則が実在するということは、人間を自然と区別すること、つまり人間を人間たらしめる理念なのである。それゆえ、自由や道徳法則の実在性を否定することは、人間が人間であることをも否定することになってしまう。こうしてカントは、自由や道徳法則の実在性を実践的なものと捉えたことで、その哲学が前提としている理性への信頼という点について、できる

かぎりでの論理的な説明を加えることができたのである。

次に、カントによる自由の実在性の証明に基づいて、現世における道徳の完成としての永遠平和の問題に戻ることにしたい。カントにとって、永遠平和を実現することは、たとえ彼の生きる時代の中で達成されるものとは言えなくとも、段階を経て確実に実現すべきものであった。「公法の状態を実現することが義務であり、たとえ無限に進んだ接近においてのみその状態を実現するに過ぎないとしても、これを実現しうる根拠のある希望が同時に現存するならば、永遠平和は……決して空虚な理念ではなくして課題であり、これは徐々に解決されて目標に絶えず近づいていく課題である」(Ⅷ 386) という一節からも、その切実な訴えを汲み取ることができる。道徳を実現することは、ただ一人ひとりの人間が自律して考えるだけで達成できるものではなく、何らかの確実性をもって、すべての人々に共通の意志がもたらされ、共同で行為することが必要であると考えられていたということができるだろう。

これまでの考察から、カントが『道徳形而上学』の問答教示法を論じるに至った背景を推察することができよう。批判期のカントの思想の根底には、啓蒙の精神があったことに対する異論はないだろう。しかし一方で、カントが批判哲学の体系を築いて以降、その関心を向けたのは、それまで構築した理論がどこまで実践に対して意味を持ちうるかという問題であった。それゆえ、批判期の中心的な思想である『実践理性批判』の方法論では、子どもの自律に重きが置かれたのに対して、『道徳形而上学』の問答教示法が、子どもに対して積極的に教え込むことを重視したことは、思想の流れからしても当然であると考えられる。後期の思想に見られるのは、道徳をいかにして実現できるかという実践的な関心である。その問題を論じるために、カントは一人ひとりの人間が自律して考えるという立場を越えて、個々人の間の相違を埋める普遍的意志を要請するに至ったのである。

カントが取り上げたさまざまな主題のうち、特にその功績として一般的に認められているのは、その批判哲学であり批判精神であろう。しかし、たと

えそうした一般的な理解が正しいものであるとしても、それによって批判哲学の主たる功績に含まれないものが些細なものであると言うことはできない。批判哲学が一定の完成を見た後に、彼が取り組んだ実践的課題に対する一つの結論として『道徳形而上学』が位置づけられるのだとすれば、そこに示された問答教示法には大きな意義があると考えられる。これまでカントの道徳教育論を考察の対象とした研究には、問答教示法を主たる題材としたものはほぼ皆無であった。だが、この方法の現代的な意義の如何については次に検討するとして、何よりもカントの哲学全体の中で問答教示法の占める意義について、いま一度再考するべきではないだろうか。

(2) 道徳的判断力の育成の問題

　本章の締めくくりとして検討するのは、問答教示法という道徳教育の具体的な方法論を提示したカントの道徳哲学が、現代的状況の中でどれだけの意義をもちうるかという問題である。

　この問題は、カント自身が『教育学』で指摘しているように、教育が抱える最大の課題でもある。そこでカントは、子どもの自由を認めながらも、それが他者の自由を妨げないようにその自由を適切に制限することが、ある種の解決をもたらすと述べている。しかし、カントによるこうした提言からしても、教育による強制からいかにして自由がもたらされるかという具体的な論理を見出すことはできない。「たんなる強制ではなく、子どもが納得し、子どもがあたかも自分でそれを自発的に（自由に）決めたかのように、そしてそれも自発的に（自由に）従うように仕向けることが必要である[11]」としても、教師から仕向けられた自由が、はたして本当に自由と呼べるものであるかどうかは疑問の余地があるだろう。

　こうした状況の中で、これまで、カント哲学全般を概観した上で導き出される教育哲学は、「教える―学ぶ」といった単純な構造で理解されるべきではなく、彼の思想上の特性である啓蒙の精神と関連づけて読み解くべきもの

と考えられてきた。そうした立場に立つ論者は、人間の理想像を啓蒙された姿に見出し[12]、そのような人間へと陶冶するために教育には何ができるのかと問う。さらには、近代的な枠組みの中で語られる教育が見逃してきた、教育のもたらす予期せぬ結果として現れるものにも目を向けて、そうした残余の部分に対する反省を迫る立場もある[13]。教えることがそのまま学ぶことになるという短絡的な関係を反省し、自律した人間を養成するために教育が果たすより包括的な役割を捉えようとする考え方である。

　こうした議論の拠り所として、カントの著作の中でしばしば用いられるのが『判断力批判』である。その中でも、近代的教育の枠組みを問い直そうとする立場にとって、カントによる判断力の定義は注目に値するものである。彼によれば、判断力一般は「特殊なものを普遍的なもののもとに含まれているものとして思考する能力」（V 179）である。そしてまた、判断力は規定的判断力（bestimmende Urteilskraft）と反省的判断力（reflektierende Urteilskraft）との二つに区別される（V 179）。規定的判断力とは、普遍的なもの（規則、原理、法則）が与えられているとき、特殊的なものをそのもとに包摂する判断力である。それに対して反省的判断力は、特殊的なものだけが与えられているとき、その中に普遍的なものを見出すはたらきである。

　これら二つの判断力の中でも、特に反省的判断力の作用について、それを教育学の立場から読み解こうとする研究はこれまで数多く行われてきた。反省的判断力は、経験的に与えられる個別の表象の中にある種の法則を見出すこと、すなわち合目的性の原理である[14]。反省的判断力のはたらきによって、「自然は反省的判断の対象となることによってそれ自らが自由の産物であるかのように判定される[15]」ことで、二つの異質な概念が連結されるに至るのである。もちろん、こうした判断力の作用は、悟性概念に従えば偶然的なものでしかない。自然が自由と一致するということを実証的に明らかにすることは、人間には不可能なことである。それでも、依然として判断力が独立した能力として認められるのは、それが経験を体系的に関連づけるために必要

な能力であるからである。『純粋理性批判』では、経験を成り立たせる認識能力として認められたのは悟性であった。表象を概念へともたらす悟性の作用は、自然を理論的な見地から認識することである。しかし、判断力の概念は、理論的な認識を含むことなく、ただ自然を技術（Kunst）として見なすのである（ⅩⅩ 204）。つまり、判断力の原理は、経験をただそれ自体として客観的に規定するのではなく、それぞれの経験が主観にとっていかなる意味を持つのかという視点から規定するものなのである。したがって、悟性の能力が認識能力であったのに対して、判断力の能力は快と不快の感情と呼ばれる（ⅩⅩ 207-208）。さらに、この快と不快の感情は、行為の目的を規定する理性の能力としての欲求能力によって規定されるものである。それによって、認識能力（悟性）と欲求能力（理性）との連結は、快と不快の感情（判断力）を通して可能になるのである。

　反省的判断力は、悟性が諸現象を図式的に扱うのとは異なり、技巧的に扱うものである（ⅩⅩ 214）。悟性がその超越論的法則によって自然を統一し、経験を成り立たせるはたらきである一方で、判断力は、そうした悟性の作用では包括しえない、有機体としての自然が従う経験的な法則について、それを自然の技巧として読み解くのである。それゆえ、判断力によってもたらされる認識は、悟性に由来する経験認識（Erfahrungserkenntnis）と対比する形で、技術的認識（künstliches Erkenntnis）と呼ばれる（ⅩⅩ 215）。しかし一方で、判断力の原理は自然の技巧を反省することでありながら、その自然の技巧を説明することも、詳細に規定することもできず、普遍的な概念的規定を行うものでもない。むしろそれは、判断力自身の主観的な法則によって、判断力の欲求に従い、同時に自然法則一般とも合致しつつ、反省することができるだけである（ⅩⅩ 214）。それゆえ自然は、反省的判断力のはたらきによってはじめて合目的的な技巧と見なされるものであるが[16]、そうした判定が行われる前提には、常に目的を規定する実践理性が存在しているのである[17]。

　反省的判断力のはたらきを明らかにすることが、自律した人間の養成とい

う教育の課題を考えるために重要であるのは、こうした判断力の有無が、自律的人間としての条件となるからである。まず、反省的判断力がもつ性格として、われわれに与えられる自然の対象を、技巧的なものと見なすという原理がある。こうした能力は、ただ客観的対象を技術的な認識の下に配置するという認識論のみに還元されるだけではなく、状況に応じた臨機応変な判断をも可能にするものであると解釈することができる[18]。また、判断力がもたらす反省という作用は、自己への反省としての役割を果たすことを期待することもできる。成熟した人間が、自己のあり方を自らによって律し、自己教育できるような人間のことを指すとするならば、そうした能力として理解されるものがまさに反省的判断力なのである[19]。さらに、判断力があくまでも悟性と理性との一致を目指し、それらを結びつける中間的な能力である[20]ことに注意するならば、それはただ形式的に判断する能力として理解されるべきものではなく、道徳の領域とも深く結びついているものであることが推察される。道徳教育の目的が、たんに道徳的な価値があるとされる徳目を理解させることにあるのではなく、知的に習得したその価値を維持し、それを実践しようとする意志を鼓舞することにあるのだとすれば[21]、道徳的行為を実践する中で、その役割を担いうる反省的判断力の意義は大きい。そうした観点からも、自律した人間の養成を目的とする教育学の立場にとっては、自然と自由とをつなぐ反省的判断力の養成こそが自律的な人間の形成にとって重要であり、そのはたらきを明らかにすることが「強制から自由を、模倣から創造を生み出す契機を見出すことにもつながる[22]」と言いうるのである。

最後に、反省的判断力に関して取り上げておきたいのは、その判断力の養成をどのように行うのかという問題である。カントはこの点について、『純粋理性批判』で以下のように論じている。「悟性は諸規則を通じて教えられたり準備されたりすることはできるが、判断力は一つの特殊な才能であって、この才能が欲するのは、教えられることでは全くなくて、訓練されることだ

けである」(A 131/B 172)。学校教育は、生徒に対して概念や規則を授け、あるいは詰め込むことが可能である。しかし、そうした概念を正しく利用する能力は、結局のところ生徒自らに備わっていなくてはならず、その完全な欠如を教育が補うことはできない。そもそも判断力は概念的に理解できるものではないかぎり、それが教師による教授によって身につくものではないのは当然である。したがって、反省的判断力を養成するためには、多くの具体的実例の中で磨かれる熟練が必要とされるのである。

　反省的判断力の養成によって、自らを自らの手によって教育することがあらゆる人間にとって可能となるならば、教育にとってこれ以上の理想はないであろう。判断力の養成に関しては、教師からの積極的な教授が行われないため、その点で、教授を中心とする教育に付随する不可避的な強制も生じない。そして、こうした方法によって、生徒がその道徳的価値に基づいて主体的に行為することができるようになるならば、本来の主体性としての自由を生徒自らが獲得したことになるため、教育が抱える矛盾を解消することになると考えられるのである。

　ただし、熟練した反省的判断力を備えた自律的人間を養成することが、教育の理想像を表しているということは正しいとしても、それを実践することが可能であるかどうか、あるいは、判断力の訓練によるだけで、はたして道徳的価値の体系を理解することができるかどうかは、容易には答えられない問題である。とりわけ後者の問題については、われわれがカントの批判期の思想から学んだように、ただ一人ひとりの人間が道徳的動機に基づいて行為するだけでは、現世での道徳の実現は達成できない。道徳の実現という究極的な目的のためには、個々の人間による自律的思考より以上に、その意志の間に生じる差異を埋め、共通意志をもたらすための強制が必要になる。そしてそれが、神の命令として現れる道徳法則なのである。それゆえ、倫理的公共体を現世に築くために求められるのは、万人がその公共体を支配する法則を理解することである。カントにとっては、そうした手段によらないかぎり、

現世での道徳の実現への道はまったく閉ざされてしまうのである。こうした思想に基づいて、彼は倫理的公共体を支配する道徳法則を教えることの重要性を認識した。そして、彼の哲学がたどり着いた道徳教育の方法論こそが、確固たる手段によって道徳の概念を理解させるための方法である問答教示法なのである。

また、一つの独立した能力として認められる判断力が、あくまでも悟性と理性を結びつける中間能力であるということについては、二通りの解釈が可能であろう。一方では、判断力が二つの能力を接合する作用であるという点で、それを教育の問題として理解したときに、自然と自由との関係、存在と当為との関係を結びつけるものとして理解することができる。しかし他方では、自然の中に目的を見ることは主観的な想定にすぎないし、たとえそこで人と人との間の「共通感覚（Gemeinsinn）」に訴えることが許されるとしても、それでもなお、それが想定の域を出ないということは否定できない。それゆえ、後者の立場からすれば、判断力がもつ独自の原理の意義を認めながらも、道徳的価値に関しては、直接的にそれを教えることの重要性も強調すべきであると考えられる。

生徒の判断力を磨くことが、教育にとって欠くことのできない営為であるとしても、また、そうした判断力の中にはすでに道徳的価値とのつながりが見出されるとしても、そうした価値が概念的に獲得されることの意義を軽んじることはできない。何が道徳的に意味あるものであるかを理解することなしには、道徳的な判断も成り立たない。たとえ実例に基づいて判断力が養成できるといっても、そうした実例の中で何を学ぶかという規準がなければ、学ぶべきものが何かと判断することすら不可能である[23]。そうした判断の規準を提供するものが目的を規定する能力としての理性であるかぎり、われわれはその理性がもたらす道徳的価値の概念を普遍的に理解する必要があるのである。

本章のまとめ

　本章では、カントが道徳教育の方法として掲げる問答教示法の意義を提示することを主題として、論を進めてきた。カントの道徳哲学は、人間の善への素質に対する信頼の上に成り立っており、その点で、教育という概念と不可分の関係にあるものである。もちろん、問答教示法を教育の現場に導入するとなれば、新たに様々な問題を解決する必要があるだろうし、この場でこの方法の実践的な可能性を明らかにするのは不可能である。しかし、何よりも、カントが道徳教育の方法として唯一具体的な形で示したのがこの問答教示法であり、さらにこの方法が、三批判書をはじめとする批判哲学を構築した後の思想に属するものであるということに、大きな意味があると考えられる。『実践理性批判』を著した段階では、実践的な問題へのカントの関心が乏しかったこともあり、方法論では詳細な議論は展開されておらず、あくまでも理念としての記述に終始していた。しかし、それとは対照的に、『道徳形而上学』で示された問答教示法では、積極的に生徒に教え込むことの重要性が強調されており、そこにカントの思想の変遷を読み取ることができた。子どもを道徳的に陶冶するにはどうすればよいのかという現実的な問いを突き付けられたとき、批判哲学の体系を構築し終えたカントが到達した結論が問答教示という方法だったということの意味を、われわれはよく理解しなければならないだろう。

註
1) カントが用いている問答教示法は、もともとキリスト教の教理問答、信仰問答として使用されている問答法に由来するものである。そうした宗教的問答法は、問答形式で信仰の内容を教えるために作られたものである。しかしカントにあっては、宗教的問答法は道徳的問答法の後になってはじめて教育的な意味をもつものであり、彼は宗教的問答法からは一定の距離を取っていると考えられる。

2）行為の動機に道徳的価値の有無を見出すのがカントの道徳哲学の基本的な考え方ではあるが、彼は同時に、道徳的陶冶の実験的手段として、教育者の行為を模倣させることの意義を認めている。「まねをするということが、まだ無知な人間にとっては格率を採用するための最初の意志規定である」（Ⅵ 479）。

3）功績のある行為の一つの例として、カントは他者の命を救うために自らの命を失うような場合の道徳的意義について問う。まず確認したいのは、カントはこうした行為の道徳的な価値をまったく否定するわけではないということである。他者の命を救うことが一方で義務であることは当然である。しかし他方では、この行為によって自らの命が失われることによって、自分自身に対する完全義務に違反してしまうということもまた事実である。その点で、功績のある行為に対して向けられる尊重の念は、甚だしく弱められることになる（Ⅴ 158）。したがって、カントの道徳哲学から導き出される教育論からすると、子どもが道徳法則に対する尊敬へと導かれるのは、ただ道徳がその法則の純粋性に基づいているときに限られるのであり（Ⅴ 156）、子どもの心をむやみに高ぶらせるようなことをする必要はないのである。

4）問答教示法の対象となる生徒が具体的にどの程度の年齢層の人間を指しているのかについて、カントは当該の箇所で具体的な説明をしていない。しかし『教育学』では、「教育はいつまで継続すべきなのか」という問題提起がなされた上で、「それは人間が自分で自分を指導するように自然そのものが規定した時期までであり、性への本能が発達する時期までであり、その人自身が父となることができ、自らを教育すべき時期までであり、つまり、およそ16歳までである」（Ⅸ 453）という明確な解答が示されている。それゆえ、問答教示法の対象となる生徒の年齢については、少なくとも16歳以下であり、さらに言えば、対話教授法を行う上で求められる指導が必要ではないことから、比較的早期の年齢が想定されているということになるだろう。

5）「道徳法則を立法し、またそれに従うことを命じる純粋実践理性が人間に備わるということは、カントにとって、まずは信仰に属する事柄であり、カントはこの理性信仰を基として実践哲学を構築したのである」（宇都宮芳明『カントと神』岩波書店、1998年、311頁）。

6）Cassirer, Ernst. *Kants Leben und Lehre*. S.399. カッシーラー『カントの生涯と学説』396頁。

7）ここでカントは、神の国を地上に表す教会としての資格を、以下のように四つ示している（Ⅵ 101-102）。
　　1. 教会の普遍性、つまり数的単一性。

教会は、偶然的な意見で分裂して一つになっていないが、本質的な意図に関しては唯一の教会に普遍的に合一していなければならない。
 2．教会の性質、すなわち純粋性。
　　道徳的動機以外のいかなる動機にもよらない合一が必要である。
 3．自由の原理の下での関係。
　　教会員相互の内的関係も、教会と政治的権力との外的関係も、ともに自由国家のうちにある。
 4．教会の様相、その構成法に関しての不変性。
　　たんに教会の行政に関わる偶然的な規定は別として、確固たる諸原則をすでにア・プリオリに含んでいなければならない。

8）Cassirer, Ernst. a.a.O., S.423-424. カッシーラー、前掲書、419頁。
9）「道徳の法則に従う公共体としての人類のうちに一つの力が与えられ、悪に対する勝利を主張してその支配下で世界に永遠の平和を保障する国が建設されるのは、人間の眼には見えないが絶えず進行している善の原理のはたらきなのである」（Ⅵ 124）。
10）この論文は、シュロッサー（Johann Georg Schlosser, 1739-1799）がカントに対して行った批判に対する再批判として、『ベルリン月刊雑誌』の1796年12月号に掲載された論文である。しかし当時はこの月刊誌の廃刊の時期であったため、実際に公になったのは、翌1797年7月である。
11）宇都宮芳明『カントの啓蒙精神』岩波書店、2006年、231頁。
12）同書、88頁。
13）鈴木晶子『イマヌエル・カントの葬列』春秋社、2006年、186頁。
14）『実践理性批判』でカントは、「われわれには感性界で可能なある行為が、規則に当てはまるケースか否かを決定する」（Ⅴ 67）役割を担うものとして実践的判断力（praktische Urteilskraft）を挙げている。この判断力によって、規則の中で一般的に述べられたことが、ある行為へと具体的に適用されるようになるとカントは説いている。だが、カントは当該の箇所でこの判断力についてそれ以上の詳細な説明を行っていない。実践的判断力を育成するために求められるものは何かを理解するためには、やはり『判断力批判』で展開されている判断力の区分とそれぞれの役割について考察することが不可欠だろう。
15）高坂正顕『カント』334頁。
16）同書、295-296頁。
17）同書、335頁。

18) 鈴木晶子「カントの教育学」『現代思想』Vol.22-4、青土社、1994 年、338 頁。
19) 反省的判断力の作用としての反省性については、従来のような教育理念の探究をはじめとした規範的な教育学から脱却し、新たに教育学を構築するために、その学問の性格として求められるものであると読み解く研究もある（山口匡、前掲論文、79-83 頁）。
20) ドゥルーズ、G.『カントの批判哲学：諸能力の理説』中島盛夫訳、法政大学出版局、2000 年、96 頁。
21) 増渕幸男「道徳の本質」長田三男編『道徳教育研究』酒井書店、1992 年、15 頁。
22) 鈴木晶子「カントの教育学」339 頁。
23) 山口匡「教育学批判と『学び』論」増渕幸男・森田尚人編『現代教育学の地平』南窓社、2001 年、92 頁。

小括

　第Ⅰ部の考察は、道徳教育論を基礎に据えたカントの教育哲学の特性を、これまで着目されることのなかった観点を取り入れることによって再定位するという目的をもって進められた。以下では、各章ごとの研究成果についてまとめていきたい。

　第1章では、カントの講義録『教育学』を紐解き、この作品と批判期の道徳論とが共通した問題意識をもっていることを確認した。はじめに『教育学』の「自然的教育」と「実践的教育」という区分に焦点を当て、保育の原理から道徳化へ至るまでのそれぞれの教育の過程の特徴をまとめていった。その上で、子どもに対する強制と自由との関連性をめぐって、『教育学』の主張と定言命法の命ずる行為指針との間に類似点が見出せることを示した。本章での考察全体を通して、彼の道徳哲学の考え方の背後に、道徳教育のあり方をめぐる教育学的関心を読み取ることができた。

　第2章では、カントの良心論とその教育学的な意義を提示した。考察の拠り所として、彼が三批判書を著した以降に体系的に良心の概念について論じた『弁神論』や『宗教論』の要点をまとめ、とりわけ彼が道徳教育の中で子どもの良心をどう扱うべきだと考えていたのかを明らかにした。そこから見えてきたのは、良心とは、あらゆる人間が生来的に備えている道徳的な判断力を意味しており、そうした良心の声に向き合う道徳的な態度を養うところに道徳教育の積極的な意義が見出せるということであった。

　第3章では、カントの道徳教育方法論に焦点を当てて、『道徳形而上学』で提示されている問答教示法を主たる考察の対象として取り上げた。問答教示法の意義を論じるにあたっては、時代的な制約により、現代の教育実践の場で優れた効力を発揮することは期待しづらいという前提がある。それでもなお、第2章までの考察では道徳教育を実践する上での具体的なイメージを

抱きづらかったカントの道徳教育論にあって、道徳的知識を伝えていくことの重要性を訴える方法を示したことの意味は大きい。カントの道徳教育論の原理と実践とを結びつけてみると、道徳的な行為形式を会得するために誰しもが経験すべき過程として位置づけられるのが、道徳に関わる諸概念を獲得することであるということになる。

　以上のように、道徳教育論を中心としたカントの教育哲学は、彼の道徳哲学の思考法が色濃く反映されており、原理論だけでなく方法論に至るまで体系的な論を展開させていることが明らかとなった。これまでカントの教育哲学、とくに『教育学』の位置づけは、その体系性の欠如や成立事情の問題点によって、カント研究の中でも軽んじられてきた経緯がある。しかし、そうしたカント理解が一面的なものであるということは、彼が『道徳形而上学』の中で道徳教育の方法論にまで論及し、教育の問題を自身の哲学の重要な関心事として捉えていたことからも窺えるだろう。

　それでは、第Ⅰ部の成果を踏まえ、第Ⅱ部ではそうしたカントの教育哲学がどのような時代状況の中で生まれてきたのかを理解し、改めて思想史上のカントの独自性のありようについて解明することにしたい。

第Ⅱ部
カントの教育哲学と周辺思想家との関係性の検討

第4章　カントの教育哲学に対するルソーの影響
　　　——公教育の概念を中心に——

本章の目的と課題

　本章の目的は、カントがその教育論、とりわけ公教育に関する理論を構築する上で、ルソーからいかなる影響を受けたのかを考察することによって、二人の間の思想的連続性と相違点とを明らかにすることにある。

　これまでにも、ルソーとカントとの思想上の関係性を取り上げた研究は数多く存在するが、それらは大きく分けて二つの種類に整理することができると考えられる。

　一つは、カントの道徳哲学がルソーから大きな影響を受けていることを指摘するものである。例えば、『美と崇高の感情に関する考察』(*Beobachtungen über das Gefühl des Schönen und Erhabenen*, 1764) の覚書の「私は無知な民衆を軽蔑していた。ルソーが私を正してくれた。私は人間を尊敬することを学ぶ」（ⅩⅩ　44）という一節は、いわゆるカントの批判期の道徳哲学の中でも、特に「他者を目的自体として扱え」という定言命法の考え方に結びつくものとして、幾度となく引用されてきた。また、道徳性の原理に関する主張からも、ルソーとの近似性を読み取ることができる。それまでカントは、道徳性の第一根拠をたんに「善を感じる能力」（Ⅱ 299）としての道徳感情に見出していた。しかしながら、『形而上学の夢によって解明された視霊者の夢』(*Träume eines Geistersehers, erläutert durch Träume der Metaphysik*, 1766) が出版された段階では、「一般意志と一致するようにわれわれの意志を強制する内的な感情」（Ⅱ 335）という形で新たに道徳感情を定義するに至っている。こうした思想

上の変化の背景にあるのがルソーによる影響であると考えられてきた[1]。

さらに、もう一つの研究動向としては、ルソーの『エミール』(*Emile ou de l'éducation*, 1762) とカントの『教育学』との共通項を明らかにするものがある[2]。実際に『教育学』では、とりわけ自然的教育のあり方を取り上げた論説の中で、カントが『エミール』の論述を引用しながら自らの教育論を展開している部分が散見されることから（IX 461, 469）、こうした研究によってなされてきた主張の妥当性は広く認められるべきだと考えられる。

しかし、このように定着した解釈に対して、議論の余地がまったくないわけではない。道徳の原理や教育論の中にルソーとカントとの親密な関係性を読み取ることができるとしても、それだけがカントがルソーから受けた影響のすべてであると断定することは早計であろう。二人の思想上のつながりをより包括的に理解するためには、彼らの社会哲学や政治哲学の内容にまで踏み込んで議論することが必要なのではないだろうか。

また、特に教育論での二人の類似性に関して言えば、『エミール』の中心的な論点だと考えられている私教育だけを考察の対象とするのは十分ではない。ルソー自身は、『エミール』以外の諸著作では公教育のあり方に関する積極的な論述を行っており、その主張がカントの教育哲学にどう生かされているかを問うことによって、これまで明らかにされてこなかったルソーとカントとの関係性の新たな側面が浮かび上がってくることになるだろう。

そこで本章では、これまで何度も取り上げられてきたルソーとカントとの関係性、とりわけ道徳哲学や教育哲学の面での関係性についての従来の解釈を基本的には引き継ぎながらも、彼らの社会哲学と、それに基づく公教育のあり方をめぐる議論を主たる考察の対象としたい[3]。

以上の考察を進めるための具体的な方法として、本章では以下の三つの論点を設ける。第一に、ルソーの社会哲学の基本的な立場が展開されている『社会契約論』(*Du Contrat Social*, 1762) の議論を基本に据えながら、理想とする社会を実現するための具体的方策として彼が提示した公教育論を、『政治

経済論』(Discours sur l' Économie Politique, 1755) と『ポーランド統治論』(Considérations sur le Gouvernement de Pologne et sur sa Réformation projetée, 1771) の論述からまとめることにする。第二に、『人類史の憶測的起源』(Mutmaßlicher Anfang der Menschengeschichte, 1786) や『理論と実践に関する俗言』(Über den Gemeinspruch : Das mag in der Theorie richtig sein, taugt aber nicht für die Praxis, 1793) をはじめとして、カントがその政治哲学を展開している小論の内容を吟味した上で、そこから導き出される公教育のあり方を、『教育学』に依拠しながら探っていく。第三に、ルソーとカントそれぞれの社会哲学と公教育のあり方をめぐって、二人の間にいかなる関連性があるのかを指摘し、さらに公教育における「公」の意義について、二人の間にどのような立場の相違が見られるのかという点を明らかにする。

第1節　ルソーの社会哲学と公教育論との関係性

(1) ルソーの社会哲学

　ルソーの社会哲学と公教育論との関係性を考察するにあたって、その議論の出発点として、『エミール』を取り上げることにしたい。というのも、社会から遠く離れた自然の中でエミールという一人の少年を育てていこうとするルソーの教育構想は、彼の教育論の本質的な部分を占めており、その中で公教育がどう位置づけられているかを確認することが何よりもまず必要だと考えられるからである。

　結論から言えば、ルソーは『エミール』の中で、公教育に対して極めて否定的な態度を示している。「公教育はもはや存在しないし、存在しえない。なぜなら、祖国のないところでは、市民はありえないからである[4]」という一節が、そのことを端的に表している。では、なぜルソーは、公教育が存在しえないと言い切ることができるのだろうか。そもそも、エミールが社会か

ら離れて自然人としての教育を受けるべきだとされる理由は、未開人としての人間を形成することを目的としているからではなく、当時の腐敗した社会の中に身を置いていると、子どもは自分の理性以外の権威、すなわち社会の中で形成された偏見や先入観によって支配されてしまうおそれがあるからである[5]。ルソーは社会という構造それ自体を批判の対象としているのではなく、あくまでも、その当時の社会の形態が子どもの教育にとってふさわしいものではないと考えていたのである。このことから類比して考えれば、ルソーが否定したのは公教育それ自体の存在ではなく、腐敗した状態にある当時の社会の中で行われる公教育のあり方であったと言うことができる。

また一方で、社会のあり方に関して、それがそれ自体として否定的に捉えられているわけではないということを『エミール』の論述から読み取ることができる。ルソーによれば、たとえいかなる国家であろうと、その国家の市民が子どものときには、大人の市民による保護が与えられるのだから、その国家に負うところのない有徳な人間など存在しない。それゆえ、生まれた土地への愛着は義務であると結論づけることができるのである[6]。

このように、社会が持つ役割をある程度は認めているにもかかわらず、ルソーは『エミール』で、公教育は存在しうるものではないと断言している。こうした主張に至る背景には、彼が理想とする社会の理念と、実際の社会の状況との間に深い溝があったことが窺える。それでは、ルソーが理想とした社会の構想とは一体どのようなものなのだろうか。

そこでここからは、ルソーの社会哲学を『社会契約論』を手がかりにして簡潔にまとめてみたい。それにはまず、個々別々の人間が社会を構成することの必要性の根拠から確認することが必要である。ルソーによれば、社会が生み出されるきっかけとなるのは、各個人が自然状態の中で自己保存を果たすことができなくなったとき、あらゆる障害に立ち向かう手段として、各個人が契約を結ぶことによって社会を構成することが有益であるという事実である[7]。こうした契約によって形成される社会の中で、その社会の意志決定

を行うのは一般意志（volonté générale）だとルソーは言う。ここで注意すべきなのは、この一般意志がたんに社会の構成員の総意を示すものではないということである。ルソーは社会の構成員一人ひとりの特殊意志（volonté particulière）の総和を意味する全体意志（volonté de tous）と一般意志とを厳密に区別している。全体意志は、あくまでも個人がその利益を追求する意志の総和であって、全体意志それ自体もまた、私的な利益を追求するものにすぎない。それに対して一般意志は、公的な利益を問題にするものであるから、社会の構成員はこの一般意志に自ら従うことによって、自分自身の利益を追求することができると考えられるのである[8]。

しかし、ルソーの言う一般意志は、現実の社会で実現できるものなのだろうか。たとえ、ここでルソーが想定していた国家の範囲が都市国家程度の小規模のものであり、大規模な国家に比べて各構成員に共通する公的な利益を想定することが容易であったとしても[9]、それでもなお、個人の特殊意志が一般意志にまとめ上げられることは、個人にとって同意しがたい強制として感じられてしまうのではないだろうか。

そうした反論に対してルソーは、社会契約を結ぶことで特殊意志が一般意志に従うように強制されることは、「自由であるように強制されることを意味するにすぎない（ce qui ne signifie autre chose sinon qu'on le forcera d'être libre）[10]」と答えている。つまり、個人が社会契約によって失うものはその自然的自由（liberté naturelle）であり、欲望への衝動を意味する無制限の自由である。社会を構成する個人が、社会契約を結び一般意志に従うことを同意しがたい強制だと感じるとすれば、それは、この自然的自由を侵害されるがゆえのことであろう。しかしその一方で、社会契約によって個人は、社会的自由（liberté civile）を得ることになるとルソーは言う[11]。欲望だけに駆り立てられることを「奴隷状態[12]」と見なすルソーにとって、自然的自由は無条件に認められるべきものではなく、反対に、彼は、人間が自ら課した法則に従う自律した姿にこそ自由があると考える。そのため、他者の自由と共存す

る社会的な自由、すなわち道徳的自由（liberté morale）をもって自ら社会契約を結ぶことが、市民としてのあるべき姿なのである。

(2) ルソーの公教育論

　以上のようなルソーの社会哲学の立場を踏まえた上で、こうした主張はどのような形で公教育論に反映されていくのか検討していこう。この問題に有益な示唆を与えてくれるのが『政治経済論』と『ポーランド統治論』の二つの著作である。

　『政治経済論』は、タイトルにもある政治経済の概念に限らず、国家論や社会論までもが展開されている著作である。一般意志の役割を強調するその論の展開から考えてみると、本書の問題意識や主張は『社会契約論』と共通していると考えることができる[13]。その上で、『社会契約論』には公教育のあり方が明確には描かれていなかったことからも、『政治経済論』には、ルソーの社会哲学の立場が反映された数少ない貴重な公教育論が示されていると言うことができるだろう。

　この著書の中でルソーは、「特殊意志がすべての点で一般意志に合致するときに、あらゆる人間は有徳になる[14]」のだから、一人ひとりが有徳になるために、国家への祖国愛（l'amour de la patrie）を教える必要があると説いている[15]。しかし、祖国愛を育成するためには、まず祖国として愛するに値する理想的な国家、すなわち、ルソーにとっては、社会契約によって作られる国家が存在しなければならない。したがって、こうした理想的な国家を構成する市民を育成することが、公教育の大きな課題として挙げられることになる。

　それでは、市民の育成を目的とする公教育は、誰あるいは何が担うべきなのだろうか。ルソーによれば、それは国家によって行われるべきものである。なぜなら、「人間の義務の唯一の審判者を各人の理性に委ねるわけにはいかないから、子どもの教育は父親の知識や偏見に委ねられるべきではなく、そ

れは父親よりもむしろ国家にとってより重要なもの[16]」だからである。「政府の定めた規則と主権者の任命した行政官のもとで行われる公教育は、人民的あるいは合法的な政府の根本原理の一つ[17]」だと考えられるのである。そして、そうした公教育を通して、「子どもたちが平等につつまれて共同で育てられ、国家の法律や一般意志の格率で満たされ、何ものにもましてそれらを尊敬するように教育される[18]」ならば、その子どもは「人間と市民としての行為をし、いつかは彼らが非常に長いあいだその子どもであった祖国の守護者になり、父親になることは疑いえない[19]」とルソーは述べている。

では次に、『ポーランド統治論』で取り上げられている公教育論についてもまとめてみたい。もともとこの著作は、無政府状態に陥って、ロシアをはじめとする列強の侵略的な圧力に苦しんでいたポーランドの現状に直面して、いかにしてこの国家を統治すべきであるかを論じたものである。ルソーの著作全体の中では、原理論としての『社会契約論』を現実の政治に関連づけて展開した応用編と位置づけられることが多いが、その中で論じられている公教育論にも、示唆に富む指摘が多く含まれている。

その『ポーランド統治論』でルソーは、祖国愛の重要性を特に強調して論じている。彼は、無政府状態によって弱体化し、軍備も十分ではないポーランドを他国の侵入から守るためには、祖国愛によって国民を団結させるべきだと説く[20]。国民の心に祖国愛を育むためには、「生れ落ちると同時に祖国が子どもの眼に入らなければならないし、死に至るまで祖国以外のものが見えてはならない[21]」。そして、こうした目的を具体的に実践するためには、「子どもたちの勉強の素材と順序と形式とを、法が規定しなければならない[22]」し、その教育形態としては、学院（colléges）を設けることで、あらゆる階級の子どもがともに学びあうことが必要とされている[23]。

こうして見てみると、ルソーが説く公教育とは、いわゆる国民教育と同義であるとみなすことができるかもしれない。しかし、ルソーが当時の国家の現状に対して批判的な態度をとっていたことからも分かるように、それが国

民統制であったり、全体主義化の手段であったりするわけではないことに注意する必要があるだろう。このことは、『ポーランド統治論』で主張されている公教育の具体的な実践方法からも推論することができる。

例えば、ルソーは次のように述べている。「良き教育とは消極的なものでなければならない、と私が何度繰り返し述べても、けっして十分繰り返したとは言えないだろう。悪徳が生まれるのを妨げよ。そうすれば、徳のために十分尽くしたことになるのだ。その方法は、公教育にあってはもっとも容易なものである[24]」。つまり、たとえ祖国愛を兼ね備えた市民を育成するという大義名分のためであっても、子どもの年齢や関心に関係なく国家に都合の良い事柄を積極的に教え込むような必要性はなく、子どもが誤った徳を身につけないように配慮することだけが求められるのである。こうした教育の姿勢からは、いわば『エミール』の特徴である消極教育の性格をそのまま引き継いでいることが読み取れる[25]。

以上のようなルソーの公教育論の総括として、一つの問題を提起してみたい。それは、ルソーが説く公教育を実践し、理想的な市民が育成されたとして、はたしてこの教育が個人の生に対して具体的にどのように寄与するのかという問題である。もちろん、市民が構成する社会契約に基づく国家が作られることによって、個人は自らの利益を一般意志に則って追求することができるという恩恵を得ることにはなるだろう。しかし、個人がその利益を追求するとき、そこで必要となるであろう実践的技能や合理的判断など、これまでの議論では取り上げられなかった内容は少なくない。子どもたちの勉強の素材と順序と形式とを法が規定する必要があるとルソーが語るとき、その規定の中にはそうした具体的な内容が含まれていると推論できる余地はあるかもしれないが、公教育の議論の範囲に限って言えば、そうした内容に関する明確な記述は見出せないのである。ルソーの公教育論は、たとえ現行の国家体制の発展に役立つ国民を育成するといった目的をもったものではないとしても、それでもなお、国家に関わるという意味での公共の範囲の中で論じら

れた教育論であることには違いない。そしてこうした特徴は、カントの公教育論のそれと対比した場合に、重要な論点として浮かび上がってくることになるだろう。

第2節　カントの社会哲学と公教育論との関係性

(1) カントの社会哲学

　本節では、カントの社会哲学の概要を、ルソーの思想と関連づけながら整理していきたい。カントは、『人類史の憶測的起源』でルソーの社会哲学を取り上げ、ルソーが現実の社会と自然との抗争について指摘し、そうした抗争を解決する手段を導き出そうとしたことに対して一定の評価を与えていることから[26]、彼がルソーの社会哲学の枠組みから少なからず影響を受けていることが読み取れる。

　そもそもカントが社会という存在の必要性を見出したきっかけは、道徳的自由を備えた人間の姿を理想とする彼の人間観にある。ここで言う道徳的自由とは、ルソーが定義する道徳的自由と同様に、人間が自ら課した法則に従う自律的な主体の自由を意味している。そして、こうした個人の内面的な自由を保障する目的のために社会の存在が必要とされるようになり、そこで社会は、諸個人が各々の考えを広く公にできる自由を保障するという形で、公開性（Öffentlichkeit）としての公共性を確保しなければならないのである（Ⅶ 89, 128-129）。

　しかし、個人の内面的自由の余地を確保することができたとしても、その一方で、社会の中で個人と個人との自由が対立してしまうような場合が生じたときには、新たに別の方法によって、社会が自由の衝突を調停する必要性が生じてくる。

　この問題について、カントは『理論と実践に関する俗言』の中で、社会に

おける法の役割として、「各人の自由を他のすべての人の自由と一致するような条件に制限すること」（Ⅷ 290）を挙げている。こうした法が治める市民的体制を、彼は「強制的法則の下にある自由な人間の関係」（Ⅷ 290）と呼んでいるが、このような主張が、一般意志を中心とするルソーの社会哲学と共通していることは、その文言から見ても明らかである。カントにとって、個人が何らかの行為をする上での外面的自由は、法の存在によってはじめて保障することができるものなのである。

さらにカントは、個人が自発的意志をもって社会と契約を交わすというルソーの社会哲学の基本構想についても、大筋の点で肯定的な理解を示している。カントによれば、たとえ投票による全員一致を実際に期待することができなくとも、あるいは、投票者の多数決が実現可能なものとして前提とされる唯一のものであっても、その多数決に満足するという原則そのものに関しては、普遍的な一致をもって、つまり契約を通して認められたこととして、市民的体制を創設するための至上の根拠としなければならない（Ⅷ 296）。こうした市民的体制を支える契約をカントは「根源的契約（ursprünglicher Kontrakt）」（Ⅷ 297）と呼び、この契約を通して、社会は、諸個人がそれぞれの自由を認め合うことのできるような正義に適った法を多数決によって制定・整備し、市民の権利を保障することができるのである。

それでは、なぜ社会は公開性を認めることによって人間の内面的自由の余地を確保するだけでなく、法や根源的契約を用いて外面的自由をも保障する必要があるのだろうか。つまりこの問いは、外面的自由を保障する目的としてカントが思い描いているものは、ルソーが、各個人の自己保存を実現するために社会契約を要請したのと同様の目的なのかどうかという問いにつながっている。この問題に関連して、カントは、彼の道徳哲学に見られる人間像とは異なる人間のあり方について論じている。すなわち、社会哲学を説く上でカントが想定している人間のあり方とは、常に道徳的な動機のみを考慮するような存在ではなく、そうした道徳的価値を重んじつつも、各個人が各々

の規準で考える経験的な目的、つまり幸福を追求する存在である。あくまでも他者の自由を阻害しないという条件の下であれば、「各人は自分自身によいと思える方法で自分の幸福を求めてかまわない」(Ⅷ 290)。それゆえ、社会が法や根源的契約を通して個人の生に寄与する側面があるとすれば、それは普遍的で道徳的な生を促進することではなく、個人の経験的な目的を、他者の自由を妨げないかぎりで実現できるような制度を整えることである。それこそが、個人が社会を必要とする所以であり、社会が個人に対して負う責務の要件となるのである。

(2) カントの公教育論

カントの社会哲学の基本的な立場を踏まえた上で、次に、彼が公教育の概念をどのように定義していたのかを考察したい。この問題を扱うために、まず彼が定義する「公」という術語の意味を改めて整理していく。

端的に言うならば、カントは、社会が個人の内面的自由を保障する際に求められたように、あらゆるものに広く開かれている (offen) という意味での公開性に、公共性の本質を見出している。「教育計画の構想は、世界主義的に立てられなくてはならない」(Ⅸ 448) と言うように、カントにとって公教育の特徴は、何らかの限定的な視点に立って行われてはならないというところにあり、それがこの教育の利点でもある。したがって、カントが説く公教育は、少なくとも国家という限定的な視点の下で行われる国民教育を表すものではない[27]。これは、双方の問題意識の所在が異なっていたという理由によるところが大きいとはいえ、ルソーとカントの公教育論がはっきりと区別される部分である。そしてこのことは、『教育学』の中に見られる公教育と私教育との対比関係からも明らかになる。

『教育学』の論述によれば、公教育と私教育とは、以下のように区別される。「公教育は教示 (Information) にだけかかわり、教示は常に公的なものである。指示 (Vorschriften) の実行は私教育に委ねられる。完全な公教育とは、

教授（Unterweisung）と道徳的陶冶（moralische Bildung）とを結びつける教育である。その目的は、よい私教育の促進である」（IX 452）。この説明から読み取れるように、公教育と私教育とは、完全に独立した役割を担うわけではなく、私教育が果たす機能を公教育が促すという補完的な関係性の下にある。それでは、なぜ私教育はそれだけで完結することができないのだろうか。また、そこで公教育が必要とされる根拠はどこにあるのだろうか。

この問題についてカントは、「公教育は私教育に対してどれだけ優れているのか」（IX 453）という問いを立てて、二つの教育形態の間には、役割の違いだけではなく優劣の関係が成り立つと主張している。

実際に、カントが公教育の優位性を見出している具体的な例を挙げてみよう。ここでは、将来子どもが適切な形で自分の自由を行使できるようにするために、子どもに強制を加えることの重要性をめぐっての議論が示唆に富んでいる。カントは、「法則的強制に服従することと、自分の自由を使用する能力とを、どのようにして結合できるか」（IX 453）と問い、教育という営みが抱える本質的な問題点を指摘している。そこでカントは、将来の子ども自身の自由のために強制を加えるような教育を行う上では、「公教育がまったく明らかに優れている」（IX 454）と言う。こうした教育活動では、大人が加える強制が、子どもがその自由を自分自身で行使できるようになるためのものであること、あるいは、自分の自由と他者の自由とが対立した場合に、それを調停するために必要なものであることを理解させることが求められる。そこで、なぜ公教育に優位性があるのかと言えば、それは「公教育によって、子どもはその力を測ることを学び、他人の権利を通して自分が制約されることを学ぶからである」（IX 454）とカントは説明している。

このような主張の根拠をより明確に理解するために、ここでカントが想定している公教育の具体的な形式についても一瞥することが必要だろう。カントは、公教育と私教育との役割の違いに言及した際に、公教育を担う機関である学院（Erziehungsinstitut）について、以下のように説明している（IX 452）。

まず、学院の教育形態は、数多くの生徒が集められ、その生徒に対して教師が教育を施すという一般的なものである。そしてこの学院の目的は、家庭教育の完成にあるとカントは言う。本来、両親によって子どもの教育がうまく行われていれば、公的な学院の果たす役割は少なくてすむ。しかし、両親にはそうした能力や意欲が欠けていることが往々にしてあるため、学院がその補完的機関となって教育を施さなければならないのである。したがって、親と子どもという限られた関係性の中でではなく、子どもたちが集う場としての学院の中で行われることが、公教育を公教育たらしめる条件となる。

　このことは、一見すれば当然のことのように思われるであろうが、カントが説く公教育の私教育に対する優位性を理解する上では重要な点である。もう一度、子どもの自由のために強制を加えるという先の例について考えてみたい。家庭教育のように、親と子どもという限られた関係の中では、子どもは自分と同じような立場にある他の子どもが不在であるために、子どもが自分の自由を制限されるような経験をすることが比較的困難になってしまう。その一方で、公教育、すなわち学校教育の中では、教師や他の子どもとのより広く複雑な人間関係に身を置くことになり、特に子ども同士の関係の中では、子どもは子どもであるというだけで特別扱いされることはないということを学ぶことができる。子どもは他の子どもと触れ合う中で自らの自由が妨げられるような経験をし、そこでどう行為するべきであるかを身をもって理解することができるのである。

　家庭という限られた環境では実践が容易ではない活動でも、学校教育という形式をとることによって実現できる事柄が増えるという点で、公教育は私教育に対する優位性を備えている。カントにとって公教育は、総じて「将来の市民の最良の典型を与えてくれる」（Ⅸ 454）ものなのである。

第3節　ルソーの社会哲学と公教育論が与えたカントへの影響

　これまでの論考では、ルソーとカントそれぞれの社会哲学と、それに基づく公教育論の特性を明らかにしてきた。そこで本節では、二人の間にある共通点と相違点とを比較検討することによって、ルソーの思想からカントが何を学んだのか明らかにしたい。

　はじめに、二人の間の共通項を考察するにあたって、ルソーの社会哲学で中心的な役割を担っている社会契約の概念に注目したい。ルソーが社会契約の必要性を訴えた根拠とは、個人が他者の自由と共存する形で自らの自由を行使できるようにするということであった。そして、この社会契約の考え方は、カントの表現では「根源的契約」という形で言い換えられながらも、基本的な意義は共通する性格を備えていた。さらに、ルソーが説く一般意志の役割にも目を向けたい。そうすると、この一般意志に個人の意志を自発的に委ねることで、その個人は他者の自由を侵害することなく自らの利益を追求することができるという点で、カントが構想する法の役割と一致するものであると言うことができる。

　しかしながら、一般意志や法が個人の生に寄与できる範囲についての考え方をめぐって、二人の間には立場の違いが生じることになる。先述したように、ルソーは、それぞれの個人が求める利益の相違を取り払った場合、社会にとっての公的な利益が導き出せると主張していた。一般意志はその公的利益の代弁者であって、この意志に委ねることによって、個人は他者の追求する利益と衝突することなく自らの利益を求めることができると考えたのである。だがカントの立場からすれば、そうした公的な利益の実質的内容まで想定することは不可能である。たとえ人間が例外なく幸福を求める存在であるということが認められるとしても、その幸福の内容は人によってそれぞれ異なるものであり、社会がそれを想定することはできない。カントにとって、

個人の生に対して法が介入することができるのは、個人によって内容が異なる幸福を追求するための形式的な枠組みを整備する目的に限定されるのである。

では次に、こうした二人の社会哲学における相違点を踏まえた上で、それぞれの公教育論にはいかなる特徴があるのか検討していこう。このことを確認するには、彼らが公教育のあり方を論じた際に、その当時のそれぞれの問題意識がどこにあったのかを踏まえなければならないだろう。

ルソーの場合、『社会契約論』で自らの理想とする社会像を論じ、その公教育論が国民教育としての性格を帯びていったのは、その社会像を現実の社会の中に見出すことができなかったため、彼が理想とする社会の構築と、その社会を構成する市民の育成とが最たる課題であったからである。だが、その教育を実践する上での具体的な方針は消極教育の重要性を訴えるものであり、国家としての思想的統制を行うようなものではなかった。

その一方で、カントが関心を寄せていたのは、「われわれは訓練（Disziplinierung）と教化（Kultur）、文明化（Zivilisierung）の時代には生きているが、いまだ道徳化（Moralisierung）の時代には生きていない」（IX 451）という言葉からも読み取れるように、一人ひとりの人間が自らを啓蒙し、自律して考える道徳的な存在になるにはどうすればいいのかという問題であった。もちろん、そうした問題を解決するには社会制度を改革することが必要なのは当然だが、カントは、社会改革を行う上で有能な市民を育成するという方向性はとらず、彼の教育論では、あくまでも直接的に自律的主体を育成することが最大の課題であった。

つまり、ルソーの公教育論では、理想的な社会の構築に向けて個人がどのように市民へと育成されるべきであるかが問題だったのに対して、カントは、あるべき個人を育成するために、社会がいかなる教育を提供することができるかという問題意識から公教育論を展開させたと言える。国民教育としての公教育論を構築したルソーにとって、「公」の概念は、国家に関係する公的

な（official）ものという意味で用いられており、そうした用法は改めて定義するまでもない自明な事実であった。こうしたルソーの立場に対して、カントは、個人間の契約という社会哲学の基礎をルソーから受け継ぎながらも、公教育を国民にとって有能な人材を育成するような国民教育には結びつけず、むしろ国家という枠組みに捉われない公開性としての公共性の概念に基づいて、開かれた教育を重視する教育哲学を構築したのである。「公」の意義をめぐって両者の定義がはっきりと区別されることによって、それに由来する公教育のあり方についても、理想的社会を構成する市民の育成と、自律的な主体の育成という異なった方向性を示すことになったのである。

　もちろん、こうした方向性の差異は、優劣の関係でもって論じられるような性質の問題ではない。たとえ二人の公教育論が目指していた目的が異なっていたとしても、双方の主張には、個人の自由が他者の自由を侵害しないかぎりで最大限に保障されるためにはどのような社会を構築すべきなのか、という根本的な問題意識は共有していたと考えることができるし、また、その問題意識が彼らの社会哲学と公教育論とにおいて一貫して共通する主題であったことは間違いない。その上で、彼らの公教育論が目指した方向性に差異が生じたということの意味を改めて捉え直してみると、その差異とは、二人に共通する自由の保障という問題を、それぞれが身を置いていた状況の中で解決するための実践的な方法論の上での差異であったと見なすべきであろう。

本章のまとめ

　本章では、ルソーとカントの社会哲学と公教育論の性格を比較検討し、ルソーの思想がカントに与えたと考えられる影響の具体的な内容と、そうした影響では論じ尽くすことのできないルソーとカントとの相違点について明らかにした。とりわけ、公教育論における「公」の定義をめぐって方向性を違える二人の考え方は、たとえそれが社会哲学の原理的な次元での差異ではな

いとはいえ、市民の育成と自律的主体の育成という異なる目的を志向する教育論を展開させることになった。

では、このように異なる方向性を示した二つの教育論に関連性を見出すことは不可能であるかと言えば、そうではない。一つの例として、ここで『ポーランド統治論』で言及されていた教育方法に注目してみよう。ルソーは、国民教育としての公教育論の必要性を訴えながらも、そうした教育を実践するには、積極的に物事を教え込むのではなく、子どもが悪徳を身につけないように配慮する消極的な教育を行うことが重要であると述べていた。このことをカントの『教育学』の体系と照らし合わせてみると、この教育方法は、私教育としての自然的教育の方法として捉えることができるし（Ⅸ 461, 469）、また、ルソー自身の体系に沿って捉え直してみると、先述したように、『エミール』の基本的な立場に合致した方法だと考えることができる。そうすると、たとえその形式は私教育に分類されるとしても、『エミール』の内容には、カントにとって公教育の議論に結びつくような要素を見て取ることもできるだろう。

さて、以上のようなルソーとカントとの関係性に関する考察は、二人が論じた共通の主題を拾い上げ、その共通点と相違点を明るみに出すという戦略のもとで行われた。確かに、ルソーの教育論はカントに大きな影響を与えたものであり、その意味でも、これまで着手されてこなかった公教育論における関係性を解明することができたことは一定の成果であると考える。しかし同時に、カントの教育哲学の核心である理性の陶冶について言えば、ルソーとの関わりを読み取ることができなかったこともまた事実である。そこで次章は、カントが説く理性の陶冶に関する原理とその方法論について、彼が認識哲学を構築する上で大きな影響を受けたロックとの比較研究を通して考えてみたい。

註

1) 主なものとして以下のものを参照。村上保壽「ルソーとカント——カントに与えたルソーの影響の断片的考察——」『倫理学年報』第22集、日本倫理学会、1973年、63-76頁。西山法宏「カント倫理学のルソー受容問題」『哲学論文集』第44輯、九州大学哲学会、2008年、55-72頁。
2) 原田茂「カント『教育論』の人間観——特にルソーとの関連において——」『教育哲学研究』第12号、教育哲学会、1965年、15-27頁。
3) カントが説く公共性の意味、ないしはそれに基づく公教育の原理や公教育を担う教師像に関する詳細な考察は、第7章で改めて行うことになる。
4) Rousseau, Jean-Jacques. Œuvres complètes de Jean-Jacques Rousseau Ⅳ, p. 250. ルソー、J. J.『エミール(上)』22頁。
5) Ibid., p. 551. 同書、352頁。
6) Ibid., p. 858. ルソー、J. J.『エミール(下)』樋口謹一訳、ルソー全集第7巻、白水社、1980年、345-346頁。
7) Rousseau, Jean-Jacques. Œuvres complètes de Jean-Jacques Rousseau Ⅲ, édition publiée sous la direction de Bernard Gagnebin et Marcel Raymond, Gallimard, 1964, p. 360. ルソー、J. J.『社会契約論』作田啓一訳、ルソー全集第5巻、白水社、1979年、120-121頁。
8) Ibid., p. 371. 同書、134-135頁。
9) 中村清『改訂 公教育の原理』東洋館出版社、2004年、38頁。
10) Rousseau, Jean-Jacques. Œuvres complètes de Jean-Jacques Rousseau Ⅲ, p. 364. ルソー、J. J.『社会契約論』125頁。
11) Ibid., p. 365. 同書、126頁。
12) Ibid., p. 365. 同書、126頁。
13) 江坂正「ルソーの教育思想——『公教育』論について——」『立命館文学』第334・335号、立命館大学人文学会、1973年、1-25頁。
14) Rousseau, Jean-Jacques. Œuvres complètes de Jean-Jacques Rousseau Ⅲ, p. 254. ルソー、J. J.『政治経済論』阪上孝訳、ルソー全集第5巻、白水社、1979年、78頁。
15) Ibid., p. 255. 同書、79頁。
16) Ibid., p. 260. 同書、84頁。
17) Ibid., pp. 260-261. 同書、84頁。
18) Ibid., p. 261. 同書、84-85頁。
19) Ibid., p. 261. 同書、85頁。

第 4 章　カントの教育哲学に対するルソーの影響　111

20) Ibid., pp. 959-960. ルソー、J. J.『ポーランド統治論』永見文雄訳、ルソー全集第 5 巻、白水社、1979 年、368-369 頁。
21) Ibid., p. 966. 同書、376 頁。
22) Ibid., p. 966. 同書、377 頁。
23) Ibid., p. 967. 同書、377 頁。
24) Ibid., p. 968. 同書、378 頁。
25) 例えばルソーは、『エミール』の中で次のように述べている。「初期の教育は純粋に消極的であるべきである。それは、徳や真理を教えることにあるのではなく、心を悪徳から、精神を誤謬から保護することにある」(Rousseau, Jean-Jacques. *Œuvres complètes de Jean-Jacques Rousseau Ⅳ*, p. 323. ルソー、J. J.『エミール（上）』102 頁）。
26)「学問の影響についての著作と人間の不平等についての著作でルソーが文化と人間的種族という自然との避けがたい抗争を指摘していることは全く正当であり、この場合に人間的種族とは各個体がその中で彼の使命を完全に達成するはずであるところの自然的類のことであるが、しかしルソーは『エミール』や『社会契約論』やその他の著作においてはまたもや次のような難問を、すなわち人倫的類としての人間性の素質を人類の使命に適合したように発展させて、人倫的類としての人間性が自然的類としての人類にもはや抗争しえないようにするためには、文化はどのように進行していかなくてはならないかという難問を解決しようと試みている」(Ⅷ 116-117)。
27) 藤井基貴「カント『教育学』における公共的教育と私的教育——öffentlich 概念に注目して——」『中部教育学会紀要』第 5 号、中部教育学会、2005 年、23-24 頁。

第5章　教育哲学者としてのロックとカント
―― 理性の位置づけとその陶冶の方法をめぐる比較研究 ――

本章の目的と課題

　本章の考察の目的は、ロックとカントがそれぞれ説いた教育論の中で、特に理性の位置づけやその陶冶の方法に関する論述に焦点を当てて、彼らの間の関係性を吟味し、その共通項を明らかにすることにある。

　これまで、ロックとカントとの関係性をめぐっては、主に彼らの認識哲学の中に見出される共通点を浮かび上がらせる研究や、所有権に関する理論の比較を主題とした研究がなされてきた[1]。しかしその一方で、二人の教育論のつながりを体系的に論じた研究成果は、ほとんど上げられていない。そうした中で、例えばペトロッチは、カントの師であるクヌッツェン（Martin Knutzen, 1713-1751）がロックの『悟性の正しい導き方』（*Of the Conduct of the Understanding*, 1706）のドイツ語訳を手がけていたことから、カントがその処女作『活力測定考』（*Gedanken von der wahren Schätzung der lebendigen Kräfte*, 1747）を著した時点ですでにその作品に触れており、カント自身の著作の中にも、ロックからの影響が見出されることを明らかにしている[2]。ただし、ペトロッチにしても、ロックの教育論の主著として挙げられる『教育に関する考察』（*Some Thoughts Concerning Education*, 1693）とカントの教育論との関係性にまでは論及していないのが現状である。

　もちろん、このように先行研究の蓄積が決して豊かではない状況については、少なからず正当な理由がある。というのも、カントがその理論哲学の議論を進めていく中では、ロックをはじめとする経験論者の立場に言及してお

り、その影響を容易に読み取ることができるのに対して、『教育学』の中では、直接的にロックの思想についての検討や引用を行っていないのである。しかし、たとえ直接的な言及をしていなくとも、二人の著作で論じられている内容を比較検討することで、彼らの教育哲学の間に深い関係性があることを読み取ることができると考えられる[3]。

　そのことの一つの証左として、ロックとは対照的に、カントが『教育学』で何度も引用しているルソーの位置づけについて再度触れておきたい。これまでの研究でも指摘されてきたように、カントは、その教育論を構築する上で、ルソーからの直接的な影響を多分に受けており、『教育学』の中でも彼の論述を援用している。しかし、カントがルソーの『エミール』から引用している箇所の詳しい内容に目を向けてみると、その全てが自然的教育、つまり幼児の保育に関連するものであることが読み取れる。したがって、カントがルソーの教育哲学から積極的に自らの体系に取り入れたものは、主として幼少期の子どもに対する教育に関する見解であると言うことができるだろう。そのため、例えばカントが「教育の最大の問題の一つ」（IX 453）として挙げている、子どもへの強制と自由との関係性をめぐる問題を、ルソーの教育論と関連づけて説明することはできず、むしろロックの立場との比較を通してこそ、その共通項を見出すことができるのである。

　そこで本章では、次のような三つの論点を設けることで、ロックとカントとの関係性の具体的な内容について解明することにしたい。第一に、『教育に関する考察』や『悟性の正しい導き方』に見られるロックの教育哲学の特性を、とりわけ理性の位置づけに焦点を当てて明らかにする。第二に、カントの『教育学』を主たる考察対象として、子どもの理性のあり方とその陶冶の方法について論じる。そして最後に、先の二つの考察を踏まえた上で、二人の間に見出される思想上の関連性がいかなるものであるのかを解明する。

第1節　ロックの教育哲学にみる理性の位置づけ

　本節では、『教育に関する考察』や『悟性の正しい導き方』の論述に基づいて、ロックの教育論の具体的な内容について整理していきたい。もちろん、ここで彼の教育論全体を網羅することは困難であるため、その中でも彼が説く理性の意味とその教育方法論に的を絞って論じていくことにする。

　考察の出発点として、まずは『教育に関する考察』を取り上げる。本書の冒頭でロックは、「われわれが出会うすべての人の中で、十人のうち九人までは、良くも悪くも、有用にも無用にも、教育によってなるものだと言って差し支えない[4]」と述べ、人間形成にとって教育がいかに重要であるかを強調している。その上で彼は、教育で留意されなければならないこととして習慣の形成を挙げ、その積極的な意義を繰り返し訴えている。

　では、ロックが子どもに習慣づけさせるべきものとして考えている事柄とは、いったい何であろうか。それは、「読み、書き、および学習が必要であることは認めるが、しかし主たる仕事ではない[5]」という説明からも分かるように、彼が念頭に置いているものは知育に関する習慣形成ではなく、むしろ道徳的な習慣を身につけさせることである。「自分の傾向性を克服し、欲望を理性に従わせることを教えなさい。それが達成され、たえず実行して習慣となれば、もっとも困難な課題は終わったのだ[6]」という一節が、そのことを明確に表していると言えるだろう。

　ただし、ここで取り上げられている習慣形成と理性の陶冶との関連性については、決して単純な図式でまとめられるものではない。たしかに、「理性は、われわれの最高、最重要の心的能力として、その能力の陶冶（Cultivating）には最大の関心と注意を払う価値がある[7]」という主張からすれば、理性を陶冶することがロックの教育哲学の中でも最も重要な位置にあると推論することができるだろう。しかしその一方で、ロックは、「習慣は、理性よ

りも確固として、しかも容易に作用を及ぼすものである。理性には、われわれがもっとも必要とするときに、十分にその意見を聞くことは滅多にないし、それに従うことはさらに稀である[8]」とも述べており、理性の陶冶にもまして、習慣形成にこそ教育の重点が置かれるべきであると考えることもできるのである。

このように、一見すると両立しがたいように思われるロックの主張を、われわれはどのように解釈すべきなのだろうか。このことを理解するための手がかりとして、次の一節を引用してみたい。「子どもたちが早くから自分の欲望を沈黙させることに慣れるなら、この有益な習慣は彼らに定着するだろう。また、彼らが年齢を重ね、思慮分別も加わるようになるにつれて、彼らには以前よりも大幅な自由が認められていいだろう。そのときには感情ではなく、理性が彼らのうちでものを言うようになっているのである[9]」。つまり、欲望の抑制を中心とした習慣づけを行うことによって、子どもの理性は次第にその心の中で大きな役割を果たすようになるというのである。したがって、教育における習慣形成と理性の陶冶との関係性は、どちらか一方が他方に優先するというようなものではない。適切な習慣づけがなければ理性の陶冶へと導くことはできないし、また、理性の陶冶という目的があるからこそ、習慣形成の重要性を強調することができるということなのである。

それでは、習慣の形成と理性の陶冶とを重視するロックの教育論は、いかなる方法によって実践されるのだろうか。彼は、この問題に対して、大人による強制が必要であるという見解を示している。というのも、ロックによれば、「若いときに自分の意志を他人の理性に服従させることに慣れていない者は、自分の理性を用いる年齢になっても、自分自身の理性に傾聴し、従うことはめったにない[10]」ため、「子どもが自分自身の理性を持つことが少なければ少ないほど、子どもは監督されている人たちの絶対的な力と束縛に従うべき[11]」だからである[12]。

以上のような『教育に関する考察』の議論を踏まえて、次に『悟性の正し

い導き方』の内容の吟味に移りたい。本書でロックは、『教育に関する考察』では明確な形で語られることのなかった子どもの理性のあり方について、以下のように論じている。「自然はわれわれにその種子（Seeds）を与えていると言うべきである。われわれは、生まれながらにして理性的被造物であるということもできるだろうが、慣れと訓練だけがそうするのであって、実際には勤勉と専心が導いてくれる程度にしか理性的ではないのである[13]」。人間の理性は生まれながらに「種子」として備わっているとは言えるものの、それが十分に陶冶された形で与えられているわけではない。ロックの主張から見えてくるものは、「種子」として与えられた理性を陶冶することが、習慣形成を中心とした教育の役割だということである。

ただし、『悟性の正しい導き方』で論じられている理性の意味に関しては、一つ注意しておかなければならない点がある。それは、本書でロックが理性という言葉で意味しているのが「真理と見せかけとを識別することができる[14]」能力のことであり、憶測や思いつきに左右されず、真理を追究する上で必要とされる認識作用の中で働く理性のことであるという点である。ここでは、『教育に関する考察』の論述にあるような、欲望や傾向性を克服し、それに服従すべきものとして論じられた道徳的な役割を果たす理性としての意味は後退している。そして、認識の能力として理性のはたらきを理解することは、カントがその教育論の中で説く理性の役割と対比する上で重要な意味を持つことになるのである。

第2節　カントの教育哲学にみる理性の位置づけ

前節では、ロックがその教育哲学の中で、子どもの理性のあり方をどのように捉え、いかにしてその理性を陶冶すべきであると考えていたのかという点を明らかにした。そこで本節の考察では、カントが『教育学』で展開している論述に依拠しながら、前節と同様の論点について解明することにしたい。

すでに第1章で『教育学』の概要に関する考察はなされているため、ここでは、理性の役割やその陶冶の方法にカントが明確に言及している箇所に考察の対象を限定して議論を進めていくことにする。

『教育学』で「人間は、教育によってのみ人間になる」（Ⅸ 443）と語るカントは、ロックと同様に、人間形成における教育の積極的な役割を認めている。この作品は、彼の講義録が、後に彼の弟子によって編纂されたものであるというその性質上、論述箇所によって、訓練や教化といった教育区分の考え方に多少の相違が見られる。しかし同時に、「道徳的陶冶は最後の陶冶である」（Ⅸ 455）という指摘にもある通り、道徳化に関しては、一貫して最終的な教育段階としての位置づけが与えられている。その上で、「人間は、その理性が義務と法則の概念にまで高められるときにだけ、道徳的存在者になる」（Ⅸ 492）という主張から推察すると、道徳化とは、理性の陶冶を通して成し遂げられるものだと考えることができるだろう。

とはいえ、カントが直接的に理性の陶冶という術語を用いて教育のあり方を論じている箇所は、『教育学』の中では非常に限られている。「人間は、早期に理性の指示に従うように慣らされなくてはならない」（Ⅸ 442）というように、断片的に言及している箇所をいくつか挙げることはできるものの、そこで取り上げられている理性の意味がいかなるものなのかという点について、体系的に考察を加えている箇所はごく僅かである。その中で、カントが詳細に理性の陶冶について取り上げている箇所がある。そこでは、悟性、判断力、理性といった上級の悟性能力（die oberen Verstandeskräfte）の教化が主題となっており、理性の陶冶のあり方についても次のように論じられている。「理性によってわれわれは根拠を洞察する。けれども、ここではなお指導される理性が問題であるということを考えなくてはならない。……ここで問題となるのは思弁的理性ではなくて、因果関係によって生起するものについての反省である。それは、その営みや仕組みからすると、一種の実践的理性である」（Ⅸ 476）。この一節から分かるように、カントは、教育の中で陶冶され

るべき理性のはたらきを、総じて実践的な性格のものとして捉えているのである。

　こうした理性のはたらきに関する説明を踏まえた上で、さらに続けてカントは、理性の陶冶の方法について、「ソクラテス的にしなければならない」（Ⅸ 477）と述べている。ここで言うソクラテス的な方法とは、「理性認識を子どものうちに持ち込むのではなくて、むしろこれを子どもから取り出すようにする」ものであり、問答教示法の規準となるべきものである（Ⅸ 477）。なお、第3章でも取り上げたように、問答教示法に関しては、『道徳形而上学』の「倫理学方法論」で、その具体的な会話の例が示されている（Ⅵ 480-482）。その中でも、問答教示法は「道徳的教養のために益するところが大きく、教養のない者の能力に最もふさわしい理性の開発（Kultur）であり、したがって、総じて若者の分別を鋭敏にするためには最も適切な方法」（Ⅵ 483-484）として位置づけられており、さらに「生徒はこうした練習によって、人知れず道徳的な事柄に関心を持つようになる」（Ⅵ 484）のである。重要なのは、問答教示法が目指していることが、道徳的な価値や判断を子どもに教え込むことと同時に、潜在的にはそうした価値や判断を会得する素質をもっているものの、いまだ十分に陶冶されていない理性を、それらに気づくように促すことにあるという点である。

　総括して言えば、カントがその教育論の中で考察の対象としている理性のあり方は、子どものうちに備わってはいるものの、完全な形ではなく、道徳的な事柄に対する関心が向けられていない状態として描き出されている。そして、こうした不完全な形の理性が問答教示法を通して陶冶されることによって、教育の最終的な目的としての道徳化が実現されるのである。

第3節　ロックとカントとの教育哲学における関係性

　これまでの考察によって、ロックとカントがそれぞれの教育論の中で説い

た理性の位置づけと、その陶冶の方法論の内容が明確になった。そこで本節では、これらの考察を踏まえて、二人の教育哲学における関係性がいかなるものであるのかという問題について検討する。

まずは、教育の対象となる子どもの理性の位置づけをめぐって、ロックとカントとの間にどのような共通点を見出すことができるのか吟味してみたい。そうすると、教育の理論を構築する上で、彼らはともに理性の陶冶を教育の最大の課題として掲げていたという前提があることが挙げられる。その上で、ロックの教育方針は、子どもが小さく、その理性が完全には陶冶されていない段階では、大人の理性に服従させ、そうした服従に基づく行為を習慣づけるようにすることを重視するものであった。その一方でカントは、訓練や教化といったさまざまな教育段階を踏まえつつ、最終的な教育目標として道徳化を位置づけた。そして彼は、ソクラテス的な問答教示法を通して、子どものうちにある理性を道徳的な事柄に関心をもつように促し、その理性を陶冶することを目指した。ロックの議論では大人の理性への服従、カントの場合は問答教示法による促しというように、理性の陶冶をめぐる具体的な方法論については、二人の間に相違点を見出すことができる。とはいえ、それぞれの方法論の背景には、大人による適切なはたらきかけによって子どもの理性を陶冶するという、共通した目的意識を読み取ることができるだろう。

そして次に、教育によって陶冶される以前の段階にある子どもの理性のあり方に関する二人の見解について確認してみよう。先にロックによる理性の位置づけを整理してみると、彼が『悟性の正しい導き方』で論じたように、子どもに与えられている理性は「種子」として備わっているものであり、その機能を十分に果たすことはできないものであった。また、当該の箇所でロックが論じている理性とは、対象を認識する作用の中で、真理と見せかけとを識別する機能のことを意味していた。それに対して、カントが教育論の中で問題にしている理性は、問答教示法をめぐる議論からも分かるように、道徳的な価値や判断に関わる実践理性であった。こうしたカントの立場から、

ロックが説く理性を改めて捉え返してみると、ロックが『悟性の正しい導き方』で論じている理性は、あくまでも認識の能力としての理論理性であるということになるだろう。

では、カントが『教育学』で取り上げた実践理性の陶冶という問題を、ロックの教育論がまったく問題にしていないのかと言えば、もちろんそうではない。たしかに、ロックが理性の役割として第一義的に理解していたのは、認識作用の中でのはたらきである。「カントでは純粋理性はそれ自身で実践的であるが、ロックでは理性は能動的ではあるけれども、それ自身では実践的ではなく……方法的な役割をもつに止まっている[15]」という指摘も、ある意味では正しい。しかしながら、例えばロックが、『教育に関する考察』の中で、大人の理性に子どもを服従させるべきだという教育方法論を展開したとき、そこで想定されていたのは、大人が経験的に獲得した道徳性としての理性であって、認識作用の中で機能する理性としての意味ではない。また、彼が「自分の傾向性を克服し、欲望を理性に従わせること」を訴えたときの理性についても、それを理論理性として理解するよりも、実践理性として捉えることが適切だろう。そうすると、ロックが教育論の中で論じた理性は、カントが問答教示法を通して陶冶されるものと考えていた実践的な理性としての意味をも包含していたと考えることができるのである。

このように、ロックとカントの教育論には、子どものうちに備わっている理性のあり方や、それをどのように陶冶していくかという方法論に関して、二人が共通の見解を示していたと言いうる部分を数多く見出すことができる。もちろん、こうした共通点は、ルソーとカントの間にみられた教育論上の影響のような直接的なものではないし、また、カントの教育論が、ロックの哲学をもとにして構築されたと断定することはできないかもしれない。とはいえ、双方の間に立場の違いはあるものの、人間の理論的知識の確実性の範囲を定めようという共通した目的をもって認識哲学の体系を築き上げたロックとカントが、教育論についても共通の見解を示していたという事実は、注目

に値するだろう。

本章のまとめ

　これまで、カントと他の思想家との教育哲学における関係性をめぐっては、主にルソーとの深い結びつきが強調されてきた。もちろん、そこにはカントがルソーから大きな影響を受けていることが読み取れる客観的な事実があり、教育哲学の体系を構築する際の影響という点では、ルソーの右に出る者はいないと考えて差し支えないだろう。とはいえ、カントの教育論には、ルソーからの影響だけでは包含できない豊かな独自性があることは当然である。その中で、幼児の保育の方法や公教育の制度論の考え方の中にみられた関係性では読み解くことができない最たるものが、道徳化へと至る過程の論理であり、道徳化へと進む中での理性の位置づけである。

　その点で、ロックとの関係性に目を向けてみると、ルソーとのつながりの中では読み取れなかった部分が見えてくる。たしかに、教育論を扱ったカントの作品には、経験論者としてのロックとの関係性のように密接な結びつきを読み取ることはできないし、また、ルソーからの影響のような直接的な言及も見出せない。しかしながら、カントの教育哲学の要点である子どもの理性の位置づけとその陶冶の方法をめぐって、彼らの間には多くの共通項を見出すことができるのである。

　本章の成果は、ロックとカントとの教育哲学者としての性格に焦点を当てた比較研究であり、決して影響史と呼べるものではない。認識哲学者としては切り離しがたい関係性をもち、カントからすれば乗り越えるべき対象として意識されていた経験論者としてのロックではあるが、教育哲学においては多くの共通点が見出され、共通した問題意識をもっていたことが確認されたことに一定の意味があると考えられる。

　前章から本章までの考察を通して、カントの教育哲学が先哲からどのよう

な影響を受けて成立し、思想史の中でどのように位置づけられるかという点が解明された。それらを踏まえて、次章で取り上げる課題は、カントの主張が後の思想家にどのように受け止められ、カントの思想の何が問題とされたのかという点を論じることである。そのために、カントの思想に対して批判的な目を向けたショーペンハウアーの道徳論を参照し、カントの立場を相対化することによって、改めてその特性を理解することを目指したい。

註
1) 前者については、ロックの『人間悟性論』(*An Essay concerning Human Understanding,* 1689) と、カントの『純粋理性批判』を中心とした理論哲学との間で、「経験」(Experience, Erfahrung) という概念が、それぞれどのような意味で用いられているのかを検討する研究が行われている（黒積俊夫「経験の成立――ロックからカントへ――」『名古屋大学文学部研究論集』78号、名古屋大学文学部、1980年、114-136頁）。また、後者に関しては、ロックの『統治二論』(*Two Treatises of Government,* 1689) と、カントの『道徳形而上学』の「法論」で展開されている所有権に関する理論を比較することによって、彼らの見解の相違点を指摘する研究が挙げられる（稲垣恵一「カントのロック批判――先験的対象と実体の議論をめぐって――」『哲学会誌』33号、弘前大学哲学会、1998年、1-12頁）。
2) Petrocchi, Ivano. *Lockes Nachlaßschrift Of the Conduct of the Understanding und ihr Einfluß auf Kant,* Peter Lang, 2004.
3) ロックとカントとの教育哲学上の関係性を考える場合に、カントがロックの思想について直接的な言及を行っていないという事実をどう説明するのかという問題は、容易に答えを出すことができない問いであることに相違ないだろう。とはいえ、ペトロッチが指摘するように、カントが処女作の出版時期にすでにロックの『悟性の正しい導き方』に触れていたとするならば、ロックとカントとの間に見出される共通点が、たんなる偶然の一致によるものではなく、カントが教育思想を構築する上で、ロックの思想から学んだことが少なからずあると考えることができるだろう (Petrocchi, Ivano. a.a.O., S. 159.)。
4) Locke, John. *Some Thoughts concerning Education,* edited by John W. And Jean S. Yolton, Oxford University Press, 1989, p.83. ロック、J.『教育に関する考察』服部知文訳、岩波文庫、2007年、14頁。

5) Ibid., p.208. 同書、237頁。
6) Ibid., p.255. 同書、314-315頁。
7) Ibid., p.186. 同書、194頁。
8) Ibid., p.171. 同書、166頁。
9) Ibid., p.167. 同書、159頁。
10) Ibid., p.105. 同書、50頁。
11) Ibid., p.108. 同書、56頁。
12) 子どもへの強制の正当性に関するロックの論述は、『統治二論』の中にも見出すことができる。「われわれは、理性的なものとして生まれたからこそ、生来的に自由なのである。しかし、それは、われわれが生まれながらにして実際に両者を行使できるという意味ではない。それは、ある年齢に達して理性をもつようになると、それに伴って自由をもつようになるということなのである。そこから、われわれは、どのようにして生来的な自由と両親への服従とが両立し、両者が同一の原理にもとづくかを理解することができるであろう。子どもは、自分自身の悟性をもつまでは、彼を支配する父親の権限、父親の悟性によって自由なのである」（Locke, John. *Two Treatises of Government,* edited by Peter Laslett, Cambridge University Press, 1967, p.326. ロック、J.『完訳 統治二論』加藤節訳、岩波文庫、2010年、363頁）。
13) Locke, John. *Locke's Conduct of the Understanding,* edited with introduction, notes, etc. by Thomas Fowler, Oxford: Clarendon Press, 1882, p.20. ロック、J.『知性の正しい導き方』下川潔訳、御茶の水書房、1999年、23頁。
14) Ibid., p.10. 同書、11頁。
15) 太田可夫『ロック道徳哲学の形成』田中正司編、新評論、1985年、203頁。

第6章 カントの道徳哲学に対する
ショーペンハウアーの批判

本章の目的と課題

　第1章の考察によって示されたように、カントの教育哲学と道徳哲学とは不可分の関係にあるものである。人間は感性的であると同時に理性的な存在であるという理解を踏まえた上で、道徳性は、教育によって確実に獲得すべきものであるという考えが彼の哲学の根本にはある。

　さて、こうしたカントの道徳哲学に対して、後の哲学者の中にはそれを批判的に受け止めた立場もあるのは当然のことであろう。その中でも、とりわけショーペンハウアーによるカント受容には、注目すべき点が多い。なぜなら、ショーペンハウアーは、カントの功績の中で『純粋理性批判』に著された認識論のいわゆる「コペルニクス的転換」の偉大さを讃えるほどその哲学に傾倒していながら、その道徳哲学に対しては、一転して徹底的な批判者へと姿を変えるからである[1]。

　そこで以下の考察では、主として三つの課題を設定し、カントの道徳哲学だけに焦点を当てていては見過ごしてしまうような彼の哲学の問題点ないしは特性がいかなるものなのかを明らかにしたい。はじめに、カントの道徳哲学を徹底して批判したショーペンハウアー自身の道徳哲学の特徴をまとめていく。カントが道徳哲学を展開する上で理性に根本的な役割を与えたのに対して、ショーペンハウアーは意志（Wille）を根底に据えつつ、「同情（Mitleid）」[2]を鍵概念とした論を展開したことは周知の通りである。ここでは、そうした基本的な学説の由来を読み解き、カントの立場との相違点を浮かび上

第二に、ショーペンハウアーが向けたカントへの批判の具体的な内容に迫り、彼にとってカントの道徳哲学の何が問題であったのかを明らかにする。ショーペンハウアーは、最高善、理性、価値という三つの点について問題点があることを指摘している。そこで以下の考察では、それに対してカント哲学はどう応えることができるかという点についても論じていく。

 そして第三に、それまでの二点の論考を踏まえて、改めてカントの道徳哲学の特性を明るみに出す。ショーペンハウアーが意志の役割を重んじた道徳哲学を展開したことは先にも述べたが、そのような立場に対してカントはどのような見解を示すのかを考えたい。その上で、二人の哲学を相対的な視野から理解するための材料として、ディルタイ（Wilhelm Dilthey, 1833-1911）による議論を取り上げ、本章のまとめとしたい。

第1節　ショーペンハウアーの道徳哲学にみる意志と同情の役割

(1) 意志

 ショーペンハウアーの哲学を取り上げるためには、何よりもまず「意志」の意味を理解することが重要である。主著『意志と表象としての世界』の表題にもなっているように、ショーペンハウアー哲学にとって意志の概念は欠くことのできない術語である。本書の中で、このことははっきりと記されている。「意志というものはたんに自由であるのみならず、全能ですらある。意志から出てくるのは、意志の行為だけではない。意志の世界もまたそうなのである。すなわち、意志がいかにあるかに従って、意志の行為が現象し、意志の世界が現象する[4]」。さらにショーペンハウアーは、この一節に加えて次のようにも述べている。「意志は物自体である。世界の内なる実質であり、世界の本質的なものである。……意志の現存するとき、生、世界も現存

するであろう[5]」。以上のような説明からも分かるように、ショーペンハウアーは、意志が世界を成り立たせているものそのもの、つまり物自体（Ding an sich）であると考えている。こうした考え方は、厳密に言えば理論哲学に属するものではあるが、後にその実践哲学にも受け継がれていくことになる。

それでは、なぜショーペンハウアーは、その理論哲学で意志を物自体と考えるに至ったのだろうか。もちろん、それには少なからずカントからの影響があったことは言うまでもない。しかしそれ以上に、ショーペンハウアー自身の目指したものが、経験に基づいて世界を理解するというところにあったことが、大きな理由として挙げられるだろう。実際に彼は、「形而上学の課題は、世界がその中に現にある経験を飛びこえることではなく、この経験を根本から理解することである[6]」と言っている。ショーペンハウアーは、認識作用としての直観をすべて経験的なものと捉え、ア・プリオリな直観というものを認めない[7]。

その一方で、カントの立場からすれば、われわれが経験として知ることができるものは、純粋直観（reine Anschauung）としての空間や時間と、純粋思惟（reines Denken）としての悟性によって認識される現象に限定される。純粋直観は、われわれに認識のための素材を提供するが、それだけでは空虚なものにすぎず、思惟の自発性による総合（Synthesis）が必要になる。それが構想力（Einbildungskraft）の役割であり、さらにそれを概念へと導くのが悟性である。そこで概念として現れるものが純粋悟性概念（reiner Verstandesbegriff）、すなわちカテゴリー（Kategorie）と呼ばれるものである。カントはそうした認識の作用について、「内容を欠く思想は空虚であり、概念を欠く直観は盲目である」（A 51/B 75）と述べ、両者の機能が不可分な関係にあることを示している。

しかしショーペンハウアーは、カントが理論的に認識可能な範囲を現象に限定したことに一定の評価を与え、さらに自身の理論哲学もそこから多大なる影響を受けていながらも、そのすべてを受け入れたわけではなかった。カ

ントは直観を、認識を成り立たせるための一つの機能として捉えているが、ショーペンハウアーはそれを感覚器官に由来する実質的なものと理解している。だが、たとえ直観のはたらきが経験的にしか証明できないとしても、その機能がア・プリオリにわれわれに備わっていることを否定する根拠にはならないだろう。いずれにせよ、ショーペンハウアーは、カントのように理論理性の作用に基づいて認識のあり方を説明するという方法はとらず、意志から出発し、カントが理論哲学では示さなかった物自体を、意志によって示したのである。

こうして、ショーペンハウアーにとって世界を成り立たせているものは、意志のはたらきであることが明らかになった。そこで次に考察しなければならないのは、理論哲学で物自体と呼ばれた意志が、実践哲学でどのような役割を与えられることになるのかという問題である。ショーペンハウアーは、意志の根源的な機能について説く際に、しばしばそれを「生への意志（Wille zum Leben）」と言い換えて表している。例えば「生への意志は、たんに類比によって、あらゆる現象の自体（An-sich）として叙述されなければならない[8]」というようにである。彼にとって、人間の生とは、その根源的な意志に従うことであるということになる。人間がその生を肯定し、最初に努力するのは、自己保存のためであると説明しているところからも、そのことが理解できる[9]。もっぱら生への意志に従って行為することと、利己的な動機から行為することとは同義だということになる。

しかし、ショーペンハウアーの生の哲学が楽観主義的な面をもつ一方で、彼の哲学の根本を支えているのは、生に対する悲観的な態度である。生への意志が自らの幸福を求めるのは当然のことである。だが、ショーペンハウアーにとって、幸福は消極的な意味しか持たない。「あらゆる幸福は、消極的な本性のものであるにすぎず、常にただ苦痛や欠乏から救い出されてきただけであり、その後に続かざるをえないのは、新たな苦痛であるか、そうでなければ、もの憂さ、むなしい憧れ、退屈ですらある[10]」。それゆえ、人間の

生を全体的にみてみると、それは苦しみによって本質的に支配されていることが分かる[11]。生にまつわる苦悩や不幸は、生への意志にとってはあるべきではない。一方で、現実をみるとそうは言えないという事実を、ショーペンハウアーは冷徹に見抜いている。だが、彼には、物自体として認めた生への意志の役割を、生が苦悩に満ちているという理由だけで否定することはできなかった。生への意志が求めるものは、何としても実現されるべきである。その意味で、生への意志は、生の絶えざる苦悩に憤慨し、他人に苦痛を与えることによって自らの苦痛を軽くしようとする意志となり、しだいに本当の悪意や残忍さへ発展する危険性を孕んでいるのである[12]。そこで、生への意志が本質的に抱えているこうした問題点を解決するために必然的に導かれるのが、「同情」に基礎づけられた道徳哲学なのである。

(2) 同情

　生への意志に従って行為することは、常に行為者の快を目的としているため、ショーペンハウアーが道徳的な価値を与えるのは、あくまでも「一切の利己的な動機の不在[13]」という条件を満たす行為に限られる。ただ自らの生への意志を追い求めることは、人間のうちの悪意に結びつく可能性を持っているため、道徳的に行為するためには、自己と同様に他者にも認められる生への意志に配慮することが必要なのである。その観点からすると、同情とは、あらゆる自発的な正義（freie Gerechtigkeit）とあらゆる真正な人間愛の真の基礎であり、人間の意識に本質的に固有なものなのである[14]。

　自らの生への意志に従い、他者を省みないところに非道徳的な動機が含まれているとすれば、ショーペンハウアーが言うところの道徳的な動機とは、以下のように二つにまとめることができる。それは、「他者がわたしの意志の究極の目的となること（jener Andere der letzte Zweck meines Willes wird）」であり、「他者と同一化していること（mit ihm identifiziert sei）」である[15]。前者のように、他者を目的とする考え方は、一見して分かるように、カントの定

言命法の考え方と一致するものである。しかし、ショーペンハウアーの立場は、後者の「他者との同一化」という点でカントのそれとは区別されることになる。カントにとって自己と他者とは、義務の体系でそれぞれが明確に分けられていたことからも明らかなように、決して同一化されることのない存在である。だが、一方のショーペンハウアーは、自我（Ich）と非我（Nicht-Ich）との区別を解消することを目指して、生への意志がもたらす道徳上の諸問題の解決を試みるのである。すなわち、自らの生が経験する苦悩を他者にも認めることによって、反対に、他者の苦悩を自分のもののように感じられるようになるのである。それは、個人の内にある生への意志がもっぱら自己愛の原理に支配されることを防ぐことにつながっていく。

このようなショーペンハウアーの道徳哲学から導き出される道徳法則の定式は、「枢要の徳（Kardinaltugenden）」と呼ばれる。この「枢要の徳」は、次のような二つの命法で表すことができる。

（A）公正の徳（Tugenden der Gerechtigkeit）「だれも害するな」
（B）人間愛の徳（Tugenden der Menschenliebe）「できるかぎり万人を助けよ」
　　　（Neminem laede, imo omnes, quantum potes, iuva! [16])）

これら二つの命法は、指し示す内容については先に挙げた二つの道徳的な動機と一致している。双方とも、同情の概念から導かれる命法である。この枢要の徳について注意すべきなのは、ショーペンハウアーがこうした道徳の命法を概念による推論によって提示したのではなく、あくまでも意志から導き出したということである。なぜショーペンハウアーがこのような形で命法を提示したのかと言えば、それは「粗野な人間にとっては、普遍的命題や抽象的原理はまったく理解できず、ただ具体的なものだけが意味を持つのであるから、そのような義務の命令は、実現の見込みがそれだけ少ない[17]」という理解があるからである。彼がカントの道徳哲学の特性である形式主義に

批判の目を向けたことについては後で詳しく論じるが、少なくとも、誰にでも物自体として備わっている意志から道徳を基礎づけることのほうが、複雑な論理によって道徳論を構築するよりも、多数の人間に容易に理解されることになると考えられていたことは確かである。

　ショーペンハウアーにとって、道徳は、各々の意志に固有な同情の感情に訴えればよいことであり、概念を用いて教育するものではない。あくまでも彼にとっての主な関心は、生への意志の障害となるものをいかにして取り除くかというところにある。それゆえ、この時点ではまだ、生への意志そのものが否定されることはありえない。だが一方で、ショーペンハウアーは、生への意志から生じる利己的な衝動をこの世界ですべて満たすことはできないことも心得ている。そこで、同情からもたらされる道徳的な動機として、自己と他者との区別が解消されるとき、はじめて意志を否定する必要性が生じることになる。そこで次に、ショーペンハウアーにとって最も根本的な概念であった生への意志が、哲学的思索の発展の中で否定されるに至る論理を追っていくことにしたい。

(3) 意志の否定

　ショーペンハウアーの道徳哲学の出発点は、生への意志の存在である。生への意志は、自らの快や幸福を求めるような利己的な動機として現れる。しかし、この世界の中で、一人ひとりの生への意志が完全に満足を与えられるわけではないのは当然である。人は苦悩を避けることはできない。一方で、生への意志にとっては、この世に蔓延する苦悩はあるべきではないものである。そこで、生への意志は、苦悩を免れるための方法を探すことになる。だが、皮肉なことに、人が苦悩から解放されるためには、自らの意志を否定してしまうことしか道はない[18]。ショーペンハウアーにとって、世界を世界として成り立たせているものが意志であったように、苦悩が苦悩として現れるのも、同じく意志のはたらきによるものである。したがって、生への意志

にとって妨げとなる苦悩を取り除くためには、その意志を肯定し続けるわけにはいかないという結論に至る。同情の道徳哲学が意味を持つのは、それが生の苦悩から人を解放させるものだからである。道徳が意味あるもの、価値あるものとなるのは、生からの解脱、すなわち苦悩からの離脱を起こさせることによるのである[19]。

ここに、生への意志を肯定したいがためにそれを否定するしかないという不可避的な矛盾が生じる。ショーペンハウアーは、自らの哲学の前提である生への意志を追求するがゆえに、その前提自体を否定してしまったのである。言うまでもなく、彼が説く道徳哲学の中にも、主体がもつ生への意志を他者にも認めることで、その意志を断念する考え方を見て取ることができる。しかし、同情の意義を説いている段階では、意志の否定という考え方はいまだ部分的なものにすぎない。自己と他者という違いはあっても、同情が他者の快や幸福を望むものであるかぎり、この世の中で生への意志が満たされることへの希望が残されている。また、同情を基礎とする道徳の必要性を訴えるならば、他者の意志がそのものとして尊重されなければならない[20]。したがって、全体的な意志の否定が成り立つためには、世界に満ちている苦悩を不合理なものとして認識し、幸福に対する羨望をすべて破棄することによるしかないのである。

とはいえ、こうした矛盾によって、ショーペンハウアーの哲学の意義が無に帰するというわけではない。そもそも、世界が苦悩に満ちているという彼の理解は、世界の真実に迫ったものであると言えよう。そうした世界についての理解に裏づけられた彼の道徳哲学が、理性や知性を前面に打ち出した学説に対して批判的な態度をとるのは当然のことである。もちろん、意志から出発する形而上学が意志を否定するという論理は、決して矛盾を避けられるものではない。しかし、彼にとって、たとえ意志の否定が論理的な矛盾を抱えるものであっても、そもそも意志自体がそうした論理的整合性によって説明できるものではないのである。生への意志は、苦悩に満ちた世界の非合理

性を認めない。だが、意志を意志として肯定している段階では、決して苦悩からの解脱を果たすことはできない。世界が苦悩に満ちているという不合理さが存在しているということは、世界が最善のものではないということである。そこで彼は、世界を価値のないものと見なすようになる。そしてそれが、世界を成り立たせている原因である意志を否定することに結びつくことになるのである。

　最後にショーペンハウアーは、仏教の思想と自らの哲学との共通項を見出していくことになる。そこで彼が理解したものが、仏教的世界観を十分に踏まえたものであったかどうかはここで断言できないが[21]、主著でも注釈の中に多くの仏教用語が解説されていることから推測するかぎり、彼は仏教の思想から自らの哲学と結びつく考え方を学んでいたことは確かである。その中でも、意志の否定と密接に結びつく「無（Nichts）」の思想は、世界の無性や無価値性を認識することで心の平安をもたらすという点で、ショーペンハウアーの哲学にとって終極の目的となるものである。その思想が他のものと比べて優位にあるものであるかどうかは別にして、それまでの合理主義的な世界の解釈に対して再考を迫り、その価値観を転換させる契機をもたらしたところに、ショーペンハウアーの道徳哲学の意義があると考えることができるだろう。

第2節　ショーペンハウアーによるカントの道徳哲学への批判

　本節では、ショーペンハウアーの道徳哲学の基本的な性格についての理解を前提とした上で、彼が行ったカントの道徳哲学への批判の内容とその妥当性について取り上げることにする。それによって、さらにショーペンハウアーの哲学を新たな視点から理解することが期待でき、またそれは、カントの道徳哲学を反省的に吟味する材料となるはずである。ショーペンハウアーは、大きく分けて最高善、理性、価値という三つの点についてカントを批判して

いるため、以下の考察では、これら三つの批判点の内容を概観していくことにする。

(1)「最高善」に対する批判

第1章で取り上げたように、カントにとって最高善の理念とは、道徳的な行為を実践する上で必然的な要求として持ち出されるものである。道徳を実践することは、理性のもたらす命法としての道徳法則に従うことによってのみ成し遂げられることではあるが、何よりも自己の幸福を求めようとする感性的な存在である人間には、そうした道徳的な要求を達成することは困難である。しかし、理性の要求が不可能であるという事態は、同じく理性が断固として拒否してしまう。そこで、カントが提言するように、道徳的であると同時に感性的な性格をもつ人間には、道徳を実現することの結果として幸福を求めることが許されるのである。

この最高善に対するショーペンハウアーの批判は、端的に次のように表すことができる。「最高善は、とどのつまりは幸福をめざした、したがって利己主義に支えられた道徳にほかならず、言いかえれば、幸福主義である[22]」。カントが道徳的動機と感性的動機との相違の中に幸福を追求する傾向性の有無を見出していたにもかかわらず、幸福をその要素の一つとして含む最高善を持ち出すのは矛盾であって、道徳論に幸福の概念を持ち込むべきではないと言うわけである。

こうした批判の背景として考えられるのは、そもそもショーペンハウアーが生に対してとっていた否定的な立場が影響しているということである。彼の考えでは、意志のはたらきによって絶えず新しい目的のために行為し、満足を求めるという繰り返しの中で、人が本当に満足を得られるのはほんの一瞬に限られている[23]。人の生にとって本質的なものは、快や幸福ではなく、苦しみや不幸である。「われわれが意志の主体である間は、われわれのもとには決して長続きする幸福も休息もおとずれない[24]」のもそのためである。

もちろん、幸福そのものが否定的に位置づけられているわけではないが、それでもその幸福がほとんど満たされないものであるかぎり、積極的な役割が与えられることはない。それに対して、カントにとって幸福は、ある種の生の促進の感情をもたらすものとして、ある程度の積極的な意義が見出されている。道徳的行為を実践することなしに幸福を追求することについては厳しく断じているけれども、カントの道徳哲学の中で幸福そのものが否定されることはない。このように、二人の間の幸福に対する考え方の違いが明らかになると、ショーペンハウアーが最高善の理念に対して批判を向けたのは当然のことだということが分かる。

　それでは、ショーペンハウアーによる最高善への批判に対して、カントの立場からはどのような返答が可能なのだろうか。まず、この批判が抱えている最大の難点は、ショーペンハウアーが批判の目を向けている幸福の意味と、カントが最高善を語るときの幸福の意味とでは、明らかにその性格が異なるということである。それは、ただ二人の幸福観が異なるというだけの話ではない。ショーペンハウアーがカントの道徳哲学を「幸福主義」と指摘する際の「幸福」とは、あくまでも人が感性的に求める快という意味である。しかし、カントが道徳を論じる場合には、あくまでも幸福を道徳に優先して追求することを禁じているのである。道徳的行為の結果として要請される幸福は、公平無私な立場から導き出される普遍的な性格をもった幸福である。それゆえ、カントの道徳哲学は幸福主義にすぎないという批判は、必ずしも正しい解釈とは言えないだろう。

　さらに、ショーペンハウアー自身が道徳を論じる上で幸福をどのように位置づけているかを鑑みれば、彼にとっても道徳と幸福とは切り離せない関係にあったと推察することができる。それは、彼が提示した「枢要の徳」の中にはっきりと現れている。ショーペンハウアーは、この命法を公正の徳と人間愛の徳の二つに分けて示していた。彼にとって、利己的な動機が存在しているところに道徳的な動機はありえず、反対に、他者の快を望む動機、つま

り同情こそが道徳的な価値をもっている。しかし、ショーペンハウアーは、同情が道徳的行為を実践する上で有効であることを示す根拠として、「この素質に発する相互援助によるほうが、普遍的かつ抽象的な、何らかの理性の省察や概念結合から生じる厳密な義務命令によるよりも、万人の幸福にとって多くのことが期待されえた[25]」と述べている。この一節から、カントの道徳哲学を幸福主義だとして批判した立場との矛盾を指摘することができる。たしかにショーペンハウアーの主張全般からは、多くの点で道徳哲学から幸福の概念を排除しようとする意図を読み取ることができる。だがその一方で、同情に依拠するほうが道徳的行為の実現を期待することができ、人々の幸福にとって望ましいという論理は、カントが道徳の実現という条件の下で幸福の意義を認めた構造と、なんら変わりはないと言えるだろう。ショーペンハウアーは、カントの道徳哲学を幸福主義であると批判したまさにそれと同様の論理を、自身の道徳哲学でも展開していたということになる。

　こうした問題点に関して、カントよりもむしろショーペンハウアーの道徳哲学のほうが、よほど幸福主義に加担していると非難することもできなくはない。あるいは、最高善への批判がカントへの決定的な批判にはならなかったことからして、ショーペンハウアーは最高善の説明を読み落としたのか、それともこれに深く注意を払わなかったと見なすことも可能ではあるだろう[26]。しかし、ショーペンハウアーの思想の要点は、あくまでも意志を完全に否定することにあり、その意味では、現世での幸福に多くの価値を見出していたとは考えづらい。また、ショーペンハウアーの批判が、カントの考える幸福の意味を取り違えていたという難点はあるにしても、彼の道徳哲学は、他者の幸福を願うという道徳的な動機の中に、単なる自己愛に基づく幸福の追求とは異なる幸福のあり方を示していた。彼がカントの哲学の中に、道徳に条件づけられた幸福という意味を見出せなかったとしても、すでに彼自身の哲学にもそうした幸福の概念が含まれていたのである。

　いずれにせよ、ここで重要なのは、二人の哲学のうちどちらがより普遍妥

当性を備えているかを判断することではなく、それぞれの幸福観の共通点と相違点を正しく理解することである。まず、双方ともにたんに快を求めるという意味での幸福が否定され、道徳的価値に裏づけられた上での幸福だけがその意義を認められている。さらに、二人の哲学に共通することとして、現世で完全に幸福がもたらされることは信仰の事柄であって、実証的にその実現の可能性を示すことはできないという認識がある。しかしそれにもかかわらず、カントが幸福に生の促進の感情を見出している一方で、ショーペンハウアーは、最終的に幸福を追求する意志そのものを否定してしまうという結論に至るのである。

　ショーペンハウアーは、カントが最高善という形で道徳論の中に幸福の概念を導入したことに批判を向けた。しかし、それは結局のところ、ショーペンハウアーがカントの説く幸福の意味を完全には理解していなかったことに由来するものであった。実際に、二人が構想する幸福のあり方には共通するところが多く、ショーペンハウアーの批判の核心は、カントが「幸福主義」であったことにあるのではないのかもしれない。否むしろ、道徳論を構築する出発点にこそ、ショーペンハウアーがカントに批判を向けた理由があったと考えるべきだろう。そこで以下の考察では、カントの道徳哲学の中で最重要の概念であり、なおかつショーペンハウアーが批判の対象とした「理性」に着目したい。

(2)「理性」に対する批判

　はじめに、ショーペンハウアーはその道徳哲学で、理性のはたらきをどのように把握しているのかを確認したい。彼の端的な説明によると、理性は「二次的なもの、現象に属するもの、それどころか有機体によって制約されたもの[27]」である。さらに、カントが理性の命令として位置づけた定言命法に対しても、「生の現実にあっては決して道徳の基盤ではない[28]」と批判している。ここに両者の立場の違いがはっきりと現れている。つまり、カン

トが理性を当為の法則を導き出す立法機関と捉えているのに対して、ショーペンハウアーは、現実的な存在としての意志を道徳哲学の出発点としているのである。カントが存在と当為とを切り離し、純粋な当為のあり方を構想したのに対して、ショーペンハウアーは、実在している意志が苦悩や不幸に満ちた世界の不条理さを認識した結果として、道徳の必要性が生じるというのである。意志が「より効率よく行為へ転換していくために理性を適切に利用する[29]」というのが、ショーペンハウアーの考える理性の位置づけである。こうした考えの根底には、理性によって構築される道徳哲学が抽象性を免れず、そうした抽象的な命題を理解できない人にとっては、道徳的行為を実践することができないという認識が見え隠れしている[30]。では、意志を出発点とする道徳論の性格とはどのようなものなのだろうか。そしてそれは、理性の役割を重んじるカントの道徳哲学と、どのように関係づけることができるのだろうか。

ショーペンハウアーの道徳律は「枢要の徳」である。彼は道徳的な行為の具体例を持ち出す際に、「正当防衛のケースには、また同様にそのケースにのみ、道徳も嘘言の使用を許す[31]」と語っている。例えば、医師にとって、患者のことを考慮して嘘の病名を伝えることも義務でありうるのであって、さらに、場合によっては、高潔な嘘言も存在すると言う。これをカントの道徳哲学と比較してみると、ショーペンハウアーが挙げる事例は、個々の状況に左右された他律的な道徳であって、例外を設けずに道徳的な行為を実践することができなくなると非難されることになるだろう。

しかし、ここで双方の主張を並列させて論じたところで、そこに発展的な解決が生まれることにはならないだろう。なぜなら、意志を起点として自己と他者との同一化を目指すショーペンハウアーの立場と、理性を重視し、その理性が導き出す道徳法則の定式化を行ったカントの立場とは、遠く隔たっているからである。道徳を論じる上で、カントが人間にとって本質的なものを理性に求め、一方で、ショーペンハウアーはそれを意志に見出したという

ことが、彼らの立場の大きな違いを示している。

　そこで、カントの道徳哲学が抽象的で実現困難であるという批判を意味あるものにするには、カントの出発点である理性が、意志に従属しているということを明確に示さなくてはならない。その方策の一つとして、例えば、理性だけであればそれは善にも悪にも用いられる道徳的に中立なものであり、実際に、重大な犯罪行為は理性を使用して行われるものだと主張する考え方がありうる[32]。とはいえ、カントが道徳哲学の中であえて純粋実践理性という言葉を選んでいることに注意すれば、ショーペンハウアーが念頭に置いている理性の意味と、カントの真意とは異なっていると考えられるだろう。厳密に言えば、カントにとって「実践理性」とは、場合によっては欲望や傾向性に規定される理性をも含めた意味を持っており（Ⅳ 420 Anm.）、それはショーペンハウアーが非難するような理性の役割とも一致するものである。しかし一方で、純粋実践理性は、道徳が実現される世界としての英知界を認識し、その英知界を、意志を介してこの現象界の中に実現させようとする、意志を規定する能力である[33]。このことから分かるように、純粋実践理性が道徳的に中立であるという指摘は、正鵠を射ていないと言わざるをえない。もっと言えば、ショーペンハウアーの道徳哲学では意志が基礎として位置づけられているが、彼はその意志を規定するはたらきとしての純粋実践理性の役割を見逃している。意志が理性を使用するというショーペンハウアーの主張は、ある部分では正しい。しかし、カントの立場からそれに対して再び批判を加えるとすると、その意志がさらに法則を意識する理性に規定されるということになる。

　本論の考察の目的は、意志と理性のうち、どちらが道徳的な行為を実践する際に優位にあるのかを規定することではない。二人の立場をめぐっては、ショーペンハウアーの考える理性と、カントの理性とでは指し示すところが異なるということが理解されれば十分である。合理性、効率の良さを求めるはたらきとして理性を把握することを否定することはできないが、カントか

らすれば、それは理性の関心から得られた理性の格率に基づくものであって、あくまでも二次的な作用にすぎない。「理性の思弁的使用の関心は、客観の認識をア・プリオリな最高の原理にまで至らせること」であり、「実践的使用の関心は、最後の完全な目的に関して、意志を規定することにある」（V 120）と言うように、理性は、認識の側面では原理的な把握に対して、実践の側面では道徳の実現に対して、何よりもまず関心を抱くものである。主観的な原則としての理性の格率は、こうした前提の上に成り立つものなのである。それぞれの格率の間の相違は、純粋な理性の関心を満足させるための、たんなる方法上の違いにすぎない。したがって、個別の事象の中で理性は多様な役割を担っているにせよ、その根本を支えるものとして、道徳の実現という目的を常に志向していなければならないのであり、それこそが理性のはたらきの本質なのである。

(3)「価値」に対する批判

　ショーペンハウアーによるカント批判の第三の点は、「価値」についてである。彼の批判の要点を簡単にまとめてみよう。彼の定義によれば、価値と呼ばれるものはすべて相対的な比較概念である[34]。それゆえ、カントが言うように、人格がもともと備えているような絶対的価値という表現は、形容矛盾だということになる。そこでまず、こうした批判の妥当性を吟味する前に、彼が問題視したと思われるカントの論述を引用してみたい。

　「立法そのものは、それがあらゆる価値を規定するものであるから、ちょうどそのゆえに尊厳を、すなわち絶対的な比類のない価値をもたねばならない。このような価値に対しては、ただ尊敬という言葉だけが、理性的存在者がこの尊厳に関して行うべき評価にふさわしい表現を与えるのである。要するに、自律こそ人間存在およびあらゆる理性的存在者の尊厳の根拠なのである」（Ⅳ 436）。

　ここで注目したいのは、絶対的な価値という概念を論じる上で、カントが

価値そのものの定義については言及していないということである。カントは、価値を代替可能な相対的価値を持つものとしての価格（Preis）と、それ自体が目的であり、かけがえのない絶対的価値を有するものとしての尊厳（Würde）を厳密に区別しているのみである（Ⅳ 434）。ここで、ショーペンハウアーが価値を「相対的な比較概念」と捉えていたことを考えると、彼が理解している価値の概念は、カントが示す価値の体系のすべてを言い当てているわけではなく、相対的な価値としての価格に相当するものだけに焦点を当てているのであり、そもそも二人の想定する価値体系が異なっていると考えるべきだろう。

とはいえ、ショーペンハウアーがカントを批判した背景には、カントの価値論への誤解があったと考えるだけでは十分ではない。先にも触れたように、ショーペンハウアーは、カントの道徳哲学を抽象的で理解しがたいという理由で批判している。そこで改めて価値への批判の意味を解釈してみると、ショーペンハウアーにとっては、道徳哲学の中で「価値」や「尊厳」といった概念を持ち込むことがすでに問題視すべきものだったのだと考えられる。

したがって、まず「絶対的価値」という表現がショーペンハウアーの指摘するように形容矛盾であるとしても、それを「人格の尊厳」という言葉で言い換えるならば、「価値」という言葉の使用法に対する批判については回避できることになるだろう。だが、このような表現上の解決を行うことが問題なのではない。それよりもなお重要なのは、両者の考え方に含まれる表面上の相違を超えたところで、価値という概念を問題にしたとき、二人の道徳哲学の立場の根底には一致するものがあるということである。それは、ショーペンハウアーが説く同情と、カントによる定言命法（目的自体の定式）との間に見られる共通点である。つまり、他者こそが主体の行為の目的であり、他者を考慮して行為しなければならないという姿勢である。もちろん、ショーペンハウアーは自身の道徳哲学で価値の概念を前面に押し出すことはしない。それにもかかわらず、他者の苦悩を自らのものとして引き受ける同情の中に、

すでに他者の意志に配慮する姿勢を垣間見ることができる。カントからすれば、こうした態度は、まさしく他者の人格がもつ絶対的価値を尊重することであると言えるだろう。したがって、ここで問題とした「価値」に対する批判の内実は極めて表面的なものであり、カントの道徳哲学が抱えていると思われる欠陥を指摘するものとは言えないだろう。

第3節　ショーペンハウアーの批判から導き出されるカントの道徳哲学の特性

　本節では、これまでの考察を踏まえ、以下のような二つの課題を設けてカントの道徳哲学の特性を新たに探ってみることにしたい。第一に、ショーペンハウアーの道徳哲学の根本概念である「同情」を、カントがどのように位置づけているのかを検討することである。それによって、カントの道徳哲学が抱える問題点や、ショーペンハウアーとの立場の違いをより詳細に理解することができるだろう。そして二つ目の課題は、カントとショーペンハウアーの立場の違いをめぐって、それに対する発展的な解決を試みることである。そのために、二人を批判的に乗り越えようと試みたディルタイの議論を取り上げたい。

(1)　カントの道徳哲学における「同情」の位置づけ

　カントの道徳哲学の中で中心的な役割を担うのは、あくまでも純粋実践理性のはたらきである。その理性が意志を規定することによって、道徳的な行為が可能になる。こうしたカントの道徳哲学は、意志の作用である同情をどのように位置づけているのだろうか。

　同情の概念について、カントは『道徳形而上学』で以下のように説明している。「この世界で害悪を増すことが義務でありうるということはありえないから、したがって、また同情から親切を施すという義務もありえない」し、

それは「侮辱的な好意の一種」である。しかし一方で、「われわれの内に宿る同情の自然的（感覚的）感情を教養し、それを、道徳的原則およびそれに即応する感情に基づく同情への仲立ちとして利用するということは、やはり他人の運命に能動的に共感することであり、それゆえ、結局のところ間接的な義務である」（Ⅵ 457）。つまり、カントにとって同情は道徳の基礎ではなく、あくまでも個人が遵守する道徳法則を実践する中で語られる、派生的な概念にすぎない。もっと言えば、同情をはじめとした、義務に基づく道徳的動機とは異なる動機によって行為することは、必ずしも道徳の実現を可能にするものではない（Ⅵ 30-31）。行為が道徳的価値を持ちうるのは、その行為が道徳法則に従って行われたものに限られるし、それ以外の動機が入り込めば、道徳的価値が失われてしまうことにもなるのである。

　そこで、ショーペンハウアーの道徳哲学と比較する中で浮かび上がってくるのが、カントの立場は他者への配慮に欠けているのではないかという疑問である。確かに定言命法の一つである目的自体の定式に、他者への配慮という視点を見出すことも可能ではある。だが、この定式は普遍的法則の定式という前提の上に成り立つものである。定言命法が命じる行為の実質が他者の存在であるかぎり、カントの道徳哲学に他者への視点がまったく見出せないと言うことはできないが、やはりその主眼となるのは、自己の自律した姿勢である。カントが説く義務の体系は、それぞれがばらばらに羅列されているわけではなく、他人に対する義務よりは、自分自身に対する義務が優先していると言われる[35]のも、こうした問題点が背景にあると考えられる。

　しかしながら、カントの道徳哲学が抱える他者への配慮の欠如という問題によって、その哲学の意義がまったく無に帰するということにはならないだろう。それは特に、その道徳哲学から導かれる教育のあり方について考えた場合に明らかになることである。先にも指摘した通り、たとえショーペンハウアーが説くように、同情の感情は人間に本質的に備わっているものだとしても、そうした感情がなぜ道徳的価値をもつのかということを説明するため

には、必然的に概念を用いるしかない。そして、その概念として、定言命法のような確固とした道徳の体系が必要になるだろう。道徳的陶冶のために、同情の感情に依拠することも、もちろん意味のあることではある。しかし、同情は一人ひとりの受容性に基づいて任意に感じられるものであって、一定の法則に従って行われるものではない。それが真の意味での道徳性の獲得に至るためには、教育によるほかはない。ショーペンハウアーのように、無情な人間は道徳哲学によっても同情に富んだ人間になることはできないと切り捨ててしまうことは許されないのである[36]。道徳哲学を構築することの意味が、ただ道徳とは何かを明らかにすることである以上に、それによって人が道徳的行為の形式を身につけ、それに基づいて行為するよう促すことにあるのだとすれば、道徳哲学は教育哲学と結びついてこそ、その役割を十分に果たすことになるのである。

　道徳教育を行う上では、道徳的な行為の形式を会得させることが不可避の課題となる。その際、個々の事例の道徳的価値の内実を具体的に示すことは困難であるから、道徳の形而上学に依拠しつつ、道徳の体系を築くことが必要になる。そうした道筋を歩んでいくと、人間のうちに実在する意志のはたらきを軽んじることになるのも、当然の帰結であると考えられる。というのも、カントの場合には、実在する意志からもたらされる道徳的感情に頼りすぎることに、道徳的動機の転倒が起こることへの危惧の念があるからである。意志から生じる同情は、道徳的素質として人間に本質的に備わっているものであるのかもしれないが、同時に、その意志は利己的な動機であることもまた事実である。そうした自己愛の原理に従う性質も併せ持った意志に依拠して道徳哲学を構築することは、根本悪をもたらし、また、道徳を腐敗させることの原因にもなる。道徳哲学が目指すのは、人間の意志の中でも、特に利己的な動機をいかにして抑えることができるかということを説明することでもある。その点で、カントは人間の意志すべてを軽んじているわけではないのである。

ショーペンハウアーの道徳哲学と比較して、カントの道徳哲学は道徳的感情に多くの価値を見出していないということは確かである。しかしそれは、カントが同情に基づく行為を否定しているわけではなく、あくまでもそれが道徳法則に従って行われるべきであるということを主張しているのである。ショーペンハウアーが、カントの道徳哲学の中枢をなす理性を二次的なものと位置づけたのと同様に、カントにとって、意志のはたらきから説明される同情は、間接的な義務以上のものではない。ここでもやはり、われわれを道徳的行為へと仕向けるものが意志であるか、それとも理性であるかという立場の違いが、両者の道徳哲学を隔てる根本的な相違点として再び現れてくることになる。

したがって、両者の哲学をどちらか一方の立場から考察するだけでは、二人の間の差異をどのように扱うべきであるのかを客観的に判断することは難しいだろう。とはいえ、両者の違いを単純に立場の違いとして認めてしまうことは、道徳というものがそもそも相対的な概念であることを認めることになりかねない。たとえ道徳的行為を実践する上で具体的な行為のあり方がそれぞれ異なっていようとも、そうした行為を支える道徳的価値には普遍性があるはずであり、そうした前提の上に道徳哲学が成り立ち、また、道徳教育も可能になる[37]。二人の哲学の相違点をただ根本的な立場の違いとして済ませないためにも、その差異を第三の視点から考察する材料が必要になってくる。そこで次の考察では、カントとショーペンハウアーの道徳哲学を引用しつつ自説を展開した、ディルタイの立場を取り上げることにする。

(2) ディルタイの批判的視点からみたカントとショーペンハウアーの道徳哲学

ディルタイは、特にその著書『倫理学体系』(*System der Ethik*, 1890) の中で、自身の道徳哲学を展開している。ディルタイの道徳哲学は、実利主義や功利主義といった現代社会を支配している生活原理を反省させる内容を随所に含

んでいる点で、現代においても大きな意義をもつものであると考えられる。また、これまでの考察と関連するところでは、ディルタイの議論には、カントの道徳哲学を批判的に乗り越えようとしている意図を読み取れる記述が散見されるし、さらに、ショーペンハウアーの道徳哲学に対しても批判の目を向けている論述が見出せる。こうした理由から、ディルタイの道徳哲学が、カントとショーペンハウアーの道徳哲学を第三者の目から理解するための適切な素材を提供するものと考えてよいだろう。

　そこでまず、『倫理学体系』の基本的な主張を理解する必要がある。ディルタイは、生物と環境の間の適応を説明する際に、知覚や思考という形で諸感覚が関係づけられることや、感情と衝動（Trieb）が関係づけられることが必要であると指摘する[38]。とりわけ彼は、生に関する快・不快を区別するものとして衝動の存在を強調し、以下のように述べている。「衝動を振り捨てることはできない。それは変容し、その作用を限定することはできても、なくすことはできない。それはすべての意志過程の破壊しえない土台なのである[39]」。このようなディルタイの立場からすると、ショーペンハウアーが説く意志は、決して根本的なものとは言うことはできない。むしろ人間の意志は、その基礎にある衝動から変容して生じるものと考えられる。その一方で、カントの道徳論に対しても、もっぱら理性の作用を強調するだけでは不十分であると批判することができるだろう。また、ディルタイは、衝動には外的な自然の必然性が支配していると言う。それを無理に抑えようとするような限定的な道徳が、ストア派やカントの説く道徳であり、それとは別に、まったくの心的動物性（die ganze psychische Animalität）を破棄する否定的な道徳が、仏教徒やショーペンハウアーの道徳である[40]。それに対してディルタイは、衝動やそれに由来する意志を基礎に据えた道徳哲学を構築していくことになる。

　カントの道徳哲学がしばしば形式主義であると批判されるように、ディルタイもまた、カントの義務論は心的作用を形式的に表したにすぎず、その心

理学が不十分であることを非難している[41]。それに対して彼は、勇気、品位の力、持続、堅固さ、一貫性、労働の快活な力といったものによって、意志の状態から生じる喜ばしい感情（freudiges Gefühl）がもたらされると述べている[42]。そうした活動によって意志を費やすことが、生の感情の強化に結びついており、自己の価値を経験すること（die Erfahrung des Eigenwertes）にもつながる[43]。自らの価値を経験することは、他者の価値を理解するための前提として必要不可欠な段階であり、こうした経験によってはじめて、人は他者の意志のあり方の価値判断をすることができるようになる[44]。同情や共感、好意といった感情が道徳的判断としての意味を持つためには、まず自らの価値を実感できるような活動を行う必要がある。したがって、他者の尊敬や尊重は、自己の価値を経験することによって類比的に身につけることができる「追形成（Nachbildung）」に由来する道徳的感情である。ディルタイの言う「他者感情（Fremdgefühl）」とは、まさにそうした道徳的感情を総合的に表した概念なのである。

　では、感情のはたらきから論を展開するディルタイは、どのような点でショーペンハウアーと袂を分かつことになるのだろうか。そもそも二人の立場には、人間の精神に実在するはたらきから道徳を基礎づけようとしている点で、多くの共通項を見出すことができる[45]。それにもかかわらずディルタイが批判を向けるのは、ショーペンハウアーの説く意志が同一性（Identität）を前提としているからである。ショーペンハウアーは、自我と非我との区別をなくし、他者と同一化することに道徳的価値を与えたけれども、その道徳哲学の中心をなす同情はそうした作用とは異なるものである。同情は他者を他者として遇することであり、自らの意志と他者の意志とがまったく同一のものであると想定することは必ずしも正しくない[46]。それゆえ、他者の意志との一致を目指した同情の道徳哲学は回り道であり、むしろそうした感情とともに生じる喜ばしい感情こそが根源的なものなのである。

　そしてディルタイは、カントの道徳哲学についても、その形式性に対して

問題提起を行っている。彼の意図は、カントの形式性を実質の面から補完しようとするところにある[47]。カントが道徳の基礎として理性のはたらきを重視したことに対して、ディルタイは、それが人間の精神を理解する上では不十分であると指摘する。カント自身の定義からしても、理性は意志を規定するものであるように、その意志がなぜ理性に規定されるのかということを考察することが、ディルタイにとっても大きな問題であった。そこでディルタイは、カントの定言命法がもつ形式性の背後には、われわれの意志の平等性が想定されていると主張する[48]。普遍的な法則が道徳法則の基礎として認められるのは、実践理性の要求であると同時に、実在する意志にもそうした法則を認める性質があるからである。

ただし、カントの道徳哲学は、ディルタイが問題にする意志と道徳的価値との関係性を完全に無視しているわけではない。ディルタイがカントを批判するのは、彼の道徳哲学の中でも、いわゆる厳格主義と呼ばれてきた部分のみである。しかし、カントの道徳哲学を包括的に捉えるならば、最高善の理念をはじめとして、彼は人間の感性的な性格にも配慮しつつ道徳を実現するための手立てを論じていることは第1章の考察からも明らかである。とすれば、カントはディルタイと同様に、感性的な人間がいかにして英知的な性格を獲得するのかという問題にも目を向けていたと言えるだろう。

道徳の基礎づけをめぐるディルタイの学説から読み取れるように、彼は生の全体から道徳を論じようとする立場にあると考えられる。それは、ショーペンハウアーのように、たんに実在の意志からのみ道徳を語るわけではない。そうした意志がなぜ道徳的価値の世界に引き寄せられるかという問題が、ディルタイにとって最重要の課題であった。また一方で、理性の役割だけを強調して道徳を論じることの不十分さをもディルタイは承知している。カントが言うように、当為が現実とは離れたところにあるものだとしても、道徳が人間にとって意味を持つものである以上、そうした当為を認識し、それを実践しようとする意志のはたらきを無視するわけにはいかない。その意味で、

ディルタイは、道徳は理性に基づくか、それとも意志に基づくかという二者択一によるべきではなく、その関係性を問うことの意義を示している。それゆえ、ディルタイの道徳哲学とは、カントとショーペンハウアーの道徳哲学の間に厳然として存在する立場の相違を、意志と理性との関係性を問うことによって埋め合わせる試みであると言うことができるだろう。

本章のまとめ

　ショーペンハウアーによる批判の三点が、カントの道徳哲学の意義を否定できるほどの力をもつものではなかったとしても、その批判が、カントが用いる諸概念の意味を再考するための格好の材料となり、カントの道徳哲学の特性を明らかにするという目的を果たすことはできたのではないだろうか。とりわけ、理性のはたらきに対するショーペンハウアーの批判は、両者の道徳哲学の基礎にある根本的な相違を表し、それによって幸福の意味にも相違が生じることを示すものであった。たしかに、批判の内容だけを判断材料とするならば、ショーペンハウアーが説く理性は、カントが道徳論の中で問題にする理性とは性質が異なるものであって、その批判は正確なものではなかった。だが、ショーペンハウアーの道徳哲学の基礎に位置づけられる意志が、カントからすれば純粋実践理性によって規定されるものであることを考えると、意志と理性のうち、どちらの概念がより根源的な役割を果たすのかを明確にすることは困難である。ただし、少なくとも本章の考察から言えることは、ショーペンハウアーが説く道徳哲学の思考法が、カントがとる立場を相対化し、新たな側面を浮かび上がらせるためのこれ以上ない素材を提供してくれたということである。

註

1）実際に、ショーペンハウアーはその主著『意志と表象としての世界』（*Die Welt*

als Wille und Vorstellung, 1819）の第一版、第二版の序文の中で、自身の哲学がカントの学説への十分な理解を必要とすることを告げている。また、その著書の補遺である「カント哲学への批判（Kritik der Kantischen Philosophie）」でも、カントの認識哲学での功績を讃えている（Schopenhauer, Arthur. *Arthur Schopenhauer sämmtliche Werke 2, Die welt als Wille und Vorstellung, Erster Band*, F. A. Brockhaus, 1922, S.494. ショーペンハウアー、A.『意志と表象としての世界　正編Ⅲ』茅野良男訳、ショーペンハウアー全集4、白水社、1974年、15頁）。

2）「同情（Mitleid）」の訳語をめぐっては、それぞれの論者の立場によってそれを「共苦」と訳すものもある。もちろん、Mitleidというドイツ語がmit「共に」とleiden「苦しむ」という語から成ることを考えれば、そうした訳語を用いることは正当なことだと言えるだろう。実際に、これまでの日本のショーペンハウアー研究では、「共苦」を採用することの方が多かったことも事実であり、何よりも、「同情」という訳語を選ぶことによって生じてしまう、同情する者と同情される者との非対等性を回避できるという利点がある。だが、本論の関心は、ショーペンハウアーが説くMitleidの意義の解明にあるのではなく、カントが位置づけるMitleidとの差異を明らかにすることにある。また、「共苦」という一般的にはあまり使用されていない訳語を用いることで、Mitleidの日常性が希薄になるという問題点もある。それゆえ本論では、ショーペンハウアーとカントが用いるMitleidの訳語をすべて統一し、「同情」と表記することにする（多田光宏「＜同情＝共苦＞の哲学」齋藤智志・高橋陽一郎・板橋勇仁編『ショーペンハウアー読本』法政大学出版局、2007年、137-138頁を参照）。

3）カントが道徳の実現を究極的な目的として位置づけながらその道徳哲学を構築したのに対して、ショーペンハウアーの場合はそうではなく、道徳は「あくまで意志の肯定の一つの契機」にすぎなかったということには注意が必要だろう。ショーペンハウアーにとって、苦の解消を目指す道徳は意志の肯定の圏域に属するものであって、結局のところ、道徳性から禁欲への移行こそ彼の最たる関心事であった（上野山晃弘「意志の肯定と意志の否定――カントとショーペンハウアー――」日本ショーペンハウアー協会編『ショーペンハウアー研究』第14号、日本ショーペンハウアー協会、2009年、52頁）。

4）Schopenhauer, Arthur. *Die welt als Wille und Vorstellung*, S.321. ショーペンハウアー、A.『意志と表象としての世界　正編Ⅱ』斎藤忍随・笹谷満・山崎庸佑・加藤尚武・茅野良男訳、ショーペンハウアー全集3、白水社、1975年、173-174頁。

5）Ebd., S.324. 同書、178頁。

6） Ebd., S.507. ショーペンハウアー、A.『意志と表象としての世界　正編Ⅲ』38-39頁。
7） Ebd., S.527. 同書、75頁。
8） Ebd., S.600. 同書、214頁。
9） Ebd., S.389. ショーペンハウアー、A.『意志と表象としての世界　正編Ⅱ』271頁。
10） Ebd., S.377. 同書、256頁。
11） Ebd., S.443. 同書、348頁。
12） Schopenhauer, Arthur. *Arthur Schopenhauer sämmtliche Werke 6.* 'Für Ethik' in: *parerga und paralipomena*, F. A. Brockhaus, 1922, S.230. ショーペンハウアー、A.「倫理学のために」『哲学小品集（Ⅲ）』生松敬三・木田元・大内惇訳、ショーペンハウアー全集12、白水社、1975年、309頁。
13） Schopenhauer, Arthur. *Arthur Schopenhauer sämmtliche Werke 4. Die beiden Grundprobleme der Ethik*, F. A. Brockhaus, 1922, S.204. ショーペンハウアー、A.『倫理学の二つの根本問題』前田敬作・芦津丈夫・今村孝訳、ショーペンハウアー全集9、白水社、1973年、318頁。
14） Ebd., S.208. 同書、324頁。
15） Ebd., S.208. 同書、323頁。
16） Ebd., S.137. 同書、224頁。
17） Ebd., S.245-246. 同書、374頁。
18） ハウスケラー、M.『生の嘆き：ショーペンハウアー倫理学入門』峠尚武訳、法政大学出版局、2004年、82頁。
19） 同書、72頁。
20） 同書、104頁。
21） 橋本智津子『ニヒリズムと無：ショーペンハウアー／ニーチェとインド思想の間文化的解明』京都大学学術出版会、2004年、50頁。
22） Schopenhauer, Arthur. *Die beiden Grundprobleme der Ethik*, S.124. ショーペンハウアー、A.『倫理学の二つの根本問題』207頁。
23） ハウスケラー、前掲書、13頁。
24） 遠山義孝『ショーペンハウアー』清水書院、2001年、181頁。
25） Schopenhauer, Arthur. *Die beiden Grundprobleme der Ethik*, S.245-246. ショーペンハウアー、A.『倫理学の二つの根本問題』374頁。
26） 宇都宮芳明『カントと神』297頁。

27) Schopenhauer, Arthur. *Die beiden Grundprobleme der Ethik,* S.132. ショーペンハウアー、A.『倫理学の二つの根本問題』218頁。
28) ハウスケラー、前掲書、35頁。
29) 同上。
30) Schopenhauer, Arthur. *Die beiden Grundprobleme der Ethik,* S.245-246. ショーペンハウアー、A.『倫理学の二つの根本問題』374頁。
31) Ebd., S.224. 同書、345頁。
32) 実際にショーペンハウアーは、犯罪行為が理性を用いて実行されることを根拠としてカントの道徳哲学を批判している（Schopenhauer, Arthur. *Die welt als Wille und Vorstellung,* S.611-612. ショーペンハウアー、A.『意志と表象としての世界　正編Ⅲ』235頁。Schopenhauer, Arthur. *Die beiden Grundprobleme der Ethik,* S.150. ショーペンハウアー、A.『倫理学の二つの根本問題』243頁)。
33) 花田伸久「カントにおける道徳法則と理性信仰について」金子武蔵編『カント』理想社、1969年、195頁。
34) Schopenhauer, Arthur. *Die beiden Grundprobleme der Ethik,* S.166. ショーペンハウアー、A.『道徳哲学の二つの根本問題』265頁。
35) カント、I.『カント全集第11巻』吉澤傳三郎・尾田幸雄訳、理想社、1993年、解説511頁。
36) Schopenhauer, Arthur. *Die beiden Grundprobleme der Ethik,* S.249. ショーペンハウアー、A.『道徳哲学の二つの根本問題』379-380頁。
37) 増渕幸男「道徳の本質」長田三男編『道徳教育研究』9-10頁。
38) Dilthey, Wilhelm. *Wilhelm Dilthey Gesammelte Schriften, Band X, System der Ethik,* B.G. Teubner Verlagsgesellschaft, Stuttgart, 1958, S.49-50.
39) Ebd., S.57.
40) Ebd., S.59.
41) Ebd., S.60.
42) Ebd., S.60.
43) Ebd., S.64.
44) Ebd., S.65.
45) 増渕幸男「ディルタイ倫理学の現代性」西村晧・牧野英二・舟山俊明編『ディルタイと現代』法政大学出版局、2001年、106頁。
46) Dilthey, Wilhelm. a.a.O., S.74.
47) 増渕幸男「ディルタイ倫理学の現代性」116頁。
48) Dilthey, Wilhelm. a.a.O., S.103.

小括

　第Ⅱ部では、カントとその周辺思想家との関係性を主題として、ルソー、ロック、ショーペンハウアーとの比較研究を行った。ここで、それぞれの章の総括と全体を通しての結論についてまとめていきたい。

　第4章では、カントが『教育学』の中でその名を引き合いに出しているルソーからの影響について、特に公教育論に焦点を当てて考察を行った。カントはルソーの社会哲学から個人と個人との契約という基礎的な考え方を学び、二人は、個人の自由が他者の自由を侵害しないかぎりで最大限に保障されるためにはどのような社会を構築すべきなのか、という共通した問題意識を持つこととなった。しかしながら、公共性の意味づけや公教育のあり方をめぐって、カントはルソーと立場を違えることになる。その帰結として、カントは、限られた視点に縛られることなく開かれた態度で教育に臨むべきであるとする公開性に基づく公教育の重要性を訴えたのである。

　第5章では、教育哲学者としてのロックとカントとの比較研究を行った。本章で注目したのは、二人が考える子どもの理性の位置づけやその陶冶の方法論である。ロックとの比較を通して、ルソーの影響からは読み取れなかった道徳教育の原理に関する共通項を見出すことができた。すなわち、道徳的理性の陶冶が教育の第一の課題であり、そのために大人の適切なはたらきかけが重要であるという考えを彼らは持っている。また、ロックが「種子」と形容した子どもの理性のあり方に関しても、カントは問答教示法の役割を「理性の開発」に見出していたように、二人の教育論の深いつながりを読み取ることができた。

　そして第6章では、カントに続く時代の哲学者として、従来はあまり比較研究の対象とされてこなかったショーペンハウアーを取り上げ、彼のカント批判の妥当性を吟味した。その結果、彼の批判は最高善、理性、価値という

批判期の実践哲学の核心的部分にまで及ぶ徹底したものではあったが、その批判の妥当性は疑問の余地が残されるものだった。しかし、ショーペンハウアー自身の道徳哲学の基盤である同情や意志といった概念をカントがどのように位置づけていたかを理解し、そこからなぜそれらの概念が道徳の基礎になりえないのかを解明することによって、改めて彼の教育哲学の独自性を浮き彫りにすることができた。

　以上の考察から、カントは先哲の思想の本質的な部分を積極的に自らの体系に取り入れながらも、公教育論にも表れているように、同時代に広く行き渡っていた概念の理解とは異なる独自の主張を展開させていたことが明らかになった。また、後の哲学者たちにとっては、そうしたカントの哲学をどのように受け止めるかをそれぞれ表明することが必須の課題となり、論者によっては批判的な視点から乗り越えようとした者も少なくはなかった。そうした批判的な声に耳を傾け、それに基づいてカントの主張を新たな視点から捉え直すことによって、その特性を再確認することもできた。

　第Ⅰ部から第Ⅱ部までの議論を通して、カントの教育哲学が道徳教育論を基軸として展開されていることや、その思想が周辺思想家との密接な関連性の中で生まれ、受け継がれていったことを確認した。そこで第Ⅲ部では、考察の対象を批判期の中でも直接的に教育を主題としているわけではない作品にまで拡大し、その諸作品の中に見出される教育学的知見を探っていくことにしたい。そこから、批判哲学の体系がカントの教育哲学にとっていかなる意義を持つのかを解明していく。

第Ⅲ部
カントの批判哲学と教育哲学

第7章　カントの公教育論
―― 世界市民的教育の現代的意義の探求 ――

本章の目的と課題

　本章で主題とするのは、第4章のルソーとの比較研究の中でその概要を取り上げたカントの公教育論である。彼の公教育論をめぐって、先の考察では触れることのできなかった批判期の著作の内容を取り入れ、再度その特性を詳細に吟味し、現代における積極的な意義を提示することを目指したい。
　一般的に、教育の公と私との区別を考える場合、教育の設置主体が国や地方公共団体といった公的なものか、それとも私的な団体によるものかという区別をもとにして理解することがほとんどである。しかしカントは、こうした教育の設置主体による区別という考え方から一定の距離を置き、彼が定義する公共性概念と結びつけて教育の公共性を解釈している。公共性の概念をめぐるカントの議論の中には、官と民という一般的な枠組みに捉われることのない根本的な「公」への問いが展開されており、その独自の概念定義は、教育の公共性が本来どこにあるべきなのかという疑問に対して、多くの示唆を与えるものとなるだろう[1]。また、彼の公共性概念を踏まえた上で、その公教育論と社会哲学とに目を移すならば、そこにいかなる公教育が正当だと言えるのかという問題を解決するためのヒントも見えてくる。
　ところで、当該の領域に関するこれまでの研究動向に目を向けてみると、カントの公共性概念と公教育論との関係性を論じた研究は決して多くはない。その中で、例えば藤井は、これら二つの概念が持つ共通性を指摘し、カントの説く公教育論の特徴を的確に整理して論じているが、公教育の制度を整備

するために社会に求められる役割についての言及や、公教育を私教育と区別する具体的な教育内容に関する論述はなされていない[2]。それに対して加藤は、カントの公共性概念が、法や制度のあり方を根本的に問い直すという社会哲学に結びつく論理を明確に示してはいるが、公教育のあり方との関係性は論じられていない[3]。

そこで本章では、具体的な論の展開として、以下の四つの点を論じることにしたい。

第一に、カントが公共性という概念をどのように捉えていたのかという問題を、『啓蒙とは何か』の論述を参照しながら明らかにする。カントはこの著書で、当時の時代的な要請に基づいて、人々が自分自身を啓蒙することの必要性について論じているが、その中で、啓蒙された人間にとって不可欠の条件である「理性の公的な（öffentlich）使用」という術語を通して、公共性の意味に言及している。ここではこの「理性の公的な使用」が指し示す内容を明らかにし、カントの公共性概念を整理する。

第二に、そうした公共性の定義を踏まえつつ、カントが説く公教育の原理を『教育学』の内容をもとにしてまとめていく。彼は、公教育の概念を私教育との違いに触れながら論じており、そこでは、公教育を公教育たらしめる性質とは何なのか、それに対してなぜ私教育では不十分であるのかという点が指摘されている。さらに、カントの公教育論については、公教育を担う教師の役割にも目を向けなければならない。彼は、公教育の場としての学校で教育を行う学校教師と、家庭教育を担う家庭教師とを対比的に論じている。本章では、教育が行われる場によって公私を区別する方法を、それぞれの場における教師の役割に対してもそのままの形で当てはめてよいのかどうかという問題を取り上げたい。

第三に、カントが説く公教育の理念を実現するために、社会は何をなすべきかという問題を、彼の社会哲学から推論する。本節の考察では、公教育によって行われるべきとされる諸活動が、なぜ公教育という形で行われなけれ

ばならないかという問題が焦点となる。

そして最後に、公教育の具体的な内容について解明する。ここでは、カントがとる立場を批判的に見る論者の見解の妥当性を問うことによって、カントの公教育論が現代においてどのような意義を持ちうるのかを探求したい。

第1節　カントの公共性概念

カントが公共性という概念を主題的に取り上げて論じたのは、社会哲学に関する作品を著すようになった批判期に入ってからのことである。彼はそうした著書のうちの一つである『啓蒙とは何か』の中で、啓蒙という言葉の意味について独自の定義づけをしている。その上で、理性の公的な使用方法と私的な使用方法との相違を論じる中で、公共性とは何かを明らかにしている。

まず、カントによる啓蒙の定義は以下の通りである。「啓蒙とは、人間が自らに責めのある未成年状態から脱することである。未成年状態とは、他人の指導なしに自らの悟性を使用する能力がないことである。この未成年状態が自らに責めのあるものであるということは、この状態の原因が悟性の欠如にあるのではなく、他人の指導なしに自分自身の悟性を使用する決意と勇気との欠如にある場合のことである」。それゆえ、人間が未成年状態から脱するために、「あえて賢くあれ（Sapere aude）！　自分自身の悟性を使用する勇気を持て！」という言葉を啓蒙の標語として掲げたのである（Ⅷ 35）。

それでは、現時点ではなお未成年状態にとどまっている人間が自分自身を啓蒙するようになるにはどうすればいいのだろうか。こうした実践的な問題を考えたとき、個々の人間（einzelne Menschen）が、ほとんどその人間の天性になってしまった未成年状態から脱出することは困難であることをカントは認めている。だが、それと同時に、個々の人間ではなく、公衆としての人間（Publikum）というものを考えるならば、そうした人間が自分自身を啓蒙することはできるという。というのも、公衆の中には、たとえすべての人間

ではなくとも、大衆の後見人（Vormünder）となるような、自分で考えることができる人間が少なからず存在しており[4]、そうした人間が自ら未成年状態から抜け出すならば、その人間、つまり後見人となる人間が、未成年状態にある他の人間に、自分自身の価値や自分自身で考えるという各人の使命を理性的に尊重する精神を伝えることができるからである（Ⅷ 36）。

とはいえ、自分自身を啓蒙した後見人によって導かれるという形をとってしまっては、新たに自分自身を啓蒙することができる人間が生まれることにはならないのではないだろうか。なぜなら、たとえ後見人が公衆に啓蒙の必要性を訴えたとしても、それが後見人による指導であるかぎり、カント自身が主張したような「自分自身の悟性を用いる」という啓蒙のあるべき姿とは一致しない可能性があるからである。

そこでカントは、後見人の役割をある程度は認めながらも、公衆が自分自身を啓蒙する上で不可欠となる要素として、自由が求められると説いている。カントの言葉を借りるならば、「啓蒙のためには自由以外のものは何も必要とされず、しかも自由と呼ばれるものの中で最も無害なもの、つまり自分の理性をあらゆる点で公的に（öffentlich）使用する自由以外のものは何も必要とされない」（Ⅷ 36）。各人に理性を公的に使用する自由が与えられることによって、たとえすべての人間が自分自身を啓蒙するようになるとは断言できなくとも、啓蒙の進歩と促進にとって、この自由は無くてはならない条件であると言うのである。それでは、ここでカントが言うところの「理性を公的に使用する」ということは、具体的にはいったい何を指しているのだろうか。

カントによると、「自分自身の理性を公的に用いるということは、ある人が学者として、読者の世界のすべての公衆を前にして行うような使用を意味している。それに対して、私的な（privat）使用とは、ある人が、その人に委託されている市民的地位あるいは公職の中で、その人の理性について行うことが許されるような使用のことである」（Ⅷ 37）。

こうした理性の公的な使用と私的な使用との区別について、聖職者の地位

にある人間の理性の使用方法に関する例を一つ挙げてみよう。カントいわく、「ある任命された教師がその教区の信者の前で行う理性の使用は、その信者がどれだけ多数であっても、それは家族的な集まりにすぎないから、たんなる・私・的・使・用である。さらに、その理性の使用方法については、その教師は祭司者として自由ではなく、また他から委託された仕事を果たすのだから、自由であることも許されない。これに対して、著作を通して本来の意味での公衆、すなわち世界に語りかける学者として、つまり自分の理性を・公・的・に・使・用している聖職者として、その人は自らの人格によって語るという無制限の自由を享受していると言えるのである」（Ⅷ 38）。

以上のことから推察されるように、カントによる公と私の概念には、現代のわれわれの用語法と比べてみて、非常に異なった側面があると言うことができる。例えば、「市民的地位あるいは公職の中」で理性を使用することは、カントが主張するような私的な使用ではなく、むしろ公的なものだと呼ばれて然るべきであろう。ある政治家がその職の中で表明する見解や発言は公的なものであり、職務外でのコメントの方が、むしろ私的な意見だと見なされることが一般的である[5]。しかし、カントの立場からすると、たとえ政治家の活動であっても、国家の中の既存の枠組みの中で理性を用いているかぎり、それは私的な使用と見なされることになる。そしてその反対に、公衆という世界に語りかけ、自分自身を無制限な批判にさらし、より開かれた空間の中で理性を用いることの方が、公的な使用だと考えることができるのである[6]。したがって、カントが説く公共性という概念は、ある限定された立場や視点のことを意味するのではなく、公衆という世界に対して常に開かれている（offen）状態のことを指し示しているのである。

第2節　『教育学』にみるカントの公教育論

これまでの考察によって明らかになったカントの公共性概念の定義を踏ま

えた上で、次に俎上に載せるべき問題は、公共性をめぐる議論が、カントの公教育論にどのような形で結びついているのかという問題である。そこで本節では、『教育学』の論述に沿って、彼の公教育論の特性と、その公教育を担う教師の役割とを明らかにしていく。

(1) 公教育の原理

『教育学』でカントは、自然的教育と実践的教育との二つの区分、あるいは養護・訓練・教授・陶冶という四つの段階をはじめとして、教育という営為をさまざまなカテゴリーに分けながら説明している。その中でも公教育の概念は、常に私教育と対比する形で論じられている。そこでまず、第4章でも触れたように、カントによる二つの教育の関係性についての論述を改めて引用してみたい。「教育は、私教育か公教育かのいずれかである。公教育は教示（Information）にだけかかわり、教示は常に公的なものである。指示（Vorschriften）の実行は私教育に委ねられる。完全な公教育とは、教授（Unterweisung）と道徳的陶冶とを結びつける教育である。その目的は、よい私教育の促進である」（IX 452）。つまり、公教育と私教育とは、ただ異なった役割を担っているのではなく、私教育が果たすべき役割を公教育が促すという補完的な関係にあるということになる。

さらにカントは、「私教育は公教育に対して、あるいは、公教育は私教育に対して、どれだけ優れているのか」（IX 453）という問いを立てた上で、二つの教育形態の間にはたんなる役割の違いだけではなく、優劣の関係が成り立つということを以下のように説明している。「一般に、練達性の側面からだけではなく、公民の資格という点から見ても、やはり公教育の方が家庭教育よりも有利であるように思われる。家庭教育は、往々にして家族の欠点を生ずるばかりではなく、またそれを遺伝させてしまうのである」（IX 453）。

そこで公教育の利点として挙げられるのが、子どもの自由の獲得という点である。カントが例を用いながら説いているように、学院（Erzieungsinstitut）のように多数の子どもがいる中で教育を受ける場合には、子どもは他の子どもとの間で自らの自由が妨げられるような経験をし、そこで自分がどう行為するべきか、あるいは、他の子どもの自由をどのように尊重するべきかを学ぶ機会を得ることになる。これは家庭教育の場で実践することが困難な活動であり、公教育が私教育を補完する典型的な例として考えられる。

　それでは、カントが説く公共性の概念と公教育の原理とは、どのような形で関連づけられるのだろうか。これまでの考察からも明らかなように、カントが公教育と私教育とを区別するのは、学校と家庭という教育の場の違いだけではなく、それ以上に、それぞれの教育の場で行われる教育の内容についてである。では、私教育と区別される公教育の内容とはいったい何か。この問題については第4節で改めて詳述するが、カントにとって、それは少なくとも国家という限定的な視点に立って行われる国民教育を指し示すものではない。公教育の名の下に運営される学院が、たとえ国によって設置されるものであっても、そこで行われる教育はあくまでも家庭教育の完成を目指すものであり、国民形成ではない。カントが公教育という概念をもって意図していたことは、彼が啓蒙に関する議論を行った際に理性の公的な使用の重要性を指摘したように、いかなる限定された立場からでもなく、より広く開かれた視野から行う教育が求められるということである。「両親は一般に子どもを現在の世界に——たとえそれが堕落していようとも——ふさわしいようにしか教育しない。しかし両親は、将来さらによい状態がもたらされるように、子どもをよりよく教育すべきだろう」（IX 447）とカントは主張しているが、ここで両親による教育が否定的に論じられている理由は、たとえ両親が特定の地位や公職という限定的な立場から子どもを教育するわけではないにしても、「現在」という限られた視点から子どもを教育している以上、その教育が限定的なものになってしまうからなのである。それゆえ、カントが公共性の概念に与えた「公衆という世界に対して常に開かれている状態」という意味は、公教育を語る上でもそのまま生かされているということになる。

さらに、カントは『教育学』の中で、両親による教育の限界を次のようにも述べている。「両親は家を憂え、君主は国を憂える。双方とも、世界福祉や人間性が向かうべき完全性、そして人間性がその素質を持っている完全性を究極的な目的にはしない。しかし、教育計画の構想は、世界市民的（kosmopolitisch）に立てられなくてはならない」（IX　448)[7]。これまでの考察を踏まえた上でこの言葉の意味を理解しようとすると、ここにカントの公教育論の原理がまた別の形で表されていることが推察できる。カントが説く「世界市民的」という術語は、家庭や国家という比較的ローカルなものを考慮することを消極的に捉え、反対に、よりグローバルな視点から物事を考えるべきだという主張として理解することができる。そうすると、世界市民的に教育計画を構想するという言説は、より広く開かれた視野に立って教育を行うという、これまで見てきたカントの公教育概念の特徴を具体的に示したものだと言うことができる。

　「世界市民的」という術語による具体化を通して、「より広く開かれた視野」という表現でははっきりと表されなかった論点——はたしてその視野の何が開かれているのか、あるいは何に対して開かれているのか——が明らかになる。カントの公教育論を、世界市民的な教育として説明する場合と、より広く開かれた視野に立って行われる教育として説明する場合との間に大きな意味上の相違はないとしても、ある教育が公的なものかどうかを判断する実践的原理としての性格について考えた場合、世界市民的な教育という言葉には、われわれの判断を容易にしてくれる力を持つことが期待できるのである。

(2) 公教育を担う教師像

　カントが公教育と私教育という区分を用いて教育を論じるとき、二つの教育を分け隔てる規準となるのは、その教育が国家や社会といった視点に限定されて行われるものかどうかという点であった。両親が行う家庭教育が私教

育と呼ばれ、教師によって行われる学校教育が公教育と見なされるのも、教師による教育が両親の教育に比べてより開かれた視点の下で行われるからであった。

　ところで、カントは『教育学』で、その役割と目的の違いによって、教師を二つの種類に区別している。一つは、ただ知識を教える者としての教師であり、学校のためだけに教育を行う学校教師（Lehrer）である。そしてもう一つは、指導者としての教師であり、人生のために教育する家庭教師（Hofmeister）である（Ⅸ 452）。これまでの議論と関連づけてこの区別の意味を解釈すると、学校教育を担う学校教師は公教育に携わる教師であり、反対に、家庭での教育を行う家庭教師は私教育に関わる者だと考えることができるだろう。もちろん、そうした理解は間違いではない。しかし、カントによる家庭教師についての説明をさらに詳しく見ていくと、これまでに示された公教育の私教育に対する優位という構図が、これら二つの教師の関係については単純には当てはまらないことが分かってくる。そこで本節では、カントの家庭教師論と公共性概念とのつながりについて考察することによって、家庭教師が決して否定的な意味合いでは捉えられてはいないことを明らかにしたい。さらにそれを通して、カントが説く公教育のイメージにふさわしい教師にはどのような資質が求められるのかを考える。

　そもそも、家庭教師の存在が必要とされる根拠は、両親による家庭での教育には不可避的な限界があると考えられるからである。「私教育は両親が自ら行うか、それとも、両親にはそうした時間や能力、あるいはその意欲さえまったくないことがあるため、雇われた助手である他人が行うかのいずれかである」（Ⅸ 452-453）とカントが言うように、両親の代理として子どもを教育するのが家庭教師の役割である。カント自身、大学を出てからの数年間、故郷のケーニヒスベルクを離れて複数の家庭で家庭教師として働いていた時期があるが、その当時の家庭教師は、その家庭で寝食をともにしながら、つきっきりで子どもの教育に当たるものであったことには注意する必要がある

だろう。

次に、こうした家庭教師の権威について論点を移すと、家庭での教育について、両親と家庭教師のどちらがその教育方針を主導的に決定するべきかという問題が生じる。この点についてカントは、両親がそのすべての権威を家庭教師に譲り渡さなければならないと主張する。というのも、教育の権威が両親と家庭教師とに分かれたままである場合、子どもは家庭教師の指示に従い、さらに両親の気まぐれな考えにも従わなければならないからである（Ⅸ 453）。カントは家庭教師に権威を与えるべき積極的な根拠をそれ以上は明確にしてはいないが、両親による教育の実践が限定的な視野に立って行われるものであるかぎり、教育の権限は家庭教師に委ねられるべきだと考えることができるだろう。

もちろん、子どもの教育に対するすべての権威が与えられる以上、家庭教師には教育に関するそれ相応の知識が求められることになる。「家庭教師として教育を引き受ける者は、比較的大きい子どもにだけ関わることになるが、その家に新しい子どもが生まれることも十分にありうる。そして、もともと家庭教師は家庭の中で唯一の学者であることが多いから、もしも立派にふるまえば、両親に信頼され、自然的教育に際しても、常に両親に相談される権利を持つことになる。それゆえ、家庭教師にとっては、自然的教育についての知識も必要になる」（Ⅸ 456）。ここで言われている自然的教育とは、主として幼児を対象とする保育を意味しているのだが、家庭教師には、知識を伝達する教師としての本来の役割だけではなく、より広い範囲での教育に関する知識が必要になるのである。

こうしてみると、たとえ家庭での私教育の代理として教育を担う家庭教師であっても、両親の要求に追従せず、家庭の内的論理に制約されずに教育することができるならば、その教師は「理性の公的な使用」を行っているということができるだろう。カントの言葉を借りれば、その子どもの「人生のために教育する」（Ⅸ 452）者としての自覚をもって臨む教師であれば、その教

師は公的な視点から教育を行っていると見なすことができる。そして反対に、公教育の場としての学校で働く学校教師であっても、その教師が「学校のためだけに教育を行う」（IX 452）かぎりは、理性を私的に用いていることになる[8]。もちろん、教育形態と教師の態度との間に生じるこのような逆転現象を前にして、家庭教師こそ公教育を担う存在であると結論づけることはあまりにも短絡的であろう。家庭教師が子どもの教育に対して果たす役割が大きいということが認められてもなお、「公教育の方が家庭教育よりも有利であるように思われる」（IX 453）というカント自身の主張は強力である。学校と家庭という教育の場の違いによる優劣を考えれば、学校で行われる教育がより多くの可能性を秘めているということは、論理的な説得力を持っていると言えよう。だが、そもそもここで問題となるのは、公的に理性を用いる家庭教師を現代においても実現できるのかどうかではないし、実際にそうした問題は実践的な観点からしても難しいだろう。そうではなくて、むしろここで問うべきなのは、公教育に関わる学校教師が、いかにして理性を公的に用いながら教育を行うことができるのかという問題なのではないだろうか。

　両親による私教育が限定的なものであり、さらには、家庭で寝食をともにしながら子どもを教育する家庭教師による教育をすべての子どもに保障することが現実的に困難である以上、われわれが考えうる最良の方法は、現行の学校教育制度の中で、学校教師が公的な視点に立って教育に携わることである。カントにとって、公教育は世界市民的な視点に立って行われる教育と同義であったことを思い起こすならば、この方法は、世界市民的な学校教育と言い換えることもできる。それゆえ、こうした学校教育が実現できるような制度を整え、広く開かれた世界市民的な教育を行っていくことが、カントが描く公教育の構想を実現することにつながるのである。

第3節　開かれた公教育を実現するための社会のあり方

　公教育としての学校教育では、理性を公的に用いる自由を備え、自分自身で考えることのできる主体を育成することがその目的となる。こうした公教育を実現するためには、誰よりもまず教師が自分自身を啓蒙できるような人間でなければならないのはもちろんのこと、社会がそうした人間の育成に積極的に関わっていくことが求められる。というのも、たとえ教師が公的な視点に立って生徒を指導することができるような資質を持っていたとしても、社会が閉鎖的な性格を持ち、教育の内容を限定してしまうならば、開かれた教育を行うことはできないからである。そこでここからは、カントの社会哲学に論点を移し、彼が人々の啓蒙を促すためにいかなる社会を構築すべきだと考えていたのかという点を整理していきたい。

　自分自身の力で未成年状態を脱し、自律して物事を考えることができる人間を、自らの理性を公的に用いることのできる自由を有した人間だと言い換えることができるならば、そのときカントが念頭に置いている自由とは、あくまでも個人の内面的な自由だということになる。こうした自由を社会がいかにして保障することができるのかと問うならば、それは、公開性という意味での公共性を確保することによってである。たとえ理性を公的に用いて考え、判断することができたとしても、その考えや判断を公表し、討議を重ねることができなければ、その正当性を広く問うことができない。だからこそ、社会が公開性を認め、それによってはじめて人間の啓蒙は完全に達成されると言えるのである（Ⅶ 89, 128-129）。こうした内面的な自由は、国家や地域社会をはじめ、いかなる権威によっても妨げられてはならないものであるかぎり、無制限に保障されるべきものであろう。

　しかし、個人の内面的自由の余地を確保することができたとしても、その一方で、社会の中で個人と個人との自由がぶつかり合ってしまうような場合

には、社会はどのような形でそれに対処できるのだろうか。カントは、社会哲学に関するわずかの小論を残したにすぎないが、例えば『理論と実践に関する俗言』の中で、こうした自由の問題を、法（Recht）と関連づけながら論じている。

　カントによれば、社会の中での法の役割は「各人の自由を他のすべての人の自由と一致するような条件に制限すること」（Ⅷ 290）である。このような法が治める市民的体制は「強制的法則の下にある自由な人間の関係」（Ⅷ 290）と呼ばれるが、ここで取り上げられている自由とは、法の存在によってはじめて個人と個人との間の衝突が避けられるような、行為に関わる外面的な自由であることが推察できる。またカントは、社会を構成する投票権を持つすべての人々は、公的正義という法則に一致しなければならないと主張する。たとえ全員一致を期待することができなくとも、あるいは、投票者の多数決が実現可能なものとして前提とされる唯一のものであっても、その多数決に満足するという原則そのものに関しては、普遍的な一致をもって、市民的体制を創設するための至上の根拠としなければならない（Ⅷ 296）。それによって、社会は、諸個人がそれぞれの自由を認め合うことのできるような法を制定・整備し、社会の成員の権利（Recht）を保障することをその責務とするのである。

　それでは、そもそも社会は何のために法を整備し、何のために権利を保障する必要があるのだろうか。この問題は、社会によって個人の自由が保障されることを通して、当の個人はその先に何を求めて行為するのか、という問いにもつながっていく。この問題を社会哲学の論述に基づいて読み解いていくと、カントがここで想定している人間存在とは、いついかなるときも道徳的な動機のみを考慮するような存在ではなく、そうした道徳的な価値を重んじることを前提としながらも、各個人が各々の規準で考える幸福を追い求める存在だということが分かる。

　自分自身で未成年状態を脱し自律的に生きる人間の理想像は、カントにと

って教育の主たる目的の一つであろうし、そのために社会は、公開性を確保するという重要な役割を担う。しかし、極論を言えば、個人が未成年状態から脱するかどうかは、最終的にはその個人の「決意と勇気」（Ⅷ 35）にかかっており、それは個人の内的な自由の問題であって、社会が外側から直接的に実現させることはできないだろう。では、社会は人々の啓蒙という時代的要請にまったく寄与できないかといえば、そうではない。公開性としての公共性を保障することによって、間接的にでも啓蒙のための土台を形づくることはできるし、また、普遍的で道徳的な生を促進することではなく、各個人の幸福を、他者の自由を妨げないかぎりで実現できるような公正な制度を構築することによって、個人はそれぞれの善き生を追求することができるようになるのである。

　内面的と外面的との区別を問わず、社会が保障すべきものがその社会の成員の等しい自由だとすれば、それによって、カントが説く開かれた視野に立った公教育が実践できるようになる。内面的な自由に関して言えば、学校教師は社会による不当な干渉を受けずに、理性を公的に用いて考えた自らの方針に従って子どもを教育することができる。そして生徒もまた、教師から教えられる内容を学びつつも、それをただ鵜呑みにするのではなく、場合によっては批判的に取り入れることによって、自分自身で考えるための材料とすることができるようになる。

　その一方で、社会が保障する外面的な自由は、カントの公教育論にどのように関わってくるのだろうか。この二つの関係を明瞭に表している一つの例として、カントが公教育の原理を考察した際に示した「どのようにして強制によって自由を教化するのか」（Ⅸ 454）という問題を再び取り上げてみよう。カントが「われわれは子どもに強制を加えるが、その強制は、その子どもが自分自身の自由を用いるように導くものである」（Ⅸ 454）と言うとき、子どもに加えられる強制とは、子どもの精神や思想といった内面に対して向けられるのではなく、他者に迷惑をかけたり、大人の言うことを聞かなかったり

といった外面的な行為に対して向けられる。ここで子どもは、幸福を追求する上での、行為に関わる自由を制限されることを学ぶのである。社会が保障する外面的自由が一人ひとりの人間に等しく与えられるものだとはいえ、子どもは平等の感覚を生まれながらにして持っているわけではない。だからこそ子どもは、公教育の場で自らの自由と他者の持つ自由との衝突を経験し、そうした事態に早い段階から慣れ、将来においては、できるかぎりその衝突にうまく対処できるようになるために強制されなければならないのである。

　個人の内面的自由が無制限に保障されるべきものであるのに対して、外面的自由は、無制限に与えられるものではない。外面的自由を保障するということは、直接的にその自由を擁護するのではなく、人によって異なる度合いの自由が与えられることがないように、その不平等を調整し、場合によってはそれを制限することである。したがって、外面的自由が正しく保障された社会の中で行われる公教育には、子どもがその自由を制限されるような内容が含まれるのである。

第4節　開かれた公教育で扱われるべき教育内容

　先の考察によれば、子どもがその外面的な自由を他者の自由と両立する形で用いることができるように強制を加えることが、公教育で扱われる教育内容の一つである。このような教育を通じて、生徒は、社会の中で他者の自由を侵害しない形で自分の幸福を実現するための知あるいは技術を学ぶことができるだろう。さらに、内面的自由との関連では、生徒がそうした知や技術を獲得すると同時に、個人的な幸福だけを考えるのではなく、個人が幸福を追求する自由をお互いに侵害しないようにすることが求められる。そのために、社会制度をどう変革すべきであるかという問いを立てられるような批判的精神を育むことが期待される。

　だが、こうした公教育を、世界市民的な教育として理解することはできる

のだろうか。確かに、先に取り上げた公教育の内容は、ある特定の国家による国民形成としての要素を含んではいないし、また、両親によって施される教育が抱えるような制約を回避していることは認められる。しかし、それでもなお、こうした活動を積極的に世界市民的な教育と呼ぶことができる根拠がどこにあるのかはいまだはっきりしていない。場合によっては、たとえ国民形成を目的とする公教育を推し進める立場に立っていても、子どもの自由を制限するような活動を取り入れることは十分に可能である。カントが言うような開かれた立場で行われる世界市民的な教育とは、いったいどのような規準からそう呼ぶことができるのだろうか。

　実際、これまでも、世界市民的な教育の意義を擁護する立場に対しては、内容の明確さを欠いた机上の空論だという批判がなされてきた。国家の枠組みに縛られない公教育という理念に基づいて教育を行う場合、生徒は自らのアイデンティティをどこに見出すことができるのかという疑問もたびたび投げかけられている[9]。しかし、このように世界市民的な教育に懐疑的な立場に立つ論者の中にも、単純に愛国主義に回帰することを是とするような論理から距離を置く人物もいる。例えばテイラーは、「われわれはコスモポリタンであると同時に愛国者であるという以外に選択の余地はない[10]」としながらも、愛国主義が必要とされる理由は、「普遍的な連帯に開かれているような種類の愛国主義のために、そうではない、より閉鎖的な愛国主義に対して戦う[11]」ためであると論じている。ここでテイラーは、偏狭な愛国主義への批判を加えながらも、それが直ちに愛国主義それ自体への批判にはつながらないと主張している。

　しかし、テイラーのような愛国主義の捉え方について言えば、そもそもコスモポリタンですら、個人が自分の家族、同じ宗教や国籍によって結ばれた人に特別な注意を向けることを否定するわけではない。日常的な行為の基礎的な条件のほとんどを国家が設定しているかぎり、ローカルなものへの付加的な関心を向けることはむしろ正しいと考える[12]。

それでは、世界市民的な教育を行うために、なぜ国家という枠組みに縛られない教育が求められるのだろうか。それは、それぞれの国家が推し進める特定の価値を公教育で扱った場合、その国家にとっての価値とは異なった、他の国家が追求する価値を否定することにつながる可能性があるからである[13]。国民教育という限られた視点で教育を行う場合、少なくともその国家が持つ文化とは異なる文化、あるいは共同体の価値を尊重することが求められる[14]。また、公教育の受け手となる生徒の視点に身を置いてみると、生徒が求める価値が、その生徒の属している共同体が重んじる価値に例外なく一致しなければならない必然性はない。その共同体が重んじる価値を公教育の内容として扱う場合、それが偏狭な愛国主義から行われるものではないのならば、その価値に対して生徒が批判的な立場をとり、自己の解釈によって価値を追求することを妨げてはならないのである[15]。

　これまでの議論を、カントの論理に沿って整理してみよう。カントが説く公教育の原理を実践していくためには、学校教育の場で、学校教師が広く開かれた視点に立って教育することが必要である。とはいえ、学校がある国家ないし集団によって運営されるものである以上、その国家や集団の重んじる価値をまったく無視することはできないだろう。世界市民的な教育を目指すとしても、現実に生徒が生きる世界がある具体的な社会であるかぎり、その社会の価値について考えることを避けて通ることは難しい。しかし、世界市民的な教育の必要性を訴えるカントの立場からすれば、学校教育の中で、その学校が属する社会の価値を伝える教育が行われること自体に問題はなくとも、そこに、その社会の価値の優越性を強調したり、他の社会が尊重する価値を軽んじたりするような意図が含まれていてはならない。生徒が属する社会の価値を伝えるのであれば、同時に、それとは異なる価値をも伝えることによって、生徒がどの価値を重んじるかを自らの考えによって判断するように配慮することが重要なのである。

　他者の権威や考えを拠り所とせず、自分自身の理性を公的に用いて考える

ことの重要性を訴えるという形で啓蒙を定義したカントは、公的な教育を通して人々の啓蒙を促すことを目指した。そのためには、自分が属する集団の価値だけを教育内容として取り上げるのではなく、他の価値との比較ができるようにその価値を提示し、生徒一人ひとりが自分の価値観を形成するための客観的な材料となるように扱わなければならない。このように、教育の内容を選択する上でもなお開かれた態度で臨むことが、カントの公教育論を実践するために不可欠のことなのである。

本章のまとめ

　これまでの考察の結論として、現代の公教育をめぐる議論に対して、カントの公教育論がどのような意味を持ちうるのかという問題に言及しておきたい。

　教育の公共性を現代において問い直すという場合、その中でたえず問題の対象として意識されるのは、公教育に対して市場原理を導入することを推し進め、教育を私事として捉えようとする新自由主義の主張であろう。新自由主義が求める教育の私事化の一つの具体的な形として、例えば親による選択に子どもの教育を委ねるという考え方が広まっていく中で、はたして教育をすべて私事に帰することに問題はないのだろうか。そして、親の教育権をある程度は制限してもなお守るべき教育の公共性はあるのだろうか。また、あるとすれば、それはどこに見出せるのか。このように、教育の私事化をめぐって盛んに行われている議論に対して、カントの公教育論はどのような役割を果たすことができるのだろうか。

　はじめに、子どもの教育を親の選択に委ねることによって生じる問題点について、カントの論理から考えてみよう。たとえ親の選択が閉鎖的で私的なものに陥る可能性を有しているとしても、カントの言説をそのまま解釈するならば、彼が親によって行われる教育について否定的な調子で語ったのは、

親が持つ教育の選択権についてではなく、親自身が子どもを教育することに伴う限界についてであった。それゆえ、親の持つ教育の選択権を制限する根拠を、カントの公教育論から直接的に導き出すことは厳密には難しいと考えることができるかもしれない。

それでは、そもそも親が子どもの教育を選択することのどこに問題があるのだろうか。結論から言えば、カントのように世界市民的な教育を擁護する立場から見て、親が子どもの教育を選ぶということそれ自体が問題を孕んでいるわけではない。だが同時に、親が子どもの教育の選択を行うとき、その選択の規準が私的なものであるならば、それに賛同することはできないだろう。具体的に言えば、親の選択が、もっぱらその親の嗜好を拠り所としてなされるのであれば、そうした親の選択権は制限されるべきだと言うことができる。

さらに、新自由主義によって推し進められる教育の場への市場原理の導入についてはどうだろうか。この例に関しては、市場原理を導入することを求める論者が究極的な目的としているところを一つに確定することが難しく[16]、そのかぎりでは、カントの公共性概念との関係性を論じることにも困難が伴う。しかし、もしも新自由主義の目的が総じて国家経済の成長にあると考えることが許されるならば、そうした考え方は、公教育の論理に馴染むものではない。カントの主張に引き寄せて考えると、経済的価値に則って教育制度を変革するという考え方は、あまりにも一面的で閉鎖的であると言わざるをえないのである。

以上のように、カントが説く公開性としての公共性、そしてそれに基づく公教育論から現代の公教育をめぐる議論を辿っていくと、この議論に対する直接的な提案や解決案を打ち出すことは難しいとしても、それに関わる当事者の思考の枠組みが、はたして本当に公的なものなのかどうかを反省する契機を与えてくれる。こうした役割を果たすことができるという事実から、カントの公共性概念をいま一度省みる積極的な意味があると言えるのではない

だろうか。

　本章では、カントが説く公開性としての公共性概念に依拠しつつ、公教育に求められる内容はいかなるものであるのか、そして公教育を担う教師に求められる姿勢はどのようなものなのかを論じた。その中でも、公教育が私教育に対して優位に立つ要素として浮かび上がってきたのが、子どもに対する適切な範囲での強制についてであった。カントの教育哲学に限らず、教育が総じて子どもの自由を目的として行われる営為であるとするならば、子どもに強制を加えるということは、ある種の矛盾を孕むのではないかということが指摘されてきた。この問題は、教育哲学研究の中で、強制と自由とのアポリアとして議論されてきた問題でもある。そこで次章では、カント自身も教育が抱える最大の課題と認めるこの問題を、私教育か公教育かという制度上の問題ではなく、原理的な問題として捉え直し、強制から自由へという一見すると両立不可能であるかのように思われる教育のテーゼについて考えていきたい。

註

1）齋藤の説明によれば、一般に「公共性」という言葉が使われる際の主要な意味合いは、以下の三つに区別できる。第一は、国家に関係する公的な（official）ものという意味であり、この意味での公共性は、国家が法や政策などを通じて国民に対して行う活動を指す。第二は、すべての人びとに関係する共通のもの（common）という意味である。ここで言う公共性とは、共通の利益・財産、共通に妥当すべき規範、共通の関心事などを表している。そして第三は、誰に対しても開かれている（open）という意味である。ここには、誰もがアクセスすることを拒まれない空間や情報といった意味合いが含まれている（齋藤純一『公共性』岩波書店、2000年、viii - ix頁）。この区別をもとにすると、「公教育」という言葉に含まれている「公共性」の一般的な意味は、第一の定義に当てはまることになるだろう。しかし、この意味での公共性が表しているのは、教育の設置主体が公的なものであるということだけであって、その教育で扱われる教育内容の公共性、あるいはその教育に参加できる教育機会の公共性という問題を考える場合、第一の意味での公共性からでは論

じ尽くすことはできない。そこで本章では、先に挙げたうちの第三の意味である「公開性」としての公共性概念に焦点を当て、この意味での公共性が、教育の公共性を理解する上でどのような形で関係づけられるのかという点を論じていく。

2）藤井基貴、前掲論文、15-28頁。
3）加藤泰史「法的なるものと政治的なるもの――カントの『理性の公共的使用』をめぐって――」『中部哲学会年報』第37号、中部哲学会、2004年、25-38頁。
4）カント自身、このような自分で考えることのできる人間が具体的にどのような対象を指しているのか明らかにしていないが、牧野が指摘するように、それが学者のような知的指導者を意味していたと考えることは正当であろう（牧野英二『カントを読む』岩波書店、2003年、102頁）。
5）亀井一「公と私のインターフェース――ドイツ語を手掛かりにヨーロッパの『公共性』をさぐる試み――」『大阪教育大学紀要』第Ⅰ部門第53巻第1号、大阪教育大学、2004年、67頁。
6）加藤泰史「啓蒙・他者・公共性――『グローバルな公共性』の構築に向けて――」『別冊 情況』第3期第5巻第12号、情況出版、2004年、194-195頁。
7）コスモポリタン的教育の必要性を主張する代表的な論者にヌスバウムがいる。彼女は、世界市民という概念がカントの「目的の国」（Reich der Zwecke）の概念の原型であると説き、偏狭なナショナリズムに縛られることなく、あらゆる人間がもつ理性や道徳的選択能力の尊厳を、等しい敬意でもって扱うべきであると訴えている（ヌスバウム、M.「愛国主義とコスモポリタニズム」ヌスバウム、M.他『国を愛するということ』辰巳伸知・能川元一訳、人文書院、2000年、26頁）。
8）藤井基貴、前掲論文、22-23頁。
9）例えばヒンメルファーブは、アイデンティティは選択の問題ではなく、所与のものであると説いている。さらに、コスモポリタニズムによって新たなアイデンティティを作り出そうとする試みは、個人の本質的な属性を覆い隠すものであり、ナショナリティを拒否する人間はアイデンティティなき個人になってしまうと指摘している（ヒンメルファーブ、G.「コスモポリタニズムの幻想」ヌスバウム、M.他、前掲書、131-132頁）。
10）テイラー、C.「なぜ民主主義は愛国主義を必要とするのか」同書、203頁。
11）同上。
12）ヌスバウム、M.「返答」同書、219頁。
13）これに関連して中村は、公教育が国民の形成を目指すことが誤りなのではなく、「国民が同質であると考えること、単一の同質文化があると考えること、その同質

文化を習得しなければ十分な国民とはなりえないと考えること」が誤りだと論じている（中村清『改訂 公教育の原理』東洋館出版社、2004年、163頁）。

14) この点についてテイラーは、多様な諸文化の間の価値の優劣が明らかになるような究極の地平からわれわれがはるか遠くにいることを認め、比較文化研究に対して開かれた態度を積極的にとるべきことを主張している（テイラー、C.「承認をめぐる政治」ガットマン、A.編『マルチカルチュラリズム』佐々木毅・辻康夫・向山恭一訳、岩波書店、1996年、101頁）。とはいえ、ガットマンによれば、ある文化によって重んじられる価値が、いかなるものであっても承認されるべきであるわけではない。「悪質な仕方で他人の利害を無視し、したがって、純粋な道徳的立場をまったくとらない見解は尊重に値しない。また、ある見解の経験的主張が、公的に共有された、ないしは公的に接近可能な証拠の基準にもとづいておらず、根本的に信じがたいものであるとき（例えば人種的劣等性の主張）、この見解は尊重に値しない」（ガットマン、A.「緒論」同書、33頁）。

15) このように、自分の追求する価値をたんに自分の属する共同体の価値と同一視することなく、自らの解釈によって決定していく存在は、井上が説く「自己解釈的存在」と共通する部分が多い。彼は「自己解釈的存在」を、「私は何者であるのか」、「私にふさわしい生とは何か」を問い求める自同性解釈を通じて人格完成価値としての善き生を探求し、かつ、善き生についての自己の解釈を己れの自同性の基盤とする存在だと論じている（井上達夫『他者への自由』創文社、1999年、110-111頁）。

16) 広瀬隆雄「新自由主義と教育の公共性」公教育研究会編『教育をひらく』ゆみる出版、2008年、11頁。

第8章　カントの教育哲学にみる
　　　　強制と自由との両立可能性

本章の目的と課題

　『教育学』でカントは、自らの批判哲学の立場を維持しながら、道徳化を最終的な目的とした教育段階説を示し、さらに個々の段階でどのような教育活動を行うべきであるかを説いている。道徳化を成し遂げるには、品性の確立や率直さを樹立するために、教師からの積極的な指導が必要であるのはもちろんのこと、それによって子どもが自らの自由を適切に行使できるようにすることが求められる。しかし、こうした教育目的を実現するためには、「法則的強制に服従することと、自分の自由を使用する能力とを、どのようにして結合できるか」（Ⅸ 453）という問題を解決することが避けられないと指摘されている。

　カントは、この問題が教育という営為が抱える最大の課題であるとした上で、子どもに強制を加えるには、それが子どもの自由のためであることを明らかにしなければならない、ということを強調している。だが、こうした点に注意を払う必要があることは理解できるとしても、それによって強制がなぜ子どもの自由をもたらすのかという点については、いまだ明確に示されたとは言いがたい。その理由の一つとして考えられるのは、カントがここで意味しているところの自由の概念に、どのような意味が込められているのかが明らかになっていないということだろう。『教育学』では、一方で、人間は生まれつき自由への性癖をもっている（Ⅸ 442）と説いていながら、他方では、子どもを指導するのは、その子どもが将来自由になるためである（Ⅸ 454）

と言っているように、カントの教育論の中で語られている自由概念には、それぞれ異なった意味が込められていると考えられる。

ところで、カントが立てた強制と自由をめぐる上述の問題について、彼の自由概念の意味を体系的に整理した上で、この問題の解決に取り組んだ研究は、管見によれば見当たらない。教育によって獲得されるべき自由としてしばしば言及されてきたのは、人間が常に道徳法則を意識して、それに基づいて行為を規定していくという、自律としての自由であった[1]。しかし、道徳哲学の領域では主たる位置を占める自律としての自由の他にも、カント哲学全体を見渡すと、自由の概念にはさまざまな意味が付されているということが分かる。とりわけ、カントが道徳的陶冶を教育の最終的な目的としていたことを踏まえると、一人ひとりの人間が自律して考えることを通して、実際に道徳的行為を行うかどうかという行為の選択に関わる自由が、強制と自由という問題にどのように関わってくるかと問うことは無意味なことではないだろう。

そこで本章では、取り扱う領域によって少しずつ異なる意味が付されているカントの自由概念について整理する。その上で、彼が指摘する「教育が抱える強制と自由との矛盾」をどうすれば解決できるのか、あるいは、ここで言われている矛盾が、彼が定義する自由の概念と照らし合わせたとき、本当に矛盾と呼べるものであるのかどうかを解明することを目的としたい。そのためにまず、批判期以前から批判期の後期の作品に至るまで、さまざまな著作を紐解きながら、それぞれの作品の中でカントが自由をどう位置づけていたのかという問題を取り上げる。その中でも、とりわけ『純粋理性批判』を中心とする理論哲学の自由概念が、『基礎づけ』や『実践理性批判』といった実践哲学の自由概念にどのような形で受け継がれ、あるいは変化していったのかという点に注目する。以上の考察を踏まえて、教育によって子どもが獲得するべきものとしてカントが想定していた自由には一体どのような意味が込められていたのかということを、具体的に示すことを目指したい。

第1節　カント哲学の諸自由概念とその関係性

　カントの自由論を主題とし、その体系的な整理を行っている先行研究には、彼の批判期の哲学を考察対象とするものが数多く挙げられる[2]。例えば『純粋理性批判』で中心的に論じられる超越論的自由（die transzendentale Freiheit）や、『基礎づけ』や『実践理性批判』をはじめ、批判期の道徳哲学の中で示される意志（Wille）の自律としての自由、さらには『道徳形而上学』に見られる選択意志（Willkür）の自由といった、さまざまな意味を持った自由概念がカントの自由論の独自性であると考えられてきた。批判期の作品に見出されるこうした種々の自由の概念は、人間の行為の自発性や、行為の責任の所在を説明する上で、避けて通ることのできない重要な論点として取り上げられてきたのである。

　しかしながら、カントが自由の概念に関心を向けたのは、決して批判期に入ってからのことではない。その例の一つとして、すでに『形而上学的認識の第一原理の新解明』（以下、『新解明』と記す）（*Principiorum priorum cognitionis metaphysicae nova dilucidatio*, 1755）では、人間にとって自由というものが何を意味するのかという問題が論じられている。そこでカントは、後の考察で明らかになるように、『純粋理性批判』で展開される自由論の先駆けと言えるような主張を展開している。このことから、自由の概念はカントにとって常に主要なテーマの一つであり続けていたことは疑いえない。

　さらに、批判期の哲学の中でも、『宗教論』では、先述した諸著作のように新たな自由の定義が導き出されているわけではないにせよ、人間の根源的な悪への性癖（Hang）を説明する中で、人間が行為する上で用いる選択意志の自由の役割が詳細に論じられている。このことは、カントの自由論が悪への自由を認めていない点で不十分であるとしばしば批判されることに対して、一つの打開策を示すものであろう[3]。もちろん、批判期の自由論が、カント

哲学の自由概念を理解する上での要点であることは間違いないことである。しかし同時に、前批判期にも考察の範囲を拡げ、さらには批判期でも、これまであまり取り上げられることがなかった作品、とりわけ『宗教論』にも目を向けることによって、カントの自由論をより包括的に考察することができると考えられる。

　そこで本節では、はじめに『新解明』の自由論を取り上げ、それを後に続く批判期の体系とどのように関係づけることができるのかを吟味する。その上で、『純粋理性批判』で登場する超越論的自由と実践的自由（die praktische Freiheit）について、さらには、批判期の道徳哲学に至ってはじめて示されることになる意志の自律としての自由、そして選択意志の自由の意味について整理したい。

(1) 前批判期の自由概念

　『新解明』では、その第2章「決定根拠律、通常充足根拠律と呼ばれているものについて」の中で自由論が展開されている。そこでカントは、「もしも先行的決定根拠が存在しないなら、偶然的なものは決して十分に決定されえない」（Ⅰ 397）という立場に立って、あらゆるものの存在には必ず先行する決定根拠があると主張している。あるものがそれ自体の存在の根拠を持つということは不合理であって、そうした万物の可能性に先立って存在するものがあるとするならば、それは絶対必然的なものとしての神のみである（Ⅰ 395）。カントは、自由意志がそれ自体で自由であり、決して先行根拠を必要としないという見解に対しても、「その作用の存在はそれ自体ではその作用がかつて存在したかしなかったかは決定しえない」（Ⅰ 397）として反対している。

　しかし、一貫してこうした主張を続けるとなると、はたして人間の自由の余地をどこに見出すことができるのかという点が問題となるだろう。実際にカントは、世界の出来事がすべて一定の事柄として神によって配慮されてい

るとしたら、われわれ人間の行為の責任をわれわれ自身に帰するわけにはいかなくなることを認めている。そこで彼は、人間の自由のあり方をめぐって、神のはたらきと対比する形で説明を加えている。ここで言う神のはたらきとは、すなわち世界創造のことである。世界創造における神のはたらきは、そのはたらきの反対が生じえない必然的なものであると同時に、自由なものとして考えられなければならない。というのも、神のはたらきは無限の知性に基づいており、この知性が意志を導くからである。これと同様に、人間にとっての自由とは、意志に与えられた知性の指令によってのみ発動するものであると言われる。人間の行為は、たしかにそれが根拠の連鎖によって決定されたものであるとしても、決して自己の意に反してまでも強制されるものではない。むしろそれは、物理的運動とは異なり、自発的な連鎖を通じて規則的に決定されるものである。それゆえ、人間の行為は、その外的な面では決定根拠律によって不可避的に支配されていようとも、その行為を決定するものが知性的な動因であるかぎり、自由なものとして考えることができる。そしてその場合、人間の自由は、不確定な衝動によってあちらこちらへと引きずり回されるような、無秩序な自由ではないということが重要である（Ⅰ 399-401）。このことから、『新解明』における人間の自由とは、「知性の動因を意志の決定根拠とする自由[4]」としてまとめることができるだろう。

　さらに『新解明』の論述で注目に値するのは、批判期に至って十分な検討の機会を得ることになる自由概念の端緒を、さまざまな部分から垣間見ることができるということである。例えば、自発性とは内部的原理から発した行為であり、この行為が神の表象に適合して決定される場合、自発性は自由であると言われている（Ⅰ 402）。このように、人間の行為の自発性に自由を見出すことは、後に詳述するように、『純粋理性批判』で取り上げられる超越論的自由の特徴と重なり合うところがある。また、別のところでは、「二つのうち一方を選択しうる自由」（Ⅰ 404）という論述もなされており、カントは、この時点ですでに選択意志の自由の存在を念頭に置いていたと推測する

こともできるだろう。

　しかしながら、『新解明』の自由論には、これから検討する批判期の自由論と比べると、いまだ不十分な点が少なくとも二つあるように思われる。一つは、この著書の自由概念の核心である「知性の動因を意志の決定根拠とする自由」に関して、カントが世界創造に関する神のはたらきに自由を見出し、そこから類推する形で人間の自由を導き出したという点である。神は、先行根拠を必要としない唯一の例外である。その意志は、他の何ものにも規定されることがなく、自らの無限の知性によって必然的に現実化するものである。それに対して、人間の自由は、知性的な動因に対して自らを規定しなければならない。それゆえ、両者の自由をただ並列の関係に置くことは困難であろう。このことは、神の無制約的なはたらきに匹敵するような宇宙論的な意味での自由と、決定根拠をもつ人間の自由とが明確に区別されていないことを物語っていると考えられる[5]。

　さらにもう一点は、『新解明』にあっては、超越論的自由や選択意志の自由といった、批判期の自由論の原型であると思われる論述がなされている一方で、批判期の道徳哲学の代表的な所産である意志の自律としての自由や、自由と道徳法則との関係性が論じられていないということである。「人間は、その意志をあらゆる動機に基づいて決定すればするほど自由になる」（Ⅰ 402）という一節を見ても、その動機と道徳性とがいまだはっきりと関連づけられていないことが読み取れる。こうしたことから『新解明』の段階では、自由の概念はいまだ思考の途上にある概念であったと言わざるをえないだろう。

(2)『純粋理性批判』の自由概念──超越論的自由と実践的自由

　『新解明』の自由論に続いて、次にカントが自由概念を主題として論じたのは、『新解明』の出版から20年以上も経った『純粋理性批判』においてである。カントは、その中でも特に「弁証論」の第三アンチノミーで、世界の

諸現象は自由による原因性が想定されるのか、それとも自然の諸法則に従うものであるのか、という二律背反の問題を取り上げている。それによると、一方では、自然法則に従って経過する諸現象の系列を遡っていって、第一の原因性を追究した場合には、自ら始める原因の絶対的自発性が想定されなければならない（A 446/B 474）。そして、この原因の絶対的自発性が、カントが説く超越論的自由に位置づけられるものである。しかし一方では、世界の出来事は常に先行状態とその原因性とを必要とするため、自然法則によって支配されていると考えられる。自然の出来事に対して超越論的自由の余地を認めるとなると、因果法則に矛盾してしまい、経験の統一も不可能になってしまう。それゆえ、超越論的自由は空想物であると言わざるをえないのである（A 446-447/B 474-475）。

こうした二律背反に対して、カントは二つの相反する主張がともに成り立つという見解を示している。世界の起源をめぐっては、それをすべて自然の諸法則に従って生起する出来事として捉えることができる一方で、それが自由による原因性によって生じると考えることも不可能ではない。ここでカントは、世界の出来事を理解する上で二つの視点を取り上げて、このことを説明している（A 450/B 478）。第一に、時間的な系列から見れば、世界の出来事はすべて先行する原因性に従っていて、因果法則の支配下にある。しかし第二に、原因性の観点から捉えた場合には、その出来事に対して自由による原因性を求めることができる。なぜなら、たとえ出来事の外観が先行する根拠に規定されているように見えるとしても、その出来事の決意と実行は、自然結果の連続のうちにあるわけではないからである（A 450/B 478）。これによってカントは、原因性の立場に身を置くことによって、出来事の中に自由の余地を見出したのである。

ここでカントが導き出した自由概念は、「世界の起源を理解するために必要なかぎりでのみ立証した」（A 448/B 476）ものとしての超越論的自由である。しかし、この自由概念は、たんに世界の起源を示すだけにとどまらず、さら

に人間の行為にも結びつけられる。それによって、この超越論的自由は、人間の行為の帰責可能性を根拠づけるものとして示されることになる。というのも、人間にその行為の責任を帰することができるのは、その人が先行する条件とは関係なく、原因性の点で自由であるということが前提とされていなければならないからである（A 553-556/B 581-584）。もともと、自由の原因性に基づく行為の結果が現象の中でしか見出されないものである以上、人間の行為の責任をその人自身に帰することができるかどうかは曖昧なものである（A 539/B 567, A 551/B 579）。それゆえ、ある行為の責任をその行為の主体に帰するためには、第一の原因がその主体自身にあるということ、つまり超越論的自由が備わっていることを想定する必要がある。カントは、絶対的自発性としての自由を人間の行為にも認めたことによって、『新解明』の主張と同様に、人間の自由を導き出したことになる。

ただし、ここで注意しなければならないのは、『純粋理性批判』の中で、超越論的自由が一貫して超越論的理念と呼ばれており、現実性や可能性を立証することはできないと考えられていることである（A 557-558/B 585-586）。超越論的自由は、その存在を想定することが自然による原因性と矛盾しないという意味で、あくまでも思考可能性の領域にとどまっている。実証不可能な理念であるこの自由は、世界の起源を解明するという理論的な問題に対しては、十分な役割を担うものであるかもしれない。しかし同時に、人間の行為の自由を保障しうるかどうかを考えると、この自由だけではいまだ不十分であると言わなければならないだろう。そこでカントは、超越論的自由にもまして人間の行為の自由に関連づけられる要素を含んだ実践的自由を提示することになる。

実践的自由について論じられているのは、『純粋理性批判』の弁証論と、方法論の「純粋理性の規準」である。はじめに、弁証論の定義によると、実践的自由とは、選択意志が感性の衝動による強制から独立していることを意味している。実践的自由を定義する際に、カントはこの概念を常に選択意志

と結びつけており、その中で、この実践的自由は、選択意志が自己を自ら規定する能力として改めて定義されている（A 534/B 562）。

こうした弁証論の定義は、さらに方法論にも引き継がれ、さらに詳しく論じられることになる。ここでは、選択意志が感性的な衝動に依存しないという主張が繰り返されているだけでなく、「理性によってのみ表象される動因によって規定されうる選択意志は、自由な選択意志と呼ばれる」（A 802/B 830）という説明が補足されている。これによって、弁証論では自らを規定する能力としての選択意志の規定根拠が明確に示されていなかったのに対して、ここではそれが理性に由来するものであることが明らかにされた。

さらに、方法論の説明では、実践的自由が経験によって証明できるという点が新たに付け加えられている（A 802/B 830）。このことは、超越論的自由と実践的自由との差異を表す上で、大変重要な意味を持っている。なぜなら、理性が選択意志に対して何が生起すべきであるかを命じることによって、人間はそこで自然秩序とはまったく別の規則と秩序を見出し（A 550/B 578）、そうした理性による命令を意識することによって、人間は自らが自由であることを経験的に証明することができるからである。それゆえ、カントによれば、「実践的なものが問題である場合には、超越論的自由は全く無関心的なものとして無視することができる」（A 804/B 832）ものなのである[6]。それでもなお、経験的に実証不可能な超越論的自由が取り上げられなければならないとすれば、それは「感性的衝動に関して自由と呼ばれるものは、高次でよりかけ離れた作用因に関しては、再び自然であるのではないだろうか」（A 803/B 831）という、経験的な意識によっては完全に拭い去れない疑念を晴らすためであると考えられる[7]。弁証論の中で「自由の超越論的理念に自由の実践的概念が基づいて」（A 533/B 561）おり、「超越論的自由を廃棄すれば、同時に一切の実践的自由は根絶されるだろう」（A 534/B 562）と指摘されているように、経験的に認められる実践的自由は、自由の超越論的な理念の位置づけがなされてはじめて、真に自由として認められるのである。

したがって、『純粋理性批判』の自由論の主たる成果である超越論的自由は、もともと世界の出来事の原因性が自然によって規定されるものではないことを示す絶対的な自発性を意味していたのであり、それが人間の行為の自由に関連づけられることから、感性的な衝動からの独立を示す実践的自由が導き出されたのである。そして、次に考察することになる批判期の道徳哲学における自由論を通して、人間の実践的な行為に関連する自由の概念が、これまで以上に徹底して解明されることになる。

(3) 意志の自由──意志の自律としての自由と選択意志の自由

『純粋理性批判』の自由概念は、絶対的自発性としての超越論的自由を基盤として、その上に感性的な衝動からの独立性を表す実践的自由が築かれるという二重構造をなしていた。しかしカントにとって、自由の概念は、ただ思惟の可能性をもつにすぎない超越論的理念によってのみ成り立つわけではない。なぜなら、『純粋理性批判』では理念としか呼び得なかった自由は、実践哲学での議論を経てはじめて、実践的な実在性が与えられることになるからである。

批判期の実践哲学の始点として、カントは『純粋理性批判』第一版の出版から４年後に出された『基礎づけ』の中で、新たな自由論を展開させることになる。自由概念の定義に関して、『基礎づけ』の考察が『純粋理性批判』と決定的に異なるのは、人間が自らの理性によって導き出される道徳法則に、関心の有無に関係なく従うという「意志の自律の原理（das Prinzip der Autonomie des Willens）」が示されていることである（Ⅳ 432-433）。意志の自律の原理とは、選択意志がある行為を選択するとき、それが普遍的な法則となるような格率に従って行為するべきであるということを指し示しており、道徳性の原理と言い換えることもできる（Ⅳ 447）。カントは、この意志の自律こそが、人間の尊厳の根拠であり（Ⅳ 436）、本来の尊敬の対象が人間の意志にあると述べている（Ⅳ 440）。さらにカントは、自由な意志がただ無秩序なもの

を意味するのではなく、道徳法則に従う原因性であるということを引き合いに出しながら、意志の自由と自律とが同じ内容を表していると主張する（Ⅳ 446-447）。このことから、カントは「自由な意志と道徳法則の下にある意志とは同一である」（Ⅳ 447）という結論を導き出す。意志の規定をめぐって、自由な意志と道徳法則とが同一の関係に置かれたことによって、もはや自由の実在性は理論的な証明によって明らかにされるものではなく、一人ひとりの人間が道徳法則を自覚（das eigene Bewusstsein）することによって認められるものとなるのである（Ⅳ 448）[8]。

しかしながら、こうした意志の自律という考え方が少なからず難点を抱えているということが、これまでしばしば指摘されてきた[9]。それは、この自律の原理が悪への自己規定を認めておらず、もしも人間が悪い行為をしたとしても、それは意志の自律が欠如し、自由ではないからであって、その行為に対する責任を追及することができないという問題である。たしかに、常に自律した意志に対して悪い行為の責任を帰することは困難であろうし、むしろ、そうした意志には、悪へ向けて行為を規定するということ自体が想定されていないと言えよう[10]。それでも、すべての道徳的悪が自由から生じるものである以上[11]、やはり、その悪の責任は、自由の主体である人間に帰せられねばならない。しかしながら、行為の責任の所在を明らかにするために、意志の自律としての自由だけを取り上げるのでは不十分であり、問題の解決はできないだろう。そこで次に、選択意志の自由の役割を吟味する必要がある。

『基礎づけ』で展開された自由概念は、『実践理性批判』や『道徳形而上学』にも引き継がれ、そこで、純粋な意志と選択意志との違いが明らかにされることになる[12]。『実践理性批判』では、意志が「純粋な実践的法則の意識から生じる」（Ⅴ 30）ものであり、道徳法則との関係性に注意が向けられているのに対して、選択意志は「受動的に触発されても、それによって規定されない常に自由なもの」（Ⅴ 32）と説明されている。そして『道徳形而上

学』では、これら二つの意志概念の関係性と、純粋な意志の役割とがより詳細に論じられている。それによると、意志は直接的に行為と関わるのではなく、むしろ選択意志を行為へと規定する根拠との関係で見られた欲求能力である（Ⅵ 213）。このことから、意志は選択意志に対しては形式的制約としてはたらき[13]、その意味では、意志は選択意志を規定する実践理性そのものであると考えられる（Ⅵ 213）。

それゆえ、意志は、選択意志との関係でその役割を吟味するとき、もはや自由とも不自由とも言うことができない（Ⅵ 226）。行為の立法に関わる意志の自律としての自由と、そうした立法に従うかどうかを選択する意志の自由とでは、それらの指し示す内容が異なっている。このことは、悪い行為に対する帰責の根拠という、先の問題を解決する上で重要な手がかりとなる。そもそも、人間の行為に対する帰責の根拠は、行為の絶対的自発性を表す超越論的自由が保障するものであった。ただし、理念としての超越論的自由を現実の行為に適用し、その行為の道徳的価値を問う場合に、責任を問うべき悪い行為とそうではない行為との違いを表す道徳的な規準がなければ、悪を責めることはできない[14]。超越論的自由は、行為の自発性を認めることはできても、その行為の善悪までは問えないのである。また一方で、意志の自律としての自由は、普遍性を備えた道徳法則の立法に関わるため、悪い行為をすること自体が想定されていない。つまり、これら二つの自由概念に依拠して人間の行為の道徳的な責任を追及することはできないのである。それに対して、選択意志の自由は、純粋な意志がもたらす道徳法則に従うかどうかを判定する自由であるから、ここに行為の責任を帰することができる。カントは『基礎づけ』で、人間が反道徳的な行為を選択したことに対する責任の根拠として、「人間が傾向性や衝動に対して容赦（Nachsicht）の気持ちを抱いたかもしれないこと」（Ⅳ 458）を挙げており、選択意志を規定する対象の側に悪の根拠を見出してはならないと考えているのである[15]。

これまでの議論を総括すると、選択意志の自由は、『純粋理性批判』で超

越論的自由に基づいて導き出された実践的自由と重複する性質を備えていると考えることができそうである。もともと、カントが実践的自由の定義をする際に、実践的自由と選択意志の自由との関連性を指摘していたように、これら二つの自由概念は、感性的な衝動に規定されず、自ら行為の選択を行う作用として、共通する役割を与えられているのである。

しかし、その一方で、実践的自由と選択意志の自由との間には、道徳法則の意識をめぐって根本的な差異があることもまた事実である。つまり、実践哲学での考察を通して、自由概念と道徳法則とが切り離しがたく結びつけられたことによって、選択意志の自由には、ただ感性的衝動によって規定されないという消極的な意味だけでなく、自ら道徳法則に従う自由という積極的な側面が付け加えられたのである[16]。そのことを裏づけるように、カントは、後にメンツァーによって編纂されることになる倫理学講義の中で、「もしも私が自由な選択意志を観察するならば、それはその人自身および他者の選択意志と一致することを意味する[17]」と述べている。すなわち、選択意志の自由は、その行為の格率が普遍的に妥当しうるかどうかで決まるものである。そして、こうした普遍的な法則として挙げられているものが、「普遍的な法則となることを、それによってあなたが同時に欲しうるような格率に従ってのみ行為しなさい」という定式を基盤とした定言命法であることは言うまでもない。

以上のように、道徳法則との強固な結びつきこそが、選択意志の自由がもつ最大の特徴であり、行為の責任や道徳性を説明するための要点でもある。『実践理性批判』の序文でも「自由は道徳法則の存在根拠であり、道徳法則は自由の認識根拠である」（Ⅴ 4）と言われているように、そもそも自由と道徳法則とは不可分の関係にあるのである。

ただし、選択意志と道徳法則との関係性をあまりに強調しすぎると、そもそもなぜ選択意志が悪い行為を選んでしまうのかという問題が説明できなくなってしまうだろう。そこで参考になるのが、『宗教論』の第一編で展開さ

れている根本悪に関する記述である。カントは『宗教論』で、根本悪の由来を解明するにあたって、選択意志の自由がそれにどう関わってくるのかという点に論及している。それによると、人間の行為の責任は、人間の自由一般の使用の主観的根拠にあるとされる（Ⅵ 21）。つまり、人間が悪い行為を選択するならば、その根拠は、選択意志を傾向性によって規定する客観のうちにあるのではなく、自分自身に設ける規則のうちにのみ、すなわち格率のうちにのみ存在しているのである（Ⅵ 21）。こうした説明は、選択意志の自己規定に行為の責任の所在を見出した『基礎づけ』の論述と共通したものである。では、道徳法則に関わっているはずの選択意志が、なぜ道徳的悪へと自らを規定してしまうのであろうか。

　カントは、人間が選択意志を獲得してもなお悪を選択してしまう根拠を、あらゆる人間に普遍的に属している悪への性癖に基づいて説明している（Ⅵ 31）。この悪への性癖とは、もともと備わっているような素質とは異なり、それを選ぶのはそれぞれの人間であるため、自ら責めを負う根本的な悪であると言われている（Ⅵ 32）。さらに、人間の行為が善であるか悪であるかの差異は、行為の格率のうちに採用する動機の差異（格率の内容）にあるのではなく、その従属関係（格率の形式）にある。それゆえ、人間が悪であるのは道徳的秩序を転倒するからであって、より具体的に言えば、道徳性の原理を自愛の原理に従属させる形で行為を選択するからである（Ⅵ 36）。このような道徳的秩序の転倒が、人間には自然的な性癖として普遍的に生じてしまうということが、選択意志が道徳法則から影響を受けながらもなお、悪い行為へと自らを規定してしまう根拠なのである。したがって、こうした悪への性癖を、人間がいかにして克服できるかという問題が、『宗教論』での次なる課題となる。この課題については、次節で改めて詳しく論じることにしたい。

　これまでの考察をまとめると、批判期の道徳哲学で展開された自由論は、二つの自由概念によって特徴づけられるだろう。一つは、行為の立法に関わ

る純粋な意志の自律としての自由であり、もう一つは、直接的に行為の選択に関係する選択意志の自由である。純粋な意志の自由は、自律の原理に則って道徳法則を導き出す自由でもあり、行為の立法機関としての自由と呼ぶことができる[18]。そして、意志の自律としての自由に支えられることによって、『純粋理性批判』で論じられた実践的自由は、道徳法則に結びつけられた選択意志の自由として、改めて定義されたことになるのである。

第2節　教育における強制と自由の問題

　教育という営為が抱えている最大の問題としてカントが提示したのは、いかにして強制から自由をもたらすことができるのか、という概念上の矛盾点であった。この矛盾をどのようにして解消することができるのか、あるいは、この矛盾がはたして本当に矛盾と呼べるのかどうかを吟味するためには、カントが自由という術語にどのような意味を込めてこの問題を提起したのかということを明確にするだけでなく、どのような意味での自由が強制との矛盾を引き起こすと考えられるのかということを整理しなければならない。ここでは、主として実践哲学の考察から導き出された意志の自律としての自由と、選択意志の自由とを区別して、それぞれの自由概念が教育との関係の中でどのように位置づけられるかを検討したい。

　そのためにまず、『純粋理性批判』で示された超越論的自由と実践的自由とが、教育に関する議論の中で担う役割について一瞥しておきたい。世界の起源を解明するための理念として示された超越論的自由と、その理念に基づいて人間の行為の絶対的自発性を説明するために導かれた実践的自由とは、もともと人間に備わっていることが想定される自由であった。それゆえ、これら二つの自由の概念は、教育を通して獲得されるような性質のものではない。これらの自由概念が教育論の中で意味を持つとすれば、それは、これから考察することになる意志の自律としての自由や、選択意志の自由のような、

人間が教育によって獲得すべき自由との対比関係の中で、それぞれの自由概念が包含する内容の相違を際立たせることにすぎないだろう。

　それでは、超越論的自由や実践的自由に基づいて、教育の中で生じる強制との矛盾について吟味するならば、はたしてこの矛盾は、解決不可能な問題として立ち現れてくるのだろうか。例えば、カントが人間のうちに備わっている自由と、教育を通して獲得される自由との間に何ら差異を認めていなかったとすると、教育上の強制を通して子どもに自由を獲得させるということは、乗り越えがたい矛盾として理解することができるかもしれない。しかし、カントが『教育学』で「われわれが子どもに強制を加えるのは、子どもが自分自身の自由を行使できるようにするためである」（Ⅸ 454）と論じていることを参照すると、教育を受ける以前の段階での自由と、それ以後の自由との間には、明らかに質的な差異があるということが推察できる。そうすると、ここで言われている強制は、一般的な意味で、ただ子どもの自由を阻害するものとして消極的に捉えるべきではなく、あるべき自由を獲得するための不可避的な営為として積極的に理解すべきものであろう。

　それでは、意志の自律としての自由は、教育における強制との矛盾という問題にどのように関わってくるのだろうか。ここでは、大きく分けて二つの問題に取り組んでいくことになる。まず一つは、感性的な衝動に影響を与えられうる人間にとって、意志の自律の原理に従って自らを規定することが、はたして自由と呼べるかどうかという問題である。この点について、カントは『基礎づけ』ではじめて意志の自律の原理を取り上げた際に、自らの理性によって導き出される道徳法則に自らが従うという自己立法ないし自己強制を行う姿に、人間の尊厳の根拠があると述べていた（Ⅳ 436）。したがって、道徳法則によって自らを強制することは、決して意志の自律としての自由と矛盾するものではない。むしろ人間は、道徳的に強制されればされるほど、ますます自由になると言うことができるのである[19]。

　そして、もう一つの問題は、道徳法則に自ら服従する段階に達していない

未成年状態にある子どもに対して、自律して考えるように促すことの中に含まれる強制の問題である。ここで生じる子どもへの強制は、先の問題点と同様に、自由が道徳性の度合いによって決まるものであることを踏まえるならば[20]、決して自由を妨げるような強制であるとは言い切れない。道徳法則に対する自己強制に向けて教育を施すことは、カントが最終的な目的とする道徳的な完全性の可能性を保障するものであると考えられる[21]。ただし、道徳法則への自己強制が主体の自発性を阻害するような強制を意味するものではないということを、理論的に明らかにできたとしても、当の子どもにとって、その説明がどれだけ意味を持つものであるかはまた別の問題である。このことは、教育の中で子どもが強制と感じるような要素をどのように位置づけるべきなのか、という実践的な問題として浮かび上がってくる。

　さらにこの問題は、選択意志の自由を育成する上でも、同じように重要な意味を持っている。なぜなら、道徳的な善悪をめぐって行為の責任を帰することができるのが、直接的に行為の選択を行う選択意志の自由である以上、いかにしてそうした自由を獲得するように導くことができるのかという点にこそ、カントが提示した問題の核心があると考えられるからである[22]。そして、この問題は、たんに感性的な衝動にのみ規定されないという消極的な意味での実践的自由から、道徳法則を意識して、感性的な衝動を克服して行為を選択する選択意志の自由への自由概念の質的転換が、どうすれば実現可能であるのかという問題につながっていく。これら二つの自由概念は、ともに具体的な行為を実行する役割を担っており、常に道徳法則に基づいて行為を選択するようにこの自由を行使するよう促し、なおかつ自由に行為の選択をすることができる主体を育成することが、教育を実践する上での大きな課題なのである。

　意志の自律としての自由や選択意志の自由を獲得する上で、子どもが教育の中で感じる強制をどのように位置づけるべきであるかという課題に関連して、カントは、『道徳形而上学』の中で問答教示法という具体的な教育方法

を挙げた。そこに一貫して見出されることは、道徳的価値を教える上で、子ども自身が考えるという活動を盛り込んでいるということである。こうした教育活動を通して、カントが子どもに対して思考する自由を与え[23]、教育の過程で不可避的に生じる強制的要素をできるかぎり取り除こうと努めている姿勢を窺うことができる。さらに、この思考する自由については、前節でも触れたように、『宗教論』にも自由への教育の方途が示されている箇所がある。それは、人間のうちにある自然的な性癖としての根本悪にいかにして打ち克つことができるのか、という問題を取り上げた部分である。そこでカントは、道徳的陶冶の方法として、道徳的慣行の改善からではなく、思考法の変革と品性の確立からはじめなければならないと指摘する（Ⅵ 48）。善への素質は、善い人間の実例そのものを挙げて、子ども自らの行為の格率の不純さを判定させることで、比較できないほど教化され、次第に思考法へと移行すると言われている（Ⅵ 48）[24]。

　もちろん、このような実践方法が、例外なく道徳的に自律した人間を育成できると断定することはできないかもしれない。また、この方法によって、教育を通して道徳法則に支えられた自由が獲得されることの筋道が明確に示されたことにはならないだろう。しかしながら、本章の主題である、強制と自由との両立の可能性という問題点に限って言うならば、これら二つの概念が矛盾するものではないことははっきりしている。なぜなら、たんなる自発性という意味での自由をもった子どもにとっては、道徳法則による強制が加えられてこそ、道徳的な自由が獲得できるようになるからである。そして、そのような道徳法則への気づきをもたらすことが、教育の役割にほかならない。

　それでもなお、教育の結果について考えた場合に、強制と自由との矛盾が生じうる可能性が残されている。すなわち、道徳法則の意識を備えた選択意志の自由が獲得されたとしても、その自由を常に道徳法則に基づいた行為を選択するように行使させることは、行為の主体にとってそれを自由と呼ぶこ

とができるかどうかという問題である。この点に関しては、選択意志の自由の定義を改めて確認することが重要であろう。選択意志の自由は、自分が絶対的な原因性として行為を始められるという意味での実践的自由の側面をもつだけでなく、他者の選択意志との一致という条件が盛り込まれていなければならないのであった。それゆえ、常に道徳法則に基づいて行為することは、感性的な欲望に基づく行為を選択しうる実践的自由の立場からは、強制として捉えることができるかもしれないが、行為の普遍性が含まれた選択意志の自由の立場にとっては、道徳法則によって強制されることは、その自由を自由たらしめる根拠となると言えるのである。

教育の中で生まれる強制は、もともと自発性としての自由が備わっていると想定される人間が、獲得されるべき自由を有した存在へと陶冶されていく上で、必然的に生じるものである。しかしながら、その強制が自由を妨げるようなものではないということは、教育によって獲得される自由が、それ以前の自由と決定的に性質が異なるということから推論することができる。カントが、本来の意味で人間の自由として考えていたのは、たんなる無法則なものとしての自由ではなく、道徳法則に向けて自己を規定する姿であった。カントの自由概念に関する理解は、道徳法則への自己規定に人間の尊厳を見出した彼の人間理解によって導かれている。その自由概念の質的な差異を根本から支える道徳法則の意識こそが、強制と自由という一見すると解消できそうもない矛盾を解消するための要石だったのである。

本章のまとめ

本章の目的は、カントが説く自由の概念の意味を一つずつ整理した上で、教育における強制と自由との矛盾点を吟味し、はたしてその矛盾が本当に解消できないようなものであるのかという点を明らかにすることにあった。そして、これまでの論考によって、カントの教育哲学では、強制と自由とが決

して矛盾したものではないということを、主に二つの点から提示することができた。

　一つは、カントの自由概念には、人間にもともと備わっていると想定される自発性としての自由と、教育を通して獲得すべき道徳的な自由という、大きく分けて二つの意味が込められているということである。そして二つ目に、こうした自由の概念に支えられて、カントが展開する教育哲学は、自発性としての自由から、道徳法則に支えられた自由を獲得するという、自由への教育としてまとめることができるということである。それゆえ、教育の中で生じる強制は、道徳的な自由を得るために必要な過程として積極的に理解することができるだろう。

　しかし、ここで注意しておきたいのは、強制が自由を獲得するために避けることのできない過程であるということが、教育の主体としての子どもにとって、どれだけ説得力を持ちうるのかという点である。強制と自由との間の論理上の矛盾を解消できたとしても、それがそのまま実践上の難問を解決することにはならないということである。

　そうした課題を踏まえ、本章のまとめとして、これまでの考察を通して新たに浮かび上がった問題点を挙げておきたい。それは、近年のカントの教育哲学研究でたびたび取り上げられるように、反省的判断力をモデルとして道徳的な判断力を育成するという問題[25]が、本章で取り上げた自由への教育とどのように結びつくかという点である。というのも、本章では、教育の過程で生じる強制が主体の自由を妨げるものではないことを明らかにした一方で、カントが示した実践的方法の不確実性については、十分に吟味することができなかったからである。その点で、反省的判断力に基づいて自由への教育を捉え直すことは、カントの哲学から導き出される新たな方法として、これまで語り尽くせなかった教育の過程を理解するための手がかりとなると考えられる。例えば、「特殊的なものだけが与えられていて、その特殊的なもののために普遍的なものを見出す」（V 179）反省的判断力は、一つひとつの

行為に際しての道徳的な判断が、いかなる道徳法則に還元されるのかを判断する上で、不可欠な機能となる可能性を秘めているのではないだろうか。しかし同時に、カントは「判断力は一つの特殊な才能であって、この才能が欲するのは、教えられることではなくて、訓練されることだけである」（A 133/B 172）と明言している以上、反省的判断力を教育学の中でどのように位置づけるべきであるか、また、この判断力をどのような方法で訓練するべきであるかという問題については、慎重に議論しなければならないだろう。

本章では、強制と自由をめぐる教育学の難問を、批判哲学の思考の枠組みを導入することによって解明することができた。そこで次章は、また新たな視点から、カントの教育哲学と批判哲学との関係性を吟味していきたい。具体的な課題としては、批判哲学の主たる所産である三批判書の中で常に主題の一つであり続けた「物自体」の概念が、カントの教育哲学にとってどのような意味を持つのかを明らかにすることである。

註
1）教育によって獲得されるべき自由を、意志の自律としての自由に見出している研究としては、以下の二つの研究を参照した。原田茂、前掲論文、15-27頁。寺下明「教育における『自由』の実現について——カントの道徳陶冶論を手がかりに——」『東北福祉大学研究紀要』第21巻、東北福祉大学、1996年、33-43頁。ここでは、意志の自律としての自由と選択意志の自由が明確に分けられていないため、選択意志の自由に対して教育がどう関わっていけるかという点には触れられていない。
2）そのような研究の例としては、新田の研究（新田孝彦『カントと自由の問題』北海道大学図書刊行会、1993年）や、保呂の研究（保呂篤彦『カント道徳哲学研究序説：自由と道徳性』晃洋書房、2001年）が挙げられる。
3）矢島は、カントの自律の概念が普遍的な法則以外の自己限定を認めていないために、人間の悪い行為に対して、その責任を説明することができないと指摘している（矢島羊吉『カントの自由の概念』福村出版、1986年、233頁）。
4）脇坂真弥「カントの自由論——二つの自由概念と自由の根拠をめぐって——」

『宗教研究』No.317、日本宗教学会、1998年、31頁。本論文は、『新解明』から『純粋理性批判』、そして『宗教論』に至るまでのカントの自由概念を体系的に整理し、超越論的自由の無制約性が、自由の根拠の不可解さを示しているということを強調している。しかしながら、ここでは実践哲学で示される意志の自律としての自由や、純粋な意志と選択意志との相違点が考察の対象に含まれておらず、自由の概念は教育を通して獲得されるものとして位置づけられていない。

5) 同論文、32-33頁。

6) パウルゼンによれば、超越論的自由では実践的な問題としての悪の由来が説明できないために、実践的自由の概念だけで適切であり十分であると考えられる（Paulsen, Friedrich. *Immanuel Kant : sein Leben und seine Lehre*, Stuttgart, 1920, S.253-254.）。

7) 脇坂真弥、前掲論文、39頁。

8) もちろん、カントが一人ひとりの人間の自覚を通して自由の実践的実在性を見出したということを、自由の存在証明を断念したこととして理解することも不可能ではない。実際に、カントは『基礎づけ』の結語で、人間の理性が、道徳法則、つまり自由の最上の法則の実践的な無条件的必然性を理解することはできないと言っている。それに対して『実践理性批判』では、道徳法則の意識が理性の事実として前提とされており、明らかな視点の転換が図られている（川島秀一『カント批判倫理学：その発展史的・体系的研究』晃洋書房、1988年、402-412頁）。

9) 矢島羊吉、前掲書、233頁。

10) 同上。

11) Menzer, Paul. *Eine Vorlesung Kants über Ethik*, Berlin, 1924, S.80.

12) 意志と選択意志とを区別するからといって、そこから導かれる自由概念が、それぞれまったく独立して存在するわけではない。小倉は、純粋意志の自由である自律としての自由と、選択意志の自由である自発性としての自由との合一を「道徳的自由」としてまとめて表現している（小倉志祥、前掲書、363頁）。

13) 新田孝彦、前掲書、260-261頁。「意志から法則が生じ、選択意志から格率が生じる」（VI 226）という一節からも分かるように、意志は行為の客観的な法則を立法するものであり、選択意志は、それに基づいて行為の主観的な原理である格率を導くのである。

14) 同書、215頁。

15) 道徳法則に反する行為は、たんに傾向性のような外的規定による他律的な行為としてではなく、外的規定へと自らを規定したものと見なされる。プラウスは、選

択意志が傾向性に向けて自己を規定することを、「他律への自律（eine Autonomie zur Heteronomie）」と表している（Prauss, Gerold. *Kant über Freiheit als Autonomie*, Klostermann, Frankfurt am Main, 1983, S.103.）。

16) 小倉志祥、前掲書、367頁。
17) Menzer, Paul. a.a.O., S.17.
18) ベックは、意志と選択意志とを実践理性の二側面として捉え、それぞれを立法機能と執行機能として区別している（Beck, Lewis White. *A Commentary on Kant's Critique of Practical Reason*, the University of Chicago Press, 1960, p.199. ベック、L. W.『カント「実践理性批判」の注解』藤田昇吾訳、新地書房、1985年、242頁）。
19) Menzer, Paul. a.a.O., S.36.
20) Ebd., S.36.
21) Ebd., S.318.
22) 宇都宮は、子どもが自らを律する強制的法則を立て、それに自ら従う習慣をつけることで、カントの教育論で目的とされる道徳的な自律の自由が獲得できると指摘している。だが、道徳法則の立法と行為の実践とを厳密に分けて考えるならば、カントが教育の目的としていた自由は、自律としての自由を意味するだけではなく、選択意志の自由をも含む内容であったと言えよう（宇都宮芳明「カントの教育論」『理想』611号、理想社、1984年、103頁）。
23) 小野原雅夫「自由への教育――カント教育論のアポリア――」『情況』第3期第5巻第12号、情況出版、2004年、212-222頁。
24) 道徳的陶冶の一連の流れを、すべて実践理性の支配の下にあるものとして理解する考え方もできる。例えば、実践理性は第一に実践的な普遍化の能力であると同時に、まず自愛の実践的合理性を要求し、自負へと選択意志を駆り立てるものであると考えるのである。そこで実践理性は、自愛の原理を追求する主体の中ではまったく役割を果たしていないのではなくて、匿名的な動因として選択意志を規定していると見なすことができるのである。そのように考えると、自愛の原理の存在はそれ自体が悪なのではなく、道徳性の原理を選択する以前の否定的媒介として位置づけることができるようになる（川島秀一『カント倫理学研究：内在的超克の試み』晃洋書房、1995年、139頁）。
25) 鈴木晶子「カントの教育学」332-341頁。

第9章 「物自体」の概念とその教育哲学との関係性

本章の目的と課題

　本章の目的は、カントがその主著『純粋理性批判』をはじめとする理論哲学の中で主として論じた「物自体（Ding an sich）」の概念を批判哲学の体系に即して整理し、こうした物自体の意味が彼自身の教育哲学の中にどのように位置づけられるのかを明らかにすることである。とりわけ本章では、『基礎づけ』や『実践理性批判』を中心とした実践哲学や、『判断力批判』で展開されている、従来はあまり顧みられることがなかった物自体の意味にも着目することによって、これまでその多義性ゆえに読者の解釈を困難なものにしてきた物自体の概念が、彼の教育哲学にとってどのような意味を持ちうるのかを検討することにしたい。

　ところで、カントが説いた物自体の概念は、人間が対象を認識するとき、空間と時間という直観の形式で捉えることができる「現象（Erscheinung）」としての対象のあり方[1]とは異なり、理論的にはその実在性を証明できず、人間には知りえないものとして広く理解されている。こうした理解は極めて正当なものであり、実際に『純粋理性批判』でも、物自体は、われわれの認識能力を超えたものとして捉えられている。だが、このような物自体がもつ理論哲学の枠組みの中での意義をめぐっては、古くはマイモン（Salomon Maimon, 1753-1800）やフィヒテ（Johann Gottlieb Fichte, 1762-1814）によってそれが否定的に理解され、それ以降も、カント研究の歴史の中で、これまで多くの論者によって多様な見解が示されてきた経緯がある。

　こうした物自体の概念に関する研究状況に関して、最近の動向に目を向け

てみると、『純粋理性批判』をはじめとする理論哲学での物自体の概念の内容に関する解釈の厳密さを求めるよりも、実践哲学の領域での物自体の積極的な意義を強調する成果が目立っていることが分かる。その一つの例として、理論哲学における現象と物自体との関係性を、実践哲学における因果法則と自由との関係性に読み替えることによって、人間の自由をただの信仰の対象として把握するのではなく、実践的な知の対象として解釈する試みが挙げられる[2]。こうした議論は、古くはアディッケスが自我自身と経験的自我とを異なった主体としてではなく、唯一で同一の自我の異なったあり方として位置づけた上で、自我自身を「それ自体において没時間的であり、それゆえ認識不可能」なものとして定義した解釈[3]を、実践哲学との関連性をよりはっきりと強調した形で展開させたものとして読み解くことができるだろう。また、国外の研究においても、因果法則と自由との関係性を人間の経験的性格と英知的性格との関係性に重ね合わせることによって、因果法則だけに束縛されることのない人間の行為に関する自由の余地を擁護するような研究もなされている[4]。

そこで本章では、こうしたさまざまな立場に対してそれぞれ批判的な吟味や価値づけをすることはあえて避け、これまで行われてきた物自体の概念の解釈から、カントが説く物自体の意義の多様性について学ぶことにしたい。その上で、幅広い内容を含んだ物自体の概念を、彼の教育哲学の体系にどのように関連づけることができるのかを解明することを目的とする。

以上のような問題意識から、本章では、次に掲げる二つの課題を設定することにしたい。第一の課題は、三批判書を考察対象の中心に据えて、それぞれの著作で物自体がどのように定義されているのかを検討する。そのために、まずは『純粋理性批判』の論述に依拠しながら、理論哲学の中で物自体の概念に与えられている意味を整理する。先にも触れたように、物自体として広く理解されているような意味が論じられるのは『純粋理性批判』である。しかし、本章の考察では、そうした一般的な定義だけに限らず、主に三つの意

味を取り上げることにする。次に、『基礎づけ』や『実践理性批判』といった実践哲学に目を向けて、理論哲学での議論から物自体の意味がどのように変化していったのかを明らかにする。そして三つ目に、『判断力批判』における物自体の意味を確認する。この節では、理論哲学と実践哲学との間に生じる不可避的な断絶が、物自体の概念を通してどのように解消されうるのかが明らかになるだろう。

そして第二の課題は、以上の三批判書に関する論考によって解明されるカントの物自体の概念の定義が、彼の教育哲学と照らし合わせることによってどのような意味を帯びることになるのかを検討することである。ここでは、カントが教育の最終的な目的として掲げる道徳化の意味を理解する上で、物自体の概念を援用することが大きな意義をもつということを明らかにしていく。また、それによって、道徳化を目的とした教育論が抱える課題が、物自体の概念と関連づけられることによっていかにして解決されうるのかが取り上げられることにもなるだろう。

第1節　「物自体」論の諸相

(1) 理論哲学における「物自体」の意味

本節では、物自体の概念についての議論の出発点として、カントが『純粋理性批判』で行った概念定義の内容を確認する。カントの論述を辿っていくと、この著書の中で彼は、物自体の概念をたえず一定の意味で用いているわけではなく、論述箇所によって異なった意味を与えていることが分かる。そして、カント自身が意識的に整理しているわけではないものの、『純粋理性批判』の中では、物自体の概念にはおよそ三つの意味が付与されていると考えることができる。そこで以下の考察では、こうした物自体の三つの意味について整理していくことにしたい。

まず、そのうちの第一の意味は、「超越論的感性論（Die transzendentale Ästhetik）」の冒頭部分の論述から読み取ることができる。ここでの主題は、われわれ人間が対象をいかにして認識するのかという問題について、感性や直観という理論哲学の鍵概念の定義づけを通して検討することである。その中で、カントは以下のように述べている。「直観は、われわれに対象が与えられるかぎりにおいてのみ生ずるものである。しかしまた、このことは、少なくともわれわれ人間にとっては、対象が何らかの仕方で心を触発する（affizieren）ことによってのみ可能である」（A 19/B 33）。カントによれば、対象についての認識が成立するためには、認識主観の側に空間や時間という直観の形式が必要であることはもちろんのこと、悟性の能力によって対象が思考され、概念が生じることまでが含まれる。しかし、そもそも直観の形式が認識を行うには、対象によって触発され、感覚が与えられなければならない。そして、こうした感覚を与えるものとして想定されるものこそが、物自体だと考えられるのである。

ただし、こうした解釈に問題がないわけではない。というのも、先の引用文からも明らかなように、カントは当該の箇所で、触発するものを直接的に「物自体」という術語を用いて説明しているわけではなく、「対象（Gegenstand）」として論じているのである。しかし同時に、彼が直観の形式の一つである空間について説明するとき、事物自体（Sache an sich）、諸対象自体（Gegenstände an sich）、あるいは物自体そのもの（Dinge an sich selbst）という術語を明確に区別せずに使用しており[5]、その上で、「物自体そのものはこの形式を通じては全く認識されないし、認識されることもできない」（A 30/B 45）と明確に述べていることから、物自体の概念を、われわれを触発するものとして理解することは誤りではないと言うことができるだろう。

では次に、物自体の概念の二つ目の意味の確認に移りたい。この定義は、「超越論的分析論（Die transzendentale Analytik）」の論述の中で展開されているものである。そこで物自体は、極めて消極的なものとして位置づけられる

ようになる。カントは、現象としての対象を「現象的存在（Phaenomena）」と呼び、それに対して、われわれの感性的直観の対象とはならないものを「可想的存在（Noumena）」と名づけ（A 249/B 306）、この可想的存在を物自体として捉えている。可想的存在は、われわれ人間が持ち合わせていない知的直観の対象であるため、われわれの認識にとって、全く実在性を持たない概念である。では、そもそもなぜ現象的存在と可想的存在という区別を行う必要があるのかと問うならば、それは、われわれの認識を、感性的直観の範囲、つまり現象の範囲に制限するためである。端的に言えば、可想的存在という意味での物自体は、われわれの認識の範囲外にあり、その範囲を踏み越えようとする感性の越権を制限するための「限界概念（Grenzbegriff）」（A 255/B 311）として定義されるのである。ここに至って、物自体の概念は、われわれの認識の及ばない対象としての第一の定義の消極的な性格がさらに徹底した形で表され、「知られざる何かあるもの」（A 256/B 312）という以外に語りえないものとして位置づけられることになる。物自体を実在するものとして考えることは無意味となり、言ってみれば、物自体は無だということになるのである[6]。

　さらに物自体の概念の第三の定義は、「超越論的弁証論（Die transzendentale Dialektik）」の中で、特に自然と自由との原因性（Kausalität）をめぐるアンチノミーについての議論の中でなされている。ここでカントは、先に挙げた現象と物自体という客観に関する区別を、「自然に従って規定されている同一の結果に関して、自由もまた成り立つのか、それとも自由は自然の不可侵の規則によって完全に排除されているのか」（A 536/B 564）という問題に当てはめて論じている。彼によれば、現象が物自体そのものであるならば、自由は救いがたいものになる。その場合、自然はあらゆる出来事をそれ自体で規定するのに十分で完全な原因性となり、あらゆる出来事の条件はいつでも諸現象の系列の内に含まれることになるからである。その一方で、現象が物自体と同一のものではなく、経験的法則に従って関連づけられているたん

なる表象（Vorstellungen）だと考えられるとすれば、現象それ自身は、現象ではない根拠をさらにもたなければならない。そしてカントは、こうした現象に規定されることのない英知的な原因性として、自由を想定することができると結論づけているのである（A 536-537/B 564-565）。現象の世界がすべて自然の法則によって支配されていることは事実だとしても、同時に、物自体の世界では自由が存在しうるという形で、カントは自然と自由とのアンチノミーを解決する。そして、こうした論述の中で、物自体は自由の原因性として位置づけられることになるのである[7]。

以上のような物自体の三つの意味を確認した上で、ここでの考察を締め括るにあたって、一つの問題を提起してみたい。それは、理論哲学の議論の中で、そもそも物自体という構想を導入することの意味はどこにあるのかという問題である。というのも、もしもわれわれの認識の及ぶ範囲が現象に限定されるのであれば、そうしたわれわれの認識能力では語りえない地平を、わざわざ物自体として想定する必要性はないと考えることができるだろう。あるいは、少なくとも、「超越論的分析論」でなされた定義のように、物自体が「限界概念」としてまったくその実在性を知りえないものであるならば、そうした定義に実質的な意味があるのかどうかにも疑問の目を向けることができるだろう。そしてこのことは、カントの生前にも、フィヒテをはじめとする同時代の学者によって批判された問題点でもある。

こうした問題に対して、あくまでもカントの理論哲学の立場に依拠しながら、物自体の概念が果たす役割について擁護することも不可能ではないだろう。例えば、人間が経験として認識できる領域と、神・魂の不死・自由といった理念としてのみ要請できる領域とを明確に区別した上で、後者の理念の領域に与えられた概念として、物自体の意義を認めることはできるかもしれない。しかし、物自体の概念の意味をさらに積極的な形で論じていくならば、三つの理念のうち、とりわけ実践哲学の領域でもさらに詳細に論じられることになる自由との関係性を辿っていくことが必要になるだろう。そして、人

間の自由との関係性の中で改めて物自体の概念が含む多様な意味を捉え直してみると、『純粋理性批判』の三つの定義だけでははっきりとは見えてこなかった新たな物自体の概念の性質が明らかになるだろう。そこで次に、実践哲学における物自体の意義について吟味していくことにしたい。

(2) 実践哲学における「物自体」の意味

　実践哲学の物自体論の展開を辿っていく上で、主として有益な示唆を与えてくれるのは『実践理性批判』である。ここではまず、『純粋理性批判』のアンチノミー論で取り上げられた自由の概念が、『実践理性批判』ではどのような形で語られているのかを概観することにしたい。

　結論を先取りすれば、カントは、『純粋理性批判』のアンチノミーに関する議論で取り上げた出来事の原因性としての自由が、あくまでも想定の範囲を超えるものではなく、客観的実在性を保証することができなかったのに対して、純粋な実践理性の領域では、自由は事実（Faktum）として捉え直されるようになり、客観的実在性を得ることになると述べている（V 31）。

　それでは、『純粋理性批判』の枠組みの中では客観的に実在性を証明することができなかった自由が、なぜ実践哲学の領域に移行することによって証明可能なものとなるのだろうか。カントの説明によると、それは、理論理性が認識能力としてはたらくのに対して、実践理性は、「それ自体で意志を規定する真の上級な欲求能力（Begehrungsvermögen）」であり（V 24-25）、この能力によって、われわれは、自分自身が自分以外の原因性によらずに、自ら新しい出来事を始めることができるという超越論的自由を意識することができるようになるからである。

　しかしながら、『実践理性批判』で論じられている自由の概念は、行為の主体である人間が、他のものに条件づけられずに自らある行為を選択しうるという意味での超越論的自由だけを指すわけではない。それに加えてカントは、自由と道徳性との関係性へと議論を発展させていく。彼は、自然と自由

との原因性をめぐる純粋理性のアンチノミー論で行ったのと同じような方法で、われわれ人間が生きる世界のあり方を区別し、自然法則が支配する世界を感性界（Sinnenwelt）、そして自由の原因性に基づく世界を英知界（Intelligibele Welt）と呼んでいる。ただし、ここで取り上げられている感性界と英知界との区別には、純粋理性のアンチノミーについての議論とは異なる意味が含まれているところがある。というのは、英知界に属する人間のあり方は、たんに超越論的な自由だけを有した存在を指し示すものではないのである。カントによれば、英知界に属する「英知的存在者（Intelligibeles Wesen）」（V 105）[8] としての人間には、「道徳性の原則（Grundsatz der Sittlichkeit）」が見出されるという。ここで、少し長くなるが、カント自身の説明を引用して、道徳性の原則というものが何を意味するのか明らかにしたい。

「現実に経験の中で与えられる、感性界の出来事としての行為については、われわれは英知的な原因性と行為との結合を見出すことを望むことはできなかった。なぜなら、自由による原因性は、たえず感性界の外に、英知的なものの中に求められなければならないからである。しかしながら、感性的存在者以外の他の事物は、知覚や観察の対象としてわれわれに与えられていない。それゆえ、残されているのは、あらゆる感性的な条件を原因性の規定から排除するような、争う余地がなく、しかも客観的な原因性の原則が見出されるということである。そして、その原則とは、理性がその原因性に関する規定根拠としてもはや何か他のものを引き合いに出すことなく、この原則によってこの規定根拠をすでにそれ自体の内に含んでおり、したがって、そこでは理性が純粋理性としてそれ自体が実践的であるような原則である。だが、こうした原則は、探し求めたり案出したりする必要はない。この原則は、すでにすべての人間の理性の中に存在していて、人間の本質と一体になっていて、それがつまり道徳性の原則なのである。それゆえ、かの無条件的な原因性と、その能力である自由、そして感性界に属しているが、同時に英知界にも属する者としての存在者（私自身）は、たんに無規定的かつ蓋然的に思考される

（このことが可能であることをすでに思弁的理性は探り出すことができたが）のではなく、自由の原因性の法則に関してさえも規定的にかつ実然的に認識されていて、こうしてわれわれに英知界の現実性が、実践的な見地ではあるにせよ、規定的に与えられているのである。こうした規定は、理論的な意図では超越的（行き過ぎ）であろうが、実践的な意図では内在的なのである」（Ⅴ 104-105）。

以上のような説明から、カントが説く自由の意味は、自然か自由かという原因性に関わる概念として用いられるのではなく、自らの理性に由来する道徳法則に自発的に服従するという意味での、自律としての自由の意味合いが前面に押し出されてくるようになる。自由とは、たんに出来事の原因性が行為の主体である人間自身に備わっているということを指し示しているのではなく、人間の理性の中にある道徳法則に従って行為するということを意味しているのである。「自由は道徳法則の存在根拠であり、道徳法則は自由の認識根拠である」（Ⅴ 4）という『実践理性批判』の冒頭の広く知られた一節からも分かるように、人間が自由であると言いうる究極的な根拠は、自らの純粋な実践理性に由来する道徳法則に自ら従うところにあるというわけである。

それでは、自由の概念と人間の道徳性との結びつきが強調されることに伴って、自由と物自体との関係性にも、何かしらの変化が生じることになるのであろうか。この問題については、すでにこれまでの先行研究の中で、英知的な存在者という意味で自由である人間を、物自体と同義のものとして解釈する試みがなされている[9]。そこで問うべきは、どうすればこのような解釈が成り立つのかという点であろう。

こうした主張の根拠をカント自身の言説に依拠して辿っていくと、以下のように説明することができる。『基礎づけ』でカントは、「われわれはただ諸現象の認識に達することができるだけで、決して物それ自体の認識には達することはできない」（Ⅳ 451）から、「一度こうした区別がなされると、自ずとわれわれは諸現象の背後になお現象ではない他のあるもの、つまり物自体を容認し、想定しなければならない」（Ⅳ 451）という自らの理論哲学の立場

を改めて表明する。その上で彼は、現象と物自体との区別は、「粗雑ながらも感性界と悟性界（Verstandeswelt）との区別を与えるにちがいない」（Ⅳ 451）と述べている。つまりカントは、現象と物自体という認識の客観のあり方に関する区別から、世界のあり方の区別を派生的に導き出しているということになる。

さらにカントは、現象と物自体との区別から導き出される感性界と悟性界との区別に関連して、次のようにも述べている。「人間は、諸感覚のたんなる知覚や感受性に関しては自らを感性界に数え入れるが、その人自身の純粋な活動であろうものに関しては、自らを知性的世界（intellektuelle Welt）に数え入れるにちがいない」（Ⅳ 451）。ここで新たに言及されている「知性的世界」をめぐっては、カントが悟性界と知性的世界という術語を双方ともに感性界と対比させて用いており、また、知性的世界そのものについても、「人間はそれ以上知らない」（Ⅳ 451）世界として説明していることから、悟性界とほぼ同義の概念として解釈することが許されるだろう。その上で、現象と物自体との区別が感性界と悟性界との区別に対応しており、悟性界は物自体として位置づけられているものであったことを改めて思い起こしてみると、悟性界ないし知性的世界に属する人間とは、物自体としての性格を備えた人間の存在そのものを指し示すものだと結論づけることができる。

だが、ここまでの論証だけでは、物自体としての性格をもった人間が、はたしてどのような存在であるのかという具体的な像が見えてこないのではないだろうか。そこで、物自体としての性格を備えた人間のあり方をより明確に理解するために、先に挙げた感性界と英知界との区別に再度目を向けてみたい。そうすると、一見して分かるように、英知界という世界のあり方は、感性界と対比された形で用いられているという点で、これまでの議論で取り上げられた悟性界ないし知性的世界と対応関係にあることが読み取れる。さらに、『純粋理性批判』の「超越論的弁証論」で論じられていたように、英知界という自由の原因性が支配する世界が、物自体の世界と同じ対象を指し

示しているとするならば、英知界という世界が、悟性界ないし知性的世界と一致するものであるということができるだろう。実際にカントは、『基礎づけ』で感性界と悟性界との区別について説いた後に、「理性的な、したがって英知界に属する存在者としての人間は、自らの意志の原因性を、いついかなる時も自由の理念の下でしか考えることができない。なぜなら、感性界の規定された諸原因から独立していることが自由だからである」（Ⅳ 452）というように、悟性界を英知界と言い換えて表しているのである。

以上のことから、英知界に属する英知的存在者としての人間が、道徳法則の存在を意識し、自律としての自由に基づいて行為する人間のことを意味していたように、悟性界ないし知性的世界に属する物自体としての性格をもった人間も、自律としての自由を有するという要件を満たす存在であるということになる。それゆえ、物自体としての性格を備えた人間は、自由な存在としての人間と同じ対象を指し示していると結論づけることができるであろう。総括すれば、実践哲学の視点から見えた物自体の概念の本質的な意味は、英知的な存在者として自由である人間の存在そのもののことを表しているということができるのである。

(3) 『判断力批判』における「物自体」の意味

理論哲学から実践哲学へと至るこれまでの考察によって、物自体の概念には、認識の対象としてその実在性を証明することができない想定の対象としての位置づけから、道徳法則を意識して行為する自律的な人間のあり方という実践的な実在性を持った概念としての積極的な意味が付与されることになった。

しかしながら、ここでわれわれは、理論哲学と実践哲学の議論だけでは解決しえない重要な問題に目を向けなければならない。この問題は、物自体の概念の意味を理解していく上でも避けて通ることのできない問いである。すなわち、たとえ人間が物自体としての性格を備え、道徳法則に自律的に従っ

て行為することができるという点で自由であるとしても、実際の行為が行われるのはあくまでも現象の世界であって、そこでは因果法則が世界の原因性として支配していることは紛れもない事実である。そして、カントのように、世界のあり方を二分することによって人間の自由の根拠を擁護しようとする場合、なぜ自由の世界に生きる人間が、自然の世界へと影響を与えることができるのかという問いが必然的に生じてしまうのである。それゆえ、自然と自由とを結合する筋道をどのようにして描くことができるのかという問題が、われわれにはなお不可避の課題として残されているのである。

そこで以下では、こうした自然と自由というカント自らが行った世界の二分法によって図らずも生じてしまった断絶に対して、それらを総合するための論理を構築することを目指して書かれた『判断力批判』を考察の対象として、物自体の概念が、三批判書の最後の段階に達してどのような意味を獲得したのかを明らかにすることにしたい。

『判断力批判』における物自体の概念の説明は、その序論の中で端的な形でなされている。それによると、「自然概念はその諸対象を直観のうちで表象しはするものの、物自体そのものとしてではなく、たんなる現象として表象するのである。これに反して自由概念は、その客観の中に物自体そのものを表象しはするものの、しかし直観のうちで表象するのではない。したがって、両者のいずれもが物自体としてのその客観についての（しかも思考する主観についてすらの）理論的な認識を提供することができない……この物自体は超感性的なものであろうし、この超感性的なものの理念は、経験のすべてのあの対象の可能性の根底に置かれざるをえない。しかしこの理念そのものは、決して一つの認識へと高められ拡げられることはできないのである」（Ⅴ175）。物自体は、『純粋理性批判』では自然の領域の中で論じられ、それは自然に関するわれわれの認識では到達しえないものとして想定されるものであった。そして『実践理性批判』を中心とした実践哲学の中では、議論の対象が自由の領域へと移されることによって、自律という意味で自由な人間の

存在のあり方に、物自体としての性格が見出されることになったのである。そして今や『判断力批判』に至ると、物自体は、自然の領域に属するものであるのか、あるいは自由の領域に存在するものであるのかという二者択一の対象ではなく、それら二つの双方の領域の根底に置かれざるをえない「超感性的なもの」として定位されることになり、この二つの領域を根底で支える役割を果たす概念として理解されることになったのである。

さらにカントは、自由の世界がいかにして感性界へと影響を及ぼすことができるのかという先に挙げた問題についても、以下のように論じている。「たとえ感性的なものとしての自然概念の領域と、超感性的なものとしての自由概念の領域との間には、見渡しがたい裂け目が確立しており、そのため前者から後者へは(それゆえ理性の理論的使用を介しては)、あたかも前者の世界が後者の世界にどのような影響も及ぼしえないほど極めて異なった世界であるかのように、いかなる移行も全く不可能であるとしても、それでも後者の超感性的なものの世界は前者の感性的なものの世界に影響を及ぼすべきである。つまり、自由概念は、その法則によって課せられた目的を感性界の中で実現すべきであり、したがって自然もまた、自然の形式の合法則性が、自由の諸法則に従って自然のうちで実現されるべき諸目的の可能性と少なくとも合致するというように、考えられなければならない。——それゆえ、自然の根底にある超感性的なものと、自由概念が実践的に含んでいるものとの統一の根拠が、何としてもなければならないが、この根拠についての概念は、たとえそれが理論的にも実践的にもこの根拠の認識には達しないとしても、したがって、いかなる特有の領域も持たないとしても、それにもかかわらず、一方の諸原理に従う考え方から他方の諸原理に従う考え方への移行を可能にするのである」(Ⅴ 175-176)。

もちろん、自然の根底にある超感性的なもの、つまり物自体について、何一つ積極的な形で論じることができないということは、『純粋理性批判』の「超越論的分析論」でカント自らが主張したことである。しかし、それでも

なお、こうした超感性的なものと感性的なものとを結びつけ、自然概念の領域から自由概念の領域への移行は可能であるべきであり、そして、そうした移行を成し遂げるものと考えられるのが、『判断力批判』の主題である判断力（Urteilskraft）であるということになる（V 179）。感性界が超感性的な世界を根底に置き、しかもそれによって規定されうると考えられるのは、ただ自然の根底に自由が見出される場合に可能であるのであり、しかも、自然に合目的性があると判断力が判断をすることによって、超感性的な世界と感性界との統一が可能になるというわけである[10]。

それでは、自然の世界と自由の世界との間にある断絶を前にして、いかにして判断力はそれらの間の移行を成し遂げることができるのだろうか。それには、少なくとも自然の世界と自由の世界とを貫く何か根底にある共通項があると想定する必要があるだろう。そして、そうした共通項として、自然の世界の根底にあり、さらに自由の領域にもその根底に見出すことのできる超感性的なものこそが、『判断力批判』の中ではじめて提示された物自体の意味だということになるのである。

つまり、物自体をめぐる数々の意味の変遷は、以下のように整理することができるだろう。理論哲学の論考では認識の客観の根底にあると想定されていた物自体は、実践哲学の領域の中で、道徳的に自律した自由な人間存在の側にその性格が見出されることになった。しかし『判断力批判』にまで議論が進むと、物自体は自由な人間存在の中に見出されると同時に、改めて認識の客観、つまり自然の根底にも、超感性的なものとして見出されることになったのである。

第2節　「物自体」の概念と教育哲学との関係性

さて、本章の主たる目的は、以上のような物自体の概念をめぐる議論を辿った上で、こうした物自体の概念が、カント自身の教育哲学との関係性の中

第9章 「物自体」の概念とその教育哲学との関係性 217

でどのように位置づけられるのかを問うことである。

　そのためにまず、自律としての自由を有する人間のあり方が、カントの教育論の体系の中でいかなる形で理解されているかを簡潔にまとめてみることにしたい。彼は『教育学』の中で、数ある教育段階のうちの道徳化に関して次のように述べている。「われわれは訓練と教化、文明化の時代には生きているが、いまだ道徳化の時代には生きていない」（Ⅸ 451）。その上で、論述箇所によってその教育段階に関する区分には多少の違いが見られるものの、どの箇所においても、道徳化を教育の最終的な段階にあるべきものとして定位している。もちろん、ここで道徳化という術語が指し示しているのが自律的な主体を育成することであるのは言うまでもない。それゆえ、物自体としての性格をもった人間のあり方とは、実践哲学の領域では、道徳法則に従って生きる人間のあり方を意味していたのに対して、教育学の領域では、そうした意味に加えて、最終的な目的として目指すべきものという新たな意味が付け加えられることになる。

　物自体としての人間のあり方が、生まれながらにしてわれわれ人間に備わっている性格ではなく、教育を通して獲得されるべきものであるということから、物自体の概念とカントの教育哲学との分かちがたい関係性を推測することができるだろう。物自体としての人間にとっての自由とは、自然の因果法則に縛られず、自らが行為の主体であるという意識を意味する超越論的自由とは異なり、道徳法則の存在がたえず意識されていなければならない。しかし、このような自由の意味をカントの教育哲学の立場から捉え直してみると、教育を通して道徳化へと至る以前の人間が、このような自由をア・プリオリに有してはいないことは明らかだろう。さまざまな教育段階を踏まえていくにせよ、カントにとって、最終的な教育の目的は道徳化の達成という一点に尽きる[11]。だが、道徳化の段階に達していない人間には、物自体としての人間のあり方を見出すことはできない。そして、だからこそ、物自体としての人間のあり方を目指すことこそが教育の役割であると推論することが

できるのである。

　だが、こうしてみると、物自体の概念とカントの教育哲学との関係性を解明するということは、結局のところ、道徳化へと至る彼の教育哲学の枠組みを、「物自体」という言葉を使って再構成するものにすぎないのではないか、という疑問が生じるかもしれない。また、もしもそうであるならば、尊厳の対象としての「人格（Person）」や、先にも取り上げたような「英知的存在者」のように、実践哲学の中で主要な役割を担う術語を用いて道徳化の重要性を強調することと、その意義は何ら変わらないと考えることもできるだろう。では、それでもなお、道徳化を目的とするカントの教育哲学に対して、物自体という概念に固執する意味はあるのだろうか。また、あるとすれば、それはどのような形で見出せるのだろうか。

　ここで、あえて理論哲学に関する考察によって導き出された物自体の概念の意味に立ち戻って考えてみたい。『純粋理性批判』の中の、特に「超越論的分析論」で語られた物自体の概念は、われわれの認識を現象の範囲に制限するための限界概念であり、われわれの認識能力ではその理論的な実在性を認識しえない「知られざる何かあるもの」としてしか説明のしようがないものであった。このことから敷衍して、教育の目的としての道徳化の実現可能性について検討してみよう。すると、道徳化がはたして現実に達成できるものなのかどうかということも、客観的には実証できるような事柄ではない。もっと言えば、カントが『実践理性批判』で論じているように、人間は「ただ無限に進行する進歩においてのみ、道徳法則との完全な一致に達しうる」（Ⅴ 122）ものであり、「ただ道徳的完全性のより低い段階からより高い段階への、無限に続く進歩のみが可能である」（Ⅴ 123）のならば、究極的には、人間が完全な意味での道徳化を達成することは不可能だということになるだろう。

　しかし、その上で、さらに実践哲学における物自体の意味を再度確認してみよう。そうすると、『純粋理性批判』で一度はまったくの無として位置づ

けられた物自体の概念は、実践的な観点から改めて定位されることによって、われわれ人間の自由な存在のあり方そのものという積極的な意味づけがなされることになったのである。こうした概念定義の変化の由来は、物自体がどうあるのかという理論哲学の領域の問題としてではなく、どうあることを欲するのかという実践的な意志の問題として物自体を捉え直したところにある。そして、このように問題を把握する視点を変えることによって、道徳化を目指す教育の積極的な意味も、より鮮明になると考えられる。たとえ人間の道徳化が完全な形での完成にまで至ることはないとしても、それによって、人間の道徳化がまったく無意味なものになるということにはならないだろう。また、実践的な観点から物自体が積極的な意味の概念として理解されたように、われわれは道徳化を放棄することを欲することができるかと問えば、首肯することはできないだろう。理論哲学の領域では想定の域を出なかった自由が、実践理性の領域では事実として解釈し直されたのと同様に、究極的には到達不可能であるとされた道徳化についても、実践的な観点からすれば、確たる目的として目指すべき事実として浮かび上がってくることになるのである。

　実践哲学の領域から見た物自体の概念の意味を通して、道徳化は、教育の最終的な目的としての地位を築くことができるようになるだろう。だが、道徳化をめぐる問題はこれだけではない。道徳的に自律しておらず、もっぱら感性的な欲求に左右されている段階にある人間を、道徳化へと導いていくという教育の過程に目を向けてみた場合、感性的な欲求と純粋な道徳性との間にある距離をどのように埋めていくのかが問われなければならない。

　こうした教育の過程に関する問題に一つの示唆を与えると考えられるのが、『判断力批判』で展開された物自体の意味である。この著書の中で論じられた物自体は、自然と自由との双方の領域の根底に位置づけられる超感性的なものであり、それら二つの領域を根本で支える概念であった。こうした物自体の概念を、道徳化をめぐる問題の中で提示される二つの領域に重ね合わせ

てみると、感性的な欲求と純粋な道徳性との間の架け橋として、物自体の意義を援用することができると考えられる。では、それはどのようにして可能なのだろうか。

　実践哲学の議論では、人間の完全な道徳化は究極的には不可能であるとされ、人間にはただ無限の進歩のみが可能であるとみなされた。そうすると、感性的な欲求に束縛された人間が、一つずつ段階を経て、われわれ人間に到達しうるかぎりでの道徳化へと歩んでいくことを目指すためには、人間の理性の内にある道徳法則の存在に気づくように直接的に導くことは、自らの感性的なあり方と純粋な道徳性との間の大きな隔たりを現前化させることになり、かえって道徳化の不可能性を印象づけることになってしまうだろう。それよりも、むしろ自然の領域の根底にある超感性的なものとしての物自体への気づきを促すことのほうが、人間自らの内に見出される物自体、すなわち道徳性への気づきの第一歩として大きな意味を持つのではないだろうか。もちろん、ここで言うところの超感性的なものは、自然の中の美しいもの（das Schöne）に他ならないが（V 344）、こうした美しいものについて、カントが「美しいものは道徳的に善いものの象徴である」（V 353）と主張しているように、自然の中の超感性的なものについての判断が、道徳的な事柄に関する判断へとつながることが示唆されている。このように、純粋な道徳性への架け橋としての物自体の存在に気づくことを、道徳化への歩みの手始めとして位置づけることが、どこまでも感性的な欲求を完全には放棄できない人間の教育として相応しいということになるだろう。そして、そうした無限の歩みが、自由な存在としての人間自らの内に見出される物自体への気づきにつながっていくことになると考えられる。

本章のまとめ

　本章では、主としてカントの三批判書に描かれている物自体の概念の多様

な意義の変遷を辿った上で、そうした多義的な物自体の概念が彼の教育哲学の体系にどのような形で関連づけられるのかという問題について解明した。

これまで、『純粋理性批判』で展開されている三つの物自体の意味、ないし実践哲学における物自体の意味、さらにはそれら二つの哲学の領域を結び合わせるものとして描かれた『判断力批判』の物自体の意味については、その多義性ゆえに解釈の難解さが付いて回り、統合的な理解を妨げてきた側面がある。しかし、道徳化を目的とするカントの教育哲学の論理と重ね合わせることによって、われわれは、この多義性が決して否定的で無意味なものではないことを確認することができた。それどころか、こうした物自体の概念の多義性があってこそ、われわれは教育という営為が抱えている多くの問題に一つの新たな考え方を導入することができるのではないだろうか。物自体の概念がもつ多義性ゆえの豊かさは、人格や英知的存在といった純粋に実践的な概念からは導き出すことのできない、教育哲学に対する積極的な意義だと考えることができる。

これまでの考察から、カントの批判哲学の体系が彼の教育哲学を理解する上でもきわめて重要な意味を持ち、両者が切り離しがたい関係性にあるということが明らかとなった。次章の主題は、本書の考察の終着点として、カントにとって教育の究極目的であった道徳教育の構想を、批判哲学の主張を取り入れながら描き出すことである。その際に着目するのはカントの価値論であり、その中で提示される「絶対的価値」を教育の場で伝えていくことの重要性について論じていくことにしたい。

註

1) そもそも物自体と現象とが全く異なった対象を指す術語なのか、それとも同一の対象の異なったあり方を意味するものなのかがこれまでの研究成果によって明確に結論づけられているわけではない。その中で、例えばペイトンは、現象と物自体とは「異なった観点から見られた一つの客観」だと主張している（Paton, H. J. *Kant's Metaphysics of Experience*, vol.1, George Allen&Unwin Ltd., 1970, p.422.）。

2）北岡武司『カントと形而上学：物自体と自由をめぐって』世界思想社、2001年、7頁。
3）アディッケス、E.『カントと物自体』赤松常弘訳、法政大学出版局、1974年、190頁。
4）Hahmann, Andree. "Kant und die Dinge an sich — Was leistet die ontologische Version der Zwei-Aspekte-Theorie?" In: *Allgemeine Zeitschrift für Philosophie,* Jahrgang 35, frommann-holzboog, 2010, S.137.
5）物自体の概念に関するプラウスの詳細な検討によれば、カントはその著書の中でDing an sich よりも Ding an sich selbst という表記をより多く用いている。またプラウスは、an sich や an sich selbst という言葉が Ding を修飾するのではなく、本来その後に続くべき betrachtet という語と合わせて解釈されるべきであることに注意を促し、それまでの物自体をめぐる解釈には誤解があったことを指摘している。ともあれ、こうしたプラウスの主張を本章の主題と結びつけるならば、「それ自体として考えられた」物が、われわれの感性の直観や悟性の概念の対象として見られた「現象としての」物ではないということを確認することが重要であろう。Prauss, Gerold. *Kant und das Problem der Dinge an sich,* Bouvier Verlag, Bonn, 1974, S. 13-43.
6）三井善止「カントの物自体論」『関西学院哲学研究年報』第八輯、関西学院大学哲学研究室、1967年、8頁。
7）以上のような異なる三つの物自体の概念の意味を、統一的に解釈することは困難であろう。しかし、渋谷の主張によれば、『純粋理性批判』における物自体の意味の移り変わりを発展的なものとして理解すると、「超越論的感性論」→「超越論的分析論」→「超越論的弁証論」の系列に対応して、客観的→客観的かつ主観的→主観的な物自体の系列が考えられるという（渋谷久「カント『純粋理性批判』における物自体の問題」『哲学』第17号、日本哲学会、1967年、176頁）。
8）木村は、英知的存在としての人間のあり方を人格性（Persönlichkeit）と捉えて解釈している（木村勝彦「カント自由論の研究序説――物自体概念をめぐって――」『哲学・思想論集』第15号、筑波大学哲学・思想学系、1990年、204頁）。
9）三井善止「カントの物自体論」、20頁。木村勝彦、前掲論文、194頁。
10）三井善止「カント哲学における物自体の展開と『私』の問題」『論叢』第22号、玉川大学文学部、1981年、70頁。
11）カントは『教育学』で次のように論じている。「道徳的陶冶は、人が自ら洞察するべき原則に基づくものであるかぎり、最後の陶冶である。しかし、それが常識に

基づくものにすぎないかぎり、最初から、自然的教育でも考慮されなければならない。さもないと、さまざまな欠陥が根を張り、その後ではすべての教育術が無駄になってしまう」（Ⅸ 455）。とはいえ、道徳化以外の教育段階がすべて道徳化のためのたんなる手段として捉えられるかと言えば、そうではない。同じく『教育学』でカントは「怜悧に関して言えば、それはわれわれの練達性を売り込む技術、つまり人を自分の意図のために利用しうる技術にある。それにはさまざまなことが必要である。本来、怜悧は人間には最後のものだが、価値によればそれは二番目の位置を占める」（Ⅸ 486）とも述べている。すなわち、実践的教育が取り扱う練達性、怜悧、道徳性の関係性をめぐっては、最も高い価値をもつものが道徳性であるとはいえ、その技術を獲得する順序に関して言えば、怜悧こそが最後の能力だということになるのである。

第 10 章 「絶対的価値」論と道徳教育の構想

本章の目的と課題

　本書では、カントの批判期の哲学体系と彼の教育哲学との関係性を解明することを目的として考察を行ってきた。特に第Ⅲ部の論考では、社会哲学を主題とした小論に基づく公教育論や、前批判期から批判期の実践哲学に至るまでの自由概念の変遷を踏まえた上での教育における強制と自由の問題、さらには三批判書に共通して鍵概念として登場する物自体の概念の教育学的な位置づけといった、さまざまな主題を取り上げた。それによって、カントの批判哲学が現在でもなお教育哲学研究の対象として多くの題材を与えてくれることが明らかになった。そこで本章では、これまで見てきたような批判哲学と教育哲学との深い関係性をめぐって、カントの価値論に焦点を当てて、本書の考察の締めくくりとしたい。

　ところで、近年は価値多元社会という名の下に、個々人の価値観の多元化が叫ばれて久しい。こうした状況下では、あらゆる価値が相対化されていくために、絶対的な規範や価値をある特定の立場から表明することは非常に困難を伴うことになる。その流れの中で、教育学の領域では、近代教育学の物語性を暴露したポストモダンを中心とする思潮が、価値観の多元化の傾向に拍車をかけた。ポストモダンの論者たちは、近代思想の中で築き上げられてきた規範的価値の物語性を暴き、それがフィクションにすぎないことを明らかにした。彼らによる近代批判を経た現在、われわれには規範となる真理を提示できるような絶対的な立場などどこにもなく、人それぞれが自分なりの価値を追い求めて生きていく時代となったと考えることができるだろう。

もちろん、このように主張することによって、人それぞれが異なった価値観をもって行為すること自体に何か問題があると言いたいわけではない。とはいえ、あらゆる価値が相対化された状態のままでは、ある個人がもつ価値観が他者の価値観と両立しなかったり、相反したものであったりする場合に、双方がそれぞれの価値を追い求める中で衝突が生じ、それを乗り越えるための原理が確立できないという状況が生じうることも確かである。こうした問題を解決するためには、ある特定の価値観が不当に排除されることのないようにするための社会制度、ないしは保障のあり方を論じる必要性があることは当然のことであろう。しかし本章では、そうした社会哲学や政治哲学の視点からではなく、価値を追求する上での個人と個人との間の衝突を解消するための原理を、道徳哲学の視点から導き出すことを目指したい。というのも、価値というものがそもそも個人や社会によって「よい」と承認される性質のものであるとするならば、そこで「よい」とされる判断の妥当性を道徳的規準[1]によって問い直すことに一定の意味があると考えられるからである。

　さらに、以上の問題意識を教育という観点から捉え直してみよう。価値判断をする主体は、それぞれが持っている価値観に則って行為するけれども、そうした今現在ある自らの価値観を将来に向けて常に問い直し続けることのできる主体を育成することは、教育の主要な課題の一つであると考えられる。そうすると、価値判断の規準として道徳的な規準の重要性を訴えていくことは、多少なりとも意味のあることである。自分の持っている価値観が価値観として道徳的に妥当かどうかを問うことは、価値を追求することが、場合によっては同じ価値追求の主体である他者を侵害してしまいかねないことに対して、反省する契機を与えることになるだろう。

　そこで本章では、道徳哲学の中で体系的な価値論を展開したカントの立場に依拠して、価値の妥当性を道徳哲学の視点から問うことを目的とする。その上で、相対的な諸価値と対比する形で提示される「絶対的価値」の意味を整理することを通して、規範となる絶対的価値を意識して行為することの重

要性について明らかにしていきたい。

そして、以上の議論を踏まえつつ、さらにカントの価値論をどのような形で教育の場で扱うことができるのかという問題を、彼の教育論を参照しつつ解明していくことにする。

第1節　カントの価値論——絶対的価値とは何か——

カントは、複数の著作の中で価値について言及している。その中でも、特に道徳哲学で展開されている議論は、価値という概念そのものを主題として扱っており、重要な指摘が含まれている。ここでは主として『基礎づけ』の論述に依拠しながら、カントの価値論を体系的にまとめてみたい。

まずカントは、価値の対象を、相対的価値を持つ対象と、絶対的価値を持つ対象との二つに区別する。相対的価値の対象とは、われわれの行為によって獲得されるすべての対象を指し示しており、手段として用いられる物件（Sache）のことを意味している。これに対して、その存在そのものがそれ自体で目的である存在は人格（Person）と呼ばれ、代替不可能な絶対的価値を持つと定義されている（Ⅳ 428）。

人格がそれ自体で目的であると見なされる所以は、端的に言えば、人格が理性を備えた存在だからである。理性的な存在とは、自分の傾向性に従って主観的な目的を追い求めて行為する存在ではなく、自らの理性によって導き出される法則によって自分自身を規定して行為する能力、すなわち意志（Wille）を持つ存在である（Ⅳ 427）。さらに、その人の意志が自らを規定する客観的な根拠は目的である。ここで言うところの目的とは、先に挙げたような主観的な目的とは異なり、理性によって与えられ、他の理性的な存在にも等しく妥当するような客観的な目的である[2]。カントにとって、善い意志だけが無条件に善いものであり、絶対的価値を有するものであるように（Ⅳ 393-394）、意志が客観的な目的を追求するかぎり、その意志の主体である人

格もまた、絶対的価値を持つと考えることができるのである。

さて、人格がそれ自体で目的であるという主張に関連して、ここで『判断力批判』で展開されている「目的」の位置づけについて確認しておこう。カントはこの著書の中で、人格が目的自体として扱われることの根拠を次のように述べている。「人間は地球上の創造の最終目的である。というのも、人間は、目的を理解しており、合目的的に形成された諸物の集合を、自らの理性によって目的の体系にすることができる唯一の存在だからである」（Ⅴ 426-427）。『基礎づけ』の価値論と『判断力批判』のそれとでは、「絶対的価値」を持つ「人格」と、「最終目的」としての「人間」という説明の仕方からもわかるように、術語の使用方法に若干の相違が見られる。しかし、人格はそもそも目的自体としての絶対的価値を持つものであり、人格と人間とが、その存在のあり方は異なるにしても、同じ人間という存在を指し示している点で共通していると考えることができるならば、この『判断力批判』の主張から、人格が絶対的価値を持つことのより明確な根拠を引き出すことができるだろう。

すなわち、『基礎づけ』では、人格が絶対的価値を持つと言える根拠は、あくまでもその人格が理性を持った存在であり、その理性によって自らを規定する意志が客観的な目的を追求するからであった。そこでは、なぜ理性的な存在であるからといって他の存在に優先する形で人格に価値が与えられるのかという点に関する直接的な言及はなされていなかった。それに対して『判断力批判』では、この点がより明確になっている。つまり、人間が目的自体であるのは、人間がそもそも目的というものを理解し、あらゆるものを目的の体系に基づいて用いることができる唯一の存在だからなのである。

こうした根拠を踏まえて、再び『基礎づけ』に立ち戻ってみると、「あなたの人格のうちにもあらゆる他者の人格のうちにもある人間性を常に同時に目的として用いて、決してたんなる手段としてのみ用いないように行為しなさい」（Ⅳ 429）という定言命法の意味も、より鮮明になってくるだろう。理

性的存在としての人格は、自他ともに目的そのものとして扱われなければならないのである。

さらに、『基礎づけ』の別の箇所では、すべてのものは価格（Preis）を持つか、あるいは尊厳（Würde）を持つという主張を見出すことができる（Ⅳ 434）。価格を持つものは、そのものに代わって他のものが等価物として措定されうるものである。その一方で、尊厳を持つものは、あらゆる価値を超越するものであり、したがって、何ら等価物の存在を許さない。こうした対比を、本節の冒頭で取り上げた物件と人格との対比と照らし合わせてみると、相対的価値の対象である物件には価格が、絶対的価値の対象である人格には尊厳が、それぞれ対応していることがわかる。

道徳性と、道徳性を備えているかぎりの人間性は、それのみが尊厳を持つものであるとカントが言うように（Ⅳ 435）、人間性はかけがえのない目的自体として尊厳を持っている。ここに至ってようやく、尊厳という絶対的価値を持つ対象が人間性であるという直接的な言明にまでたどり着くことができた。尊厳の対象である人間性を目的自体として扱い、決してたんなる手段として扱わないこと、このことがカントの価値論の本質である。

第2節　「絶対的価値」論と道徳教育の構想

（1）人間性の尊厳

前節の考察を通してその基本的な性格が見えてきたカントの価値論ではあるが、ここで一つ取り上げておきたい問題がある。それは、カントが絶対的価値の対象をたえず「人間性」（Menschheit）と言い表しているのはなぜか、そしてそれは「人間」（Mensch）という存在そのものとは異なる対象のことを指し示しているのかどうか、という問題である。これに関してカントは、『実践理性批判』で以下のように述べている。「人間は十分に神聖なものでは

ない。しかし、人格のうちにある人間性は、その人間にとって神聖でなければならない」（V 87）。そして、人間が目的自体として扱われうるのは、人間が「神聖な道徳法則の主体である」（V 87）からである。つまり、人間性が尊厳を持つということができるのは、あくまでも、人間性を持った人間には道徳性の主体として行為することができるという側面があるからにすぎないのであって、道徳性とは関係なく、主観的な目的を追求して行為しているかぎりでは、その人間には尊厳は付与されないということになる。では、道徳法則に反して行為する人間や、いまだ道徳的価値を理解できる年齢に達していない子どもには、人間性としての尊厳を見出すことはできないのだろうか。

　カントは、こうした問いに対しては否定的な見解を示している。人間性の尊厳は、道徳法則に服従することにあるのと同時に、そうした道徳法則を自らの理性によって普遍的に立法する能力にある（Ⅳ 440）。言い換えれば、人間性が持つ尊厳は、今この段階で普遍的な立法に参与しているということだけにあるのではなく、そのような普遍的な立法を行いうる能力にもその萌芽はあるということである[3]。たとえ他者が道徳法則に従って行為していない存在であったとしても、他者を軽蔑すること、つまり、人間一般が負うべき尊敬を他者に対して拒むということは、どんな場合であっても義務に背いている（Ⅵ 463）。道徳法則に従って行為していない人間であっても、その人間は人間性を持った尊厳の対象として扱われなければならないのである。

　普遍的な立法に参与し、自律的に意志を規定しているだけでなく、普遍的な立法を行いうるという可能性と能力のゆえにこそ、それぞれの人格は目的自体として尊重されなければならないのだとすれば、たとえ今ある状況では決して道徳的に行為しているとは言えない人間でさえも、尊厳を有する存在として扱われなければならないことになる。しかし、現実的な問題として、そうした普遍的立法を行いうる能力を有していながらも、あえてその能力を用いようとはしない人間に対しても、われわれはそうした人間をあるがままの状態で受け入れ、尊重すべきなのだろうか。

この問いに答えるためには、悪とは何かについて触れておかなければならないだろう。カントの主張によれば、ある人間を悪であると見なすことができる根拠は、その人間が道徳法則について無知であるというところにあるのではなく、道徳的な動機を理解しているにもかかわらず、それでもなお、その動機よりも非道徳的な動機に優先的に従って行為するというところにある（Ⅵ 36）。カントは、たとえ人間が場合によっては道徳的な動機を軽んじる行為を選択することがあったとしても、どんな人間にも必ず道徳的な素養はあると考えている。しかし同時に、道徳的能力に関わる人間の理性は生まれた時から完全な形で備わっているわけではないし、だからこそ、その理性を教育によって発展させなければならないのである[4]。そして、ここにこそ、カントの価値論の枢要をなす人間性の尊厳としての絶対的価値の重要性を伝える、道徳教育の積極的な意義を見出すことができるのである。

(2) 理性的であるということの意味

それでは、人間性の尊厳という絶対的価値の重要性を訴える教育とは一体どのようなものなのか。その議論に移る前に、一つ目を向けておきたい論点がある。それは、主観的な目的を追い求めて行為することの意味やその位置づけについてである。

道徳哲学の領域では、主観的な目的を追求して行為するという人間のあり方は、どうしても道徳的価値のない否定的なものとして扱われてしまう。しかし、そのようにある特定の領域からではなく、より広い視野から人間のあり方を考察するならば、それぞれの人間がその傾向性に従って自らの幸福を求めて行為することは、それ自体が非難されるべきものではないだろう。実際に、そうした人間のあり方を根絶することは不可能であるとカント自身も認めている（Ⅵ 58）。

ところで、人は自らの経験的な目的のために行為する場合、誰しもその目的を実現するために最善の方法を考えることだろう。そこでは当然のように

合理的な計算や計画が必要になってくる。すなわち、たとえ経験的な目的のためであっても、人はそこで理に適った手段を導き出すために、理性を用いているということになる。それでは、例えば経験的な目的を達成するために、他者を手段として用いることが最も有効な方法であるような場合があるとするならば、そうした方法を採用することは、理性に由来する合理的な判断であり、道徳的にも許容できると言えるのではないだろうか。

　こうした主張に対して、もしも経験的な関心を満足させるために抜け目なく（klug）行為する人間を合理的な（rational）人間と呼び、その一方で、道徳法則への尊敬に基づいて行為する人間を理性的な（vernünftig）人間と呼んで、二つを区別することができるならば、合理的な判断が常に理性的な判断と一致すると言うことはできないだろう[5]。カントもまた、人がある目的のための手段を考える際に、理性を用いていればよいというわけではないと説いている。人が何らかの手段を模索する際には、その理性を用い、合理的な判断を行っていることは事実である。しかしカントは、そうした理性の使用方法は真の意味では理性的ではないと言っている。理性を何らかの目的のための道具として用いているかぎり、その理性は傾向性の欲望に手を貸しているにすぎない（Ⅳ 413 Anm.）。それに対して、カントが考える本来の意味での理性とは、一切の経験的な目的に囚われずに意志を規定して、道徳法則という普遍的な法則を与えるような純粋実践理性である（Ⅴ 31）。それゆえ、その純粋実践理性が導き出す道徳法則に従って行為することこそが、真の意味で「理性的」であると言うことができるのである[6]。

　このことを、価値の規準という観点から捉えるならば、価値を判断する上で何よりもまず考慮しなければならないことは、その価値が、常にカントの言う意味での「理性的」な観点から正当であるかどうかということである。人それぞれが自分なりの規準でさまざまな対象に価値を見出し、追求することは広く認められなければならないとしても、合理的な行為が他者を手段化するものであるならば、その行為は他者の人格の尊厳を毀損するものとして

非難されなければならない。価値の判断規準は、たえず「理性的」に検討されるべきものなのである。

(3) 絶対的価値の意義を伝える教育の実践的なあり方

普遍的な立法を行う理性を持ちながらも、それを完全な形では備えていない状態で生まれてくる人間は、適切な教育によってその理性を発達させることが必要になる。理性が発達し、尊厳という絶対的価値を重んじつつ、真の意味で理性的に思考し行為することができる人間こそが、道徳教育の目指す人間像であるということになる。

それでは、人格の尊厳という絶対的価値の意義を伝えていく教育とは、具体的にどのような内容のものなのだろうか。このことを理解するために、まずは、この教育のあり方が、全体としての教育の中でどのカテゴリーに位置づけられるかをカントの『教育学』の論述から確認したい。彼によれば、教育のあり方は、自然的なものと実践的なものとの二種類に分けることができる。自然的教育とは、動物にも人間にも共通する教育、つまり保育を意味する。それに対して実践的教育は、自由に行為することができるようにするために人間を陶冶する教育として定義されている。実践的教育は道徳教育と同義で用いられており、それらは共に、人格性に向けて教育することである（Ⅸ 455）。このことから、絶対的価値の意義を伝える教育が含まれるカテゴリーは、実践的教育であると考えることができるだろう。

そこでさらに、実践的教育の内容について確認したい。カントは、実践的教育に関連するものを練達性（Geschicklichkeit）、怜悧（Klugheit）、道徳性（Sittlichkeit）の三つに区別しているが、ここでは絶対的価値の意義を伝える教育に関わる道徳性だけを取り上げたい。道徳性を陶冶することは、品性を確立することだとカントは指摘しているが、品性とは、「何かをしようとする確固たる決意と、その決意を実際に実行することにある」（Ⅸ 487）という。何かある行為をしようと一度決めたのであれば、いかなる理由があろうとそ

れを守らなければならない。なぜなら、そうすることで子どもは自分自身を信じることができるようになるからである。

では、そもそもなぜ子どもは自分自身を信じることができるようになる必要があるのだろうか。その理由は、子どもに教えるべき義務としてカントが提示するものの具体的な内容から読み取ることができる。カントにとって、「人間性の品位を自ら否認しないことが人間の義務である」（IX 488）から、例えば、子どもが嘘をついたり、不節制を犯したりしてはいけないということを、自分自身に対する義務として教えなければならない。もちろん、このことは、人間性を備えた他者に対しても等しく当てはまり、他者の権利に対する畏敬や尊敬の念を、ごく早い段階から子どもに教えなければならないとカントは強調している（IX 488-489）。こうした主張から見えてくるものは、自己と他者それぞれが等しく持つ尊厳を、確固たる方法で教え込むことが必要だということである。子どもが自らを信じることができるようになるということも、もしもそれができなければ、自らが持つ絶対的な価値を軽んじる結果に結びつくからだと考えることができるだろう。

次に、こうした絶対的価値の意義を伝える教育の内容が、いかなる方法によって行われるのかという問題を取り上げたい。この問題に明確な解答を与えてくれるのは、『道徳形而上学』の中で展開されている「倫理学方法論」である。カントはその中で、道徳的な陶冶の方法を次のように具体的な形で説明している。「未熟な生徒に徳論を導入するための最初にして最も必要な教説の手段は、道徳的問答教示法（moralischer Katechismus）である」（VI 478）。この問答教示法の詳細な内容は第3章で明らかにしたが、この方法の要点は、「子どもに決疑論的な問題を与え、その分別を試してみること」（VI 483）である。問答教示法は、無知な者の能力に最もふさわしい理性の開発であり、子どもはこうした訓練を通して、知らぬ間に道徳性に関心を寄せるようになるとカントは主張している（VI 483-484）。ここにも、いかなる人間にも必ず道徳性への素養が備わっているという彼の人間観が反映されていることが読

み取れる。

　とはいえ、カントが絶対的価値の意義を道徳教育の中で取り上げる際に、虚言や不節制の禁止といった具体的な内容を提示しているからといって、そうした一つひとつの事例を「知」として理解させることに主眼が置かれているわけではないことには注意しなければならない。カントにとって、道徳教育の主たる目的は、あくまでも自らの理性からもたらされる道徳法則に個々の格率を一致させるように促すことにあり、第1章でも取り上げたような具体的な義務の実質的な内容を列挙したことは、そのための足掛かりにすぎない。道徳的な事柄に関する具体例を挙げることは、子どもの道徳性への関心を引き起こすという点で有効な方法であることは確かであると同時に、道徳教育の終着点は、行為の内容ではなく道徳法則に則った行為の形式への促し[7]だったことを忘れるべきではない。

　さて、これまでの議論をまとめてみると、自他の人間性に備わる絶対的価値の意義を伝える教育では、人格の尊厳という絶対的価値の意義と、それが尊重されなければならない根拠を、確かな形で子どもに教えていく必要がある。尊厳を持った存在だからこそ、その尊厳を自ら毀損するような品位に欠ける行為を許すわけにはいかないし、それは他者の尊厳を踏みにじるような行為についても同様である。しかし、そうした絶対的価値の意義について具体例を伴わずに原理という形で提示したとしても、子どもの理解力を考慮すると、それが有効であるとは言いがたい。そこで、自他の尊厳を軽んじるような行為をしないようにするために、教育者は具体的な事例をもって子どもとの問答を重ね、子ども自身が自らの行為を道徳法則に照らし合わせて反省できるようにするためのきっかけを与えていくことが求められるのである。

本章のまとめ

　唯一絶対の価値基盤が失われ、価値という言葉がそれぞれの主観が確立し

た評価規準のように用いられるようになった現代にあって、絶対的な価値という標語を掲げること自体が時代遅れの感が否めないのかもしれない。しかしながら、価値が主観的な評価規準であることによって生じてくる問題があることもまた確かである。近代の中で構築された規範的価値の物語性を批判したのがポストモダンであることは先にも触れたが、彼らの立場についても、それが近代の打ち出した規範的価値に代わりうる価値として「効率」を求めたのだとすれば[8]、ポストモダンが目指したのは、やはり効率性が支配する社会という一つの価値体系にすぎないと言うことができる。そして、そうした効率性の追求を至上命題として歩んできたことの延長線上に、現実には、環境問題をはじめとした喫緊の課題がわれわれに突き付けられているのである。こうした現状において、道徳的な規準によって自らの価値観を問い、その価値観を絶えず刷新し続けることができるように子どもたちを導くための教育こそが求められているのではないか。その意味で、カントの価値論は決して過去の遺産などではなく、今こそ目を向けるべき主張であるように思われる。

　子どもは、それぞれの価値観を自ら形成していく中で、その価値観が自他の尊厳を侵害するものでないかどうかを常に問う姿勢を身につける必要がある。そのために教育者は、道徳法則に則った行為の形式へと促すことを射程に入れつつ、価値判断の規準である尊厳としての絶対的価値の意義を伝えることを最大の課題としなければならないのである。

註
1）評価のあり方を考える場合に、「規準」と「基準」とをどのように使い分けるかという点は明確に結論づけられているわけではない。その中で、価値の質的側面に着目する本章では、教育評価をめぐる従来の定義に則って、評価の質的な側面を問題にする「規準」に統一して表すことにする（皆見英代「『規準』と『基準』・'criterion'と'standard'の区別と和英照合――教育評価の専門用語和訳に戸惑う――」『国立教育政策研究所紀要』第137集、国立教育政策研究所、2008年、

273-281頁)。
2) こうした主観的・客観的目的という区別を、行為によって実現される目的と行為を規制する自立的な目的という区別に置き換えることもできる(宇都宮芳明「絶対的価値と相対的価値――カントの倫理的価値の位置づけについて――」『法と道徳』哲学雑誌第91巻第763号、有斐閣、1976年、96頁)。
3) 蔵田伸雄「尊厳と目的自体――カント『道徳形而上学の基礎づけ』における二つの道徳的価値――」『論集』第9号、三重大学人文学部哲学・思想学系、1999年、119-120頁。
4) Kauder, Peter. / Fischer, Wolfgang. *Immanuel Kant über Pädagogik,* Schneider Verlag Hohengehren, 1999, S.88.
5) Klemme, H. *Praktische Gründe und moralische Motivation. Eine deontologische Perspektive.* In: Klemme, Heiner. / Kühn, Manfred. / Schönecker, Dieter (Hg.). *Moralische Motivation : Kant und die Alternativen,* Felix Meiner Verlag, Hamburg, 2006, S.139.
6) 杉田もまた、「実用的理性」と「道徳的理性」という形で理性のはたらきを二つに区別した上で、道徳的理性の統制を欠いた実用的理性が、たんに他者利用の技術を築くだけでなく、それを他者支配のために悪用することがある危険性を指摘している(杉田聡『カント哲学と現代:疎外・啓蒙・正義・環境・ジェンダー』行路社、2012年、94頁)。
7) カントは、道徳法則に則った行為の実質的な内容として自殺の禁止や嘘の禁止を挙げているが、これはあくまで説明のための暫定的な例とみなすべきであり、そうした例の是非を云々することは彼の道徳哲学に関する本質的な議論にはならない。むしろ、個々の事例における具体的な義務の内容がカントの体系から提示されることを期待することは筋違いであり、そうした人任せの、いわば指示待ちの態度に、カントは一切道徳性を認めない。行為の具体的な命令を含んでいるのは格率であり、定言命法の基本定式について言えば、そうした具体的な指示は何一つ含まれていないのである(鈴木崇夫「劔岳の測量記録としての義務論」篠澤和久・馬渕浩二編『倫理学の地図』ナカニシヤ出版、2010年、64-65頁)。
8) リオタール、J. F.『ポスト・モダンの条件』小林康夫訳、水声社、1986年、訳者注223頁。

小括

　第Ⅲ部の主題は、カントの哲学史上の主たる功績である批判哲学の体系を紐解き、第Ⅱ部までの考察によって解明されたカントの教育哲学の思考法がさまざまな部分にちりばめられていることを明示することであった。各章の成果は以下の通りである。

　第7章では、『啓蒙とは何か』で定義された公共性の概念に依拠しながら、公教育の目的や公教育を担う教師のあり方を論じた。カントの公教育論を一言で表すならば、それは「世界市民的」であるということになる。すなわち、家庭や国家というローカルな視点からではなく、グローバルな視点から教育のあり方を構想する態度である。そして、そうした世界市民的な教育を担う教師に求められるのは、現状の社会の価値観に追従するだけではなく、常に自分自身で考え、子どもの将来のために教育に携わろうとする姿勢であるということが解明された。

　第8章は、カントが教育の最大の課題とした「法則的強制に服従することと、自分の自由を使用する能力とを、どのようにして結合できるか」（Ⅸ 453）という問題を、彼の自由概念の変遷を辿ることによって解決することを目指した。そこで明らかとなったのは、批判期の実践哲学で提起される道徳的な自由をカントの自由概念の本質とするならば、教育における強制は決して自由を妨げるような消極的なものではなく、むしろ自由を獲得するために不可欠な過程として積極的に理解することができるということである。

　第9章では、主として認識哲学の中で論じられてきた「物自体」の概念について、その意味を三批判書の全ての論述から整理し、カントの教育哲学にとっての意義を論究した。認識哲学では「限界概念」として位置づけられた物自体は、実践哲学では道徳的性格を備えた人間存在そのものとして捉えられ、さらに『判断力批判』に至っては、自然と自由との双方の領域の根底に

位置づけられる超感性的なものとして定義された。こうした物自体の概念の移り行きと道徳教育論を中心としたカントの教育哲学の構造を重ね合わせることにより、道徳化は実現不可能な課題ではなく、無限の進歩の中でも一歩ずつ歩んでゆくべき道として意識されることになった。

　以上の考察を経て、第10章では、カントの価値論と、それに基づく道徳教育の構想について取り上げた。相対的な諸価値と対比する形で表される尊厳としての「絶対的価値」の意義を強調することは、価値多元社会とも呼ばれる現代でこそ意味のあることである。それは、個々人の趣味の次元での価値観を一元化しようとするものではないが、価値を追求することが、場合によっては同じ価値追求の主体である他者を侵害してしまいかねないことに対して、反省を迫る契機を与えることになるのである。

　カントの教育哲学を真に理解するためには、『教育学』をはじめ、いわゆる「教育」の概念が前面に押し出された作品に依拠するだけでは不十分であり、彼の哲学史上の最大の功績と呼ばれる批判期の哲学の中で展開されている主張にも、目を配ることが求められる。その意味で、第Ⅲ部の論考が明らかにしたのは、実践哲学の自由論や価値論、三批判書で主題とされた物自体の概念、そして後期の社会哲学に至るまで、カントが有していた教育に関する知見を至るところで読み取ることができるということである。もちろん、こうした論考に基づいて、カントの哲学的関心の中心に教育という概念があったと結論づけることは早計であるかもしれない。しかし、『純粋理性批判』や『実践理性批判』の構成を見れば分かるように、カントの哲学は単なる原理の探究に終始することなく、その原理論によって導き出された材料をどのようにして組み立てていくかという方法論に対する目配りがあったことを思い起こせば、彼の思考法そのものに教育に対する配慮が内在していたと考えることはあながち間違いとは言えないだろう。

結　章

第1節　各章の要約

　本書は、カントの批判哲学の教育哲学的意義を解明し、教育哲学研究において、新たなカント像を提唱することを主たる目的とした。この目的を遂行するために、『教育学』と批判期の実践哲学との関連性から導き出される道徳教育のあり方を再定位することからはじまり、カントとその同時代の周辺思想家との関係性を検討し、さらに、批判哲学を教育学的視点から捉え直しその意義を明らかにするといった三つの課題を設定し、論を展開させてきた。

　本書を締めくくるにあたって、ここで最後に、各章の考察の成果を整理してみたい。

　まず第Ⅰ部では、カントが『教育学』を中心に展開した教育論の中で、教育の主たる目的として掲げた道徳化をめぐる三つの主題を設定し、道徳教育論の特性について論じた。

　第1章では、カントの教育論の構造やその本質が端的に示されている『教育学』の要点を整理し、その主張が批判期の道徳哲学の主張と重なり合っていることを確認した。『教育学』ではさまざまな教育の区分が示されているが、本章では「自然的教育」と「実践的教育」という二分法に則って、幼児の保育の原理から子どもの道徳化へ至るまでのそれぞれの教育の過程の特徴を挙げていった。そして、『教育学』の論述が、子どもに対する強制と自由との関係性をめぐり、カントの道徳哲学の主たる功績である定言命法の命ずる行為指針と類似点が見出せることを示した。本章での考察全体を通して、批判期の道徳哲学の考え方の中に、道徳教育というテーマを通して、カント

の教育学的な関心を垣間見ることができた。

　つづく第2章では、カントが説く道徳教育のあり方をめぐって、これまでほぼ手がつけられてこなかった良心の概念と、その教育学的な意義を提示した。カントの良心論は、いわゆる三批判書が出版されるまで彼が体系的に論じたことがなかったため、先行研究でも主題として扱われたことはごくわずかにすぎなかった。しかしながら、良心というはたらきの性質上、道徳教育を論じる上でこの概念を取り上げることを避けて通ることはできない。そこで本章では、主に『弁神論』や『宗教論』の議論に依拠してカントの良心論の特徴をまとめた上で、道徳教育の中で子どもの良心をどう扱うべきであるのかを論じた。そこから見えてきたのは、良心とは、あらゆる人間が生まれながらに備えている道徳的な判断力であり、そうした良心の声に向き合う道徳的な態度を養うところに道徳教育の可能性が見出せるということであった。

　第3章では、第1章の考察から導き出されたカントの道徳教育論の原理が、どのような方法によって実践されるのかという点について、『道徳形而上学』で具体例が挙げられている問答教示法を参照しつつ論じていった。問答教示法の意義については、時代的な制約もあり、現代の教育の場でそのまま実践的な効力を発揮できるほど単純なものではない。とはいえ、道徳の理論として、定言命法からも読み取れるような行為形式への促しに重きを置いた主張を展開したカントが、実践的な方法に関する考察の中でたどり着いた教育方法として、幸福や義務といった諸概念を確たる知として伝達することの重要性を訴える問答教示法を提示したことの意味は大きい。もちろん、それは理論と実践との乖離を意味するものではない。むしろ、道徳的な行為形式を会得するために誰しもが避けて通ることのできない過程として位置づけられるのが、道徳に関わる諸概念を獲得することであり、それこそが、カントにとって数ある教育活動の中でも何にも増して優先されるべきものだったのである。

　さらに第Ⅱ部は、教育哲学者としてのカントの主張が思想史の中でどのよ

うに位置づけられるのかを主題とした。各章ではそれぞれルソー、ロック、ショーペンハウアーの三人の立場との比較やその影響のあり方について検討し、そこから浮かび上がってくるカントの独自性について明らかにした。

　第4章では、カントが複数の著作の中でその名を引用し、『教育学』でも何度も引き合いに出しているルソーからの影響について整理した。これまでも、幼児の保育のあり方に関する影響を取り上げた先行研究は数多く行われており、そこで本章で焦点を当てたのは、二人の公教育論における関係性であった。カントはルソーから個人間の契約という社会哲学の基礎を学びながらも、公共性の概念定義をめぐって袂を分かつことになった。さらに公教育論についても、ルソーは国民教育、カントは自律的主体の育成というように、その方向性を違える結果となった。しかし、こうした不一致があるにせよ、双方の主張には、個人の自由が他者の自由を侵害しないかぎりで最大限に保障されるためにはどのような社会を構築すべきなのか、という根本的な問題意識は共有していたと考えることができる。また、その問題意識が彼らの社会哲学と公教育論とにおいて一貫して共通する主題であったことを見逃すわけにはいかないだろう。

　第5章では、教育哲学者としてのロックの思想に焦点を当て、カントの立場との比較研究を行った。本章で注目したのは、二人が考える子どもの理性の位置づけやその陶冶の方法論である。ロックとの比較を通して、ルソーとの関係性からでは読み取ることができなかった道徳教育の原理に関する共通項を見出すことができた。子どもの理性の陶冶を目指すその方法論に関する見解には若干の相違点が見られるものの、道徳的理性の陶冶が第一義的な課題であり、そのために大人による適切なはたらきかけが重要であるという主張は、両者に共通したものとして挙げられる。また、ロックが「種子」と形容した子どもの理性のあり方に関しても、カントの教育論の立場とのつながりを読み取ることができ、それは、カントが問答教示法の役割を「理性の開発」に見出していたことからも窺い知ることができる。

そして第6章では、カント以後の時代の思想家として、従来はあまり比較研究の対象とされてこなかったショーペンハウアーによるカント批判を取り上げ、その妥当性について吟味した。彼による批判は、最高善、理性、価値という批判期の実践哲学の核心的部分にまで及ぶ徹底したものではあったが、その批判の妥当性については疑問の余地が残されるものであった。しかし、ショーペンハウアー自身の道徳哲学の基盤である同情や意志といった概念の意味を理解し、さらにはカントが同情や意志をどう位置づけていたかを振り返ることによって、再度その哲学の独自性を浮き彫りにすることができた。

　第Ⅲ部では、カントの教育哲学の本質的な内容が、『教育学』のように教育を主題とした作品だけでなく、批判期の哲学の成果の中にも数多く読み取れるということを論証した。各章では、社会哲学をテーマにした小論に基づいて構築されたカントの公教育論や、前批判期から批判期の実践哲学に至るまでの自由概念の変遷を踏まえた上での教育における強制と自由の問題、三批判書に共通して鍵概念として登場する物自体の概念の教育学的な位置づけ、さらにはカントの価値論と道徳教育のあり方をめぐる問題といった四つの主題を取り上げた。

　第7章では、『啓蒙とは何か』で定義された公共性の概念に基づいて、公教育とはそもそも何を目指して行われるものなのか、そして公教育を担う教師に求められるものは何かといった問題を論じた。本章の考察によって見えてきたのは、カントの公教育論で鍵概念となるのは「世界市民的」という形容詞であり、それはつまり、家庭や国家というローカルな視点からではなく、よりグローバルな視点に基づいて教育を構想しようとする態度である。そして、そうした世界市民的教育の担い手としての教師に求められるのは、現状の社会の価値観にただ追従するのではなく、常に自分自身で考える意志を持ち、子どもの将来に向けて教育に携わろうとする姿勢であるということが明らかになった。

　第8章は、カントによって教育が抱える最大の課題であるとされた「法則

的強制に服従することと、自分の自由を使用する能力とを、どのようにして結合できるか」（Ⅸ 453）という問題を解決することを目的とした。そこで本章では、前批判期から批判期の実践哲学に至るまでのカントの自由論を考察の対象とし、作品によって少しずつ意味合いに違いがみられる自由概念の変遷を辿っていった。それによって、批判期の実践哲学で提起される道徳的な自由から先の難問を捉え直してみると、教育における強制とは決して自由を妨げるような消極的なものではなく、むしろ自由を獲得するために不可欠な過程として積極的に理解することができることが示された。

第9章では、主に『純粋理性批判』をはじめとする認識哲学の中で論じられてきた「物自体」の概念の意味を、三批判書全ての論述に即してまとめ上げ、その教育哲学的意義を論究した。認識哲学では「限界概念」として積極的に定義されることのなかった物自体は、実践哲学では道徳的性格を備えた人間存在そのものとして定位されることになり、さらに『判断力批判』に至っては、自然と自由との双方の領域の根底に位置づけられる超感性的なものとして定義されることになった。こうした物自体の概念の移り行きと道徳化を目的としたカントの教育論の構造を重ね合わせることにより、道徳化は実現不可能で無意味な課題なのではなく、無限の進歩の中でも一歩ずつ進んでいくべき道として意識されることになるのである。

以上の考察を経て、第10章では、道徳哲学の中で展開されているカントの価値論と、道徳教育の構想について取り上げた。相対的な諸価値と対比する形で提示された尊厳としての「絶対的価値」の意義を強調することは、価値多元社会とも呼ばれる現代でこそ意味のあることである。もちろん、それは個々人の趣味の次元での価値観を一元化しようとするものではなく、「他者を目的として扱う」という素朴でありながらも日頃から常に心がけて行為することが難しい定言命法の教えを、今一度われわれの意識に上らせるために必要な営みなのである。

第2節　総合的考察

　次に、各章の研究成果を統合した本書全体としての結論と、そこから導き出される本研究の社会的な意義について考察していきたい。
　本書の最大の成果は、これまでカントの教育哲学研究の基礎として位置づけられてきた『教育学』や『人間学』にかぎらず、批判期の哲学をより広い範囲で見渡してみても、教育哲学研究の対象として論じるべき主題を数多く挙げることができ、教育の哲学として批判哲学を解釈することは十分に可能であることを証明できたことであると考える。もちろん、この成果に依拠して、教育という主題がカントの哲学の中心的な位置を占めていたとまで言うつもりは毛頭ない。だが、少なくとも、『純粋理性批判』と『実践理性批判』とのいずれにおいても方法論に関する論述がなされていたように、彼の批判哲学の中には常に教育学的な関心というものがあったように思われる。本書は、そうしたカントが有していた教育学的関心をすくい上げ、これまで着目されてこなかった批判哲学と教育哲学との関係性に焦点を当てた研究である。
　この本研究の目的を達成するために第Ⅰ部で設定した主題が、カントの教育哲学の特性を正確に把握することであった。道徳教育論を中心とした彼の教育論を着実に読み込んでいくという基礎的作業にはじまり、その教育論の中でも見落とされてきた良心の位置づけや教育方法論にまで注目することによって、カントにとって教育という主題が決して瑣末なものではないということが明らかになった。
　ただし、カントの教育哲学の特性を読み解いていくという場合、それがどのような背景のもとで生まれたものであるのかという点を無視することはできない。そこで第Ⅱ部の主題として取り組んだのが、カントとその周辺思想家との関係性を解明することである。すると、公教育論や理性の陶冶につい

ての考え方など、先哲との共通項や相違点が明確になり、さらに、カントを継承していった哲学者が彼をどのように受け止めていたのかを確認することもできた。

　これら二つの成果により、カントの教育哲学の特性を総合的に整理することができた。そしてそれらを踏まえ、本書では、四つの主題についてカントの批判哲学がもつ教育学的な意義を提示したわけである。ところで、批判哲学の体系から読み取ることのできる教育学的主題については、本書で取り上げることのできたものが全てであるわけではない。次節でも述べるように、批判哲学の中には教育哲学の課題として論じるべき主題はなお残されている。とはいえ、子どもを教育する上でその自由をどのように位置づけるべきなのか、あるいは、制度としての公教育をどのような枠組みに則って構想していくべきなのかといった問題をはじめ、彼の教育哲学の本質的な部分に関しては、第Ⅲ部の中で網羅することができたと考えている。

　しかし、素朴な疑問として思い浮かぶのは、国内外で無数の研究成果があげられているカント研究にあって、なぜ教育学の立場に立って行われる研究の領域にはいまだ論じ尽くされていない主題が残されていたのかという点である。この点については、序章でも触れたように、カントが教育学を大学で講じたそもそもの理由が彼の学問的関心によるものではなく、外的な要因によるものであったことや、その講義に基づいて編纂された『教育学』の体系性が著しく欠如しているといった問題点が第一に挙げられるだろう。また、カントを研究対象とするわれわれの側に目を向けてみると、カント研究の対象の花形はあくまでも『純粋理性批判』を中心とした批判哲学であり、先に述べたような難点を抱えている教育学にあえて取り組む道を選択するということは稀であったということも、要因の一つに挙げられるかもしれない。いずれにせよ、カントの批判哲学がもつ教育哲学的な意義はもちろんのこと、彼の教育哲学の特性を解明する研究ですらも、これまで十分には遂行されてこなかったのである。

では次に、本研究の成果が社会的にどのような意義を持ちうるのかを、二つの点に分けてまとめていきたい。一点目は、教育の領域に新自由主義の考え方が入り込んだことにより、教育の制度を論じる際の規準がもっぱら効率性という尺度に矮小化されてしまった現代において、そうした狭い視野に対する再考を促す指摘をカントが行っていたということである。その代表例を第7章で明らかにしたわけだが、もちろんそれに限らず、第10章で論じたように、人格の絶対的価値を重んじる彼の価値論を教育の場に生かすことも、効率性の名の下に人間を手段化しかねない潮流に待ったをかけることになるだろう。このような諸論を展開したことは、批判哲学の中に見出される教育論がもつ社会的な意義であると言うことができるだろう。

　二点目は、教育学研究における教育哲学研究の立ち位置をめぐる問題である。同じ研究領域に属する研究者間でも、人それぞれその学問観というものは多少なりとも異なるものであろう。とはいえ、教育哲学がその周囲から求められているものについて考えてみると、教育の制度を設計したり、長期的な展望を抱いたりする上で、それらに資する規範理論を提示するという役割が挙げられる。しかし、ポストモダンの洗礼を受け、近代思想の物語性が暴かれた後の教育哲学は、周囲から期待される役割を積極的に担うことに臆病になり、壮大な規範理論を提示することは難しくなった。それによって、同じ教育学を領域とする研究者にとっても、現場で教育に携わる教師にとっても、哲学の意義が実感しづらくなってしまったように思われる。

　哲学が導き出す結論は、現場に携わる教師からすれば、おおよそ当たり前の内容であることが多い。例えば、教育における強制と自由をめぐるアポリアも、概念レベルでの議論からすれば矛盾した関係にあるように見えるかもしれないが、かといって、子どもに対して全く強制を加えずに教育することで、その子どもが自由に育つかどうかを感覚的に思い描いてみると、答えは自ずと明らかだろう。本書の第8章では、「教育における強制は子どもが自由になるために不可欠の過程である」という結論を得るために多くの紙幅を

要したが、そうした結論を得るだけであれば、実践的な感覚に頼るだけで十分であると言えるだろう。しかし、それは哲学が不要であることを意味するわけではない。教師が日々の実践の中で感覚的に経験しているものと、哲学の教えとが共通した内容を示していたとしても、否、示すことが往々にしてあるからこそ、哲学は実践に対する理論的な後ろ盾となれるはずである。そして、そこにこそ哲学研究の大きな意義があると考えられる。

ポストモダンを経た今、安易に近代哲学に回帰することはできない。それでもなお、教育改革の方向性や将来の構想が混沌とする状況にあって、ポストモダンのさらにその後について考える時、近代哲学の中心的な存在でもあるカントの主張に、現代の諸問題を解く上でのヒントがないかどうか再点検することの意味は大きいのではないか。ポストモダンの経験によって近代哲学が築き上げてきたものの全てを捨て去るのではなく、その限界を見極めつつ、同時にその可能性を再評価することが、カントの教育哲学を現代に生かすことにつながるだろう。

第3節　今後の課題と展望

本研究を締めくくるにあたって、これまでの考察全体を通して、さらなる課題として浮かび上がってきた点を二つ挙げておきたい。

一つ目は、カントの教育哲学の中で描き出される人間像をより鮮明に描き出していくという作業である。本論では、第3章でカントの道徳教育の方法論について取り上げたが、そこでは彼の掲げる問答教示法の実践的な有効性については疑問の余地が残り、また、問答教示法を通して生徒のうちにどのような変化が生じるのかという点について詳細に論じることはできなかった。また、第10章でも述べたように、道徳法則に則って行為する主体には、道徳的な規準によってその価値観を絶えず問い直すという積極的な姿勢が求められる。このように、教育者から受動的に知を会得することだけが問題なの

ではなく、その知を用いながら自らを律し、絶えず自らの姿勢を反省し続けるという積極的な姿勢を身につけることに意味があるとすれば、そうした姿勢そのものを養成することはできるだろうか。できるとすれば、それはいかにしてか。こうした問題点をめぐって、カントは、訓練、教化、文明化、道徳化というように、それぞれの段階の教育目標とそこで必要とされる教育内容を論じつつ、それらを包括する主たる目的として、自律的な主体の育成というテーマを根底に据えている。そして、そうした自律的な主体の特徴として考えられるのが、「哲学すること（Philosophieren）」を実践する態度を身につけているという点である。カントは『純粋理性批判』の中で、世界概念として哲学（Philosophie）を捉えた場合、哲学は統一的な体系として学ぶことができる対象ではなく、哲学することのみを学ぶことができると言っている。このように、哲学することへと主体を導いていくこと——それを哲学教育と呼ぶことができるのかもしれないが——の意味や、哲学するという態度を養成するために必要なことは何なのかを、カントの論理に寄り添いながら紐解いていくことが目下の課題である。

　二つ目は、宗教教育のあり方についてである。本研究では、主に第Ⅰ部の中で道徳教育の原理と方法論を主題として論じたが、道徳と宗教との関連性にまで論及することはできなかった。これら二つの概念の関連性を端的に表す一節としては、『宗教論』の中に「道徳は不可避的に宗教へと至る」（Ⅵ 6）という言葉がある。つまり、他のいかなる動機によってではなく、道徳法則の命じるままに行為を実践するところに道徳的な価値がある一方で、そうした道徳的な行為を実践するには人間の能力は十分ではないため、人間が道徳法則を遵守して行為できるようになるためには、宗教の存在を欠かすことができないというわけである。道徳的な行為を実践したその先に、自らが幸福に値する存在であるのを望むことができるということが、道徳的な要請としての宗教の位置づけである。こうした道徳と宗教との分かちがたい関係性を前にすると、たとえカントが『宗教論』の中で宗教の教育学的な意義に

ついて言明しておらず、また、そうした現状もあってか、この問題に関連した先行研究が着手されていないとしても、彼の論考の中から教育学的知見として理解できる要素を読み取っていく努力は必要であるように思われる。それは、たんに宗教という概念を教育の場でどう伝えていくかという問題だけではない。例えば『宗教論』では、人間の道徳的な変容のあり方を示すものとして、「思考法の革命」というきわめて重要な術語が挙げられている。人間が道徳的に善い存在になることは、計画的、系統的な教育によって確実に達成できることではなく、革命という根本的な転換が必要であるという主張の意味を解明することで、自律的な主体というカントにとっての人間の理想像へと至る教育の過程のありようを理解することができるだろうし、教育という営為の可能性と限界についても明らかになることが期待できる。『宗教論』をめぐって、思考法の革命という術語を教育学の視点から捉えることでどのような側面が見えてくるのかを検討し、さらに、宗教という概念そのものや、さまざまな宗教の教義を教育の場でどのように扱うべきなのかをカントの主張から解き明かしていくことが必要であると考える。

参考文献一覧（凡例に掲げたものは除く）

欧文テクスト

Dilthey, Wilhelm. *Wilhelm Dilthey Gesammelte Schriften, Band X, System der Ethik*, B.G. Teubner Verlagsgesellschaft, Stuttgart, 1958.

Jaspers, Karl. *Philosophie, Zweiter Band: Existenzerhellung*, Verlag von Julius Springer, Berlin, 1932.

Locke, John. *Locke's Conduct of the Understanding*, edited with introduction, notes, etc. by Thomas Fowler, Oxford: Clarendon Press, 1882.

Locke, John. *Some Thoughts concerning Education*, edited by John W. And Jean S. Yolton, Oxford University Press, 1989.

Locke, John. *Two Treatises of Government*, edited by Peter Laslett, Cambridge University Press, 1967.

Rousseau, Jean-Jacques. *Œuvres complètes de Jean-Jacques Rousseau III*, édition publiée sous la direction de Bernard Gagnebin et Marcel Raymond, Gallimard, 1964.

Rousseau, Jean-Jacques. *Œuvres complètes de Jean-Jacques Rousseau IV*, édition publiée sous la direction de Bernard Gagnebin et Marcel Raymond, Gallimard, 1969.

Schopenhauer, Arthur. *Arthur Schopenhauer sämmtliche Werke 2, Die welt als Wille und Vorstellung, Erster Band*, F. A. Brockhaus, 1922.

Schopenhauer, Arthur. *Arthur Schopenhauer sämmtliche Werke 4, Die beiden Grundprobleme der Ethik*, F. A. Brockhaus, 1922.

Schopenhauer, Arthur. *Arthur Schopenhauer sämmtliche Werke 6, 'Für Ethik' in:parerga und paralipomena*, F. A. Brockhaus, 1922.

Spranger, Eduard. *Eduard Spranger Gesammelte Schriften, Band I*, Max Niemeyer, Quelle & Meyer, 1969.

Spranger, Eduard. *Eduard Spranger Gesammelte Schriften, Band II*, Max Niemeyer, Quelle & Meyer, 1973.

欧文事典類

Duden Deutsches Universalwörterbuch, hrsg. u. bearb. vom Wiss. Rat u.d. Mitarb. D. Dudenred. Unter Leitung von Günther Drosdowski. Mannheim; Wien; Zürich:

Dedenverl., 1989.

欧文研究書

Beck, Lewis White. *A Commentary on Kant's Critique of Practical Reason*, the University of Chicago Press, 1960.

Cassirer, Ernst. *Kants Leben und Lehre*, Bruno Cassirer, Berlin, 1918.

Kauder, Peter. / Fischer, Wolfgang. *Immanuel Kant über Pädagogik*, Schneider Verlag Hohengehren, 1999.

Klemme, Heiner. / Kühn, Manfred. / Schönecker, Dieter (Hg.). *Moralische Motivation : Kant und die Alternativen*, Felix Meiner Verlag, Hamburg, 2006.

Koch, Lutz. *Kants ethische Didaktik*, Ergon Verlag, Würzburg, 2003.

Lausberg, Michael. *Kant und die Erziehung*, Tectum Verlag, 2009.

Menzer, Paul. *Eine Vorlesung Kants über Ethik*, Berlin, 1924.

Müller, Andreas. *Das Verhältnis von rechtlicher Freiheit und sittlicher Autonomie in Kants Metaphysik der Sitten*, Peter Lang, 1996.

Park, Phil-Bae. *Das höchste Gut in Kants kritischer Philosophie. Eine Untersuchung über den Zusammenhang von kritischer Ethik und Metaphysik*, Dissertation, Köln, 1999.

Paton, H. J. *Kant's Metaphysics of Experience*, vol.1, George Allen&Unwin Ltd., 1970.

Paulsen, Friedrich. *Immanuel Kant : sein Leben und seine Lehre*, Stuttgart, 1920.

Petrocchi, Ivano. *Lockes Nachlaßschrift Of the Conduct of the Understanding und ihr Einfluß auf Kant*, Peter Lang, 2004.

Prauss, Gerold. *Kant über Freiheit als Autonomie*, Klostermann, Frankfurt am Main, 1983.

Prauss, Gerold. *Kant und das Problem der Dinge an sich*, Bouvier Verlag, Bonn, 1974.

Roth, Klas. / Surprenant, Chris W (ed.). *Kant and Education*, Routledge, 2012.

欧文論文

Hahmann, Andree. "Kant und die Dinge an sich — Was leistet die ontologische Version der Zwei-Aspekte-Theorie?" In: *Allgemeine Zeitschrift für Philosophie*, Jahrgang 35, frommann-holzboog, 2010, S.123-144.

Heinrichs, Bert. "Kants angewandte Ethik — Zur Architektonik der Moralphilosophie Kants und ihrer Bedeutung für die zeitgenössische angewandte Ethik," In: *Phil-*

osophisches Jahrbuch, 119, Jahrgang Ⅱ, Verlag Karl Alber, 2012, S.260-282.

Jackson, Liz. "The Individualist? The autonomy of reason in Kant's philosophy and educational views," In: *Studies in Philosophy and Education,* Volume 26, Issue 4, 2007, pp.335-344.

Johnson, James Scott. "The education of the categorical imperative," In: *Studies in Philosophy and Education,* Volume 25, Issue 5-6, 2006, pp.385-402.

McBay Merritt, Melissa. "Kant on Enlightened Moral Pedagogy," In: *The Southern Journal of Philosophy,* Volume 49, Issue 3, Wiley-Blackwell, 2011, pp.227-253.

Ritzel, Wolfgang. "Kant und die Pädagogik," In: *Pädagogische Rundschau,* Volume 18, Peter Lang, 1964, S.153-167.

Schüssler, Rudolf. "Kants ethisches Lügenverbot-der Sonderfall der Lüge aus Furcht," In: *Philosophisches Jahrbuch,* 120, Jahrgang Ⅰ, Verlag Karl Alber, 2013, S.82-100.

Schwartz, Maria. "Erziehung zur Freiheit. Kants Methodenlehren in KpV und TL als Antwort auf die Frage nach der Gründung eines (moralischen) Charakters," In: *Theologie und Philisophie,* 88, Jahrgang Heft 1, Herder Freiburg, Basel, Wien, 2013, S.26-46.

Stark, Werner. "Vorlesung—Nachlass—Druckschrift? Bemerkungen zu Kant über Pädagogik," In: *Kant-Studien,* Volume 91, Issue s1, Walter de Gruyter, 2000, S.94-105.

邦文テクスト

カント、Ⅰ.『カント全集17』加藤泰史訳、岩波書店、2001年

カント、Ⅰ.『カント全集第11巻』吉澤傳三郎・尾田幸雄訳、理想社、1993年

カント、Ⅰ.『カント全集第16巻』尾渡達雄訳、理想社、1966年

シュプランガー、E.『教育学的展望：現代の教育問題』村田昇・片山光宏訳、東信堂、1987年

ショーペンハウアー、A.『意志と表象としての世界　正編Ⅱ』斎藤忍随・笹谷満・山崎庸佑・加藤尚武・茅野良男訳、ショーペンハウアー全集3、白水社、1975年

ショーペンハウアー、A.『意志と表象としての世界　正編Ⅲ』茅野良男訳、ショーペンハウアー全集4、白水社、1974年

ショーペンハウアー、A.『倫理学の二つの根本問題』前田敬作・芦津丈夫・今村孝訳、ショーペンハウアー全集9、白水社、1973年

ショーペンハウアー、A.『哲学小品集（Ⅲ）』生松敬三・木田元・大内惇訳、ショーペンハウアー全集12、白水社、1975年
ヤスパース、K.『実存開明〔哲学Ⅱ〕』草薙正夫・信太正三訳、創文社、1970年
ルソー、J.J.『エミール（上）』樋口謹一訳、ルソー全集第6巻、白水社、1980年
ルソー、J.J.『エミール（下）』樋口謹一訳、ルソー全集第7巻、白水社、1980年
ルソー、J.J.『社会契約論』作田啓一訳、ルソー全集第5巻、白水社、1979年
ルソー、J.J.『政治経済論』阪上孝訳、ルソー全集第5巻、白水社、1979年
ルソー、J.J.『ポーランド統治論』永見文雄訳、ルソー全集第5巻、白水社、1979年
ロック、J.『完訳 統治二論』加藤節訳、岩波文庫、2010年
ロック、J.『教育に関する考察』服部知文訳、岩波文庫、2007年
ロック、J.『知性の正しい導き方』下川潔訳、御茶の水書房、1999年

邦文事典類
新村出編『広辞苑』第六版、岩波書店、2008年

邦文研究書
アディッケス、E.『カントと物自体』赤松常弘訳、法政大学出版局、1974年
石川文康『カント 第三の思考』名古屋大学出版会、1996年
石川文康『良心論：その哲学的試み』名古屋大学出版会、2001年
井上達夫『他者への自由』創文社、1999年
宇都宮芳明『カントと神』岩波書店、1998年
太田可夫『ロック道徳哲学の形成』田中正司編、新評論、1985年
小倉志祥『カントの倫理思想』東京大学出版会、1984年
長田三男編『道徳教育研究』酒井書店、1992年
カッシーラー、E.『カントの生涯と学説』門脇卓爾・高橋昭二・浜田義文訳、みすず書房、2003年
ガットマン、A.編『マルチカルチュラリズム』佐々木毅・辻康夫・向山恭一訳、岩波書店、1996年
金子武蔵編『カント』理想社、1969年
川島秀一『カント批判倫理学：その発展史的・体系的研究』晃洋書房、1988年
川島秀一『カント倫理学研究：内在的超克の試み』晃洋書房、1995年
岸本芳雄・市倉宏祐・島田四郎『倫理学』建帛社、1987年
北岡武司『カントと形而上学：物自体と自由をめぐって』世界思想社、2001年

公教育研究会編『教育をひらく』ゆみる出版、2008 年
高坂正顕『カント』理想社、1977 年
齋藤智志・高橋陽一郎・板橋勇仁編『ショーペンハウアー読本』法政大学出版局、2007 年
齋藤純一『公共性』岩波書店、2000 年
篠澤和久・馬渕浩二編『倫理学の地図』ナカニシヤ出版、2010 年
杉田聡『カント哲学と現代：疎外・啓蒙・正義・環境・ジェンダー』行路社、2012 年
鈴木晶子『イマヌエル・カントの葬列』春秋社、2006 年
世界教育史研究会編『世界教育史大系 11　ドイツ教育史Ⅰ』梅根悟監修、講談社、1976 年
ドゥルーズ、G.『カントの批判哲学：諸能力の理説』中島盛夫訳、法政大学出版局、2000 年
遠山義孝『ショーペンハウアー』清水書院、2001 年
中村清『改訂 公教育の原理』東洋館出版社、2004 年
西村晧・牧野英二・舟山俊明編『ディルタイと現代』法政大学出版局、2001 年
新田孝彦『カントと自由の問題』北海道大学図書刊行会、1993 年
日本ショーペンハウアー協会編『ショーペンハウアー研究』第 14 号、日本ショーペンハウアー協会、2009 年
ヌスバウム、M. 他『国を愛するということ』辰巳伸知・能川元一訳、人文書院、2000 年
ハウスケラー、M.『生の嘆き：ショーペンハウアー倫理学入門』峠尚武訳、法政大学出版局、2004 年
橋本智津子『ニヒリズムと無：ショーペンハウアー／ニーチェとインド思想の間文化的解明』京都大学学術出版会、2004 年
ペイトン、P. J.『定言命法』杉田聡訳、行路社、1986 年
ベック、L. W.『カント「実践理性批判」の注解』藤田昇吾訳、新地書房、1985 年
保呂篤彦『カント道徳哲学研究序説：自由と道徳性』晃洋書房、2001 年
牧野英二『カントを読む』岩波書店、2003 年
増渕幸男・森田尚人編『現代教育学の地平』南窓社、2001 年
矢島羊吉『カントの自由の概念』福村出版、1986 年
ヤハマン、R.『カントの生涯』木場深定訳、理想社、1978 年
リオタール、J. F.『ポスト・モダンの条件』小林康夫訳、水声社、1986 年

邦文論文

石橋孝明「カント『教育学』の基本構造」『哲学論文集』第 43 輯、九州大学哲学会、2007 年、41-57 頁

稲垣恵一「カントのロック批判――先験的対象と実体の議論をめぐって――」『哲学会誌』33 号、弘前大学哲学会、1998 年、1-12 頁

宇都宮芳明「カントの教育論」『理想』611 号、理想社、1984 年、97-107 頁

宇都宮芳明「絶対的価値と相対的価値――カントの倫理的価値の位置づけについて――」『法と道徳』哲学雑誌第 91 巻第 763 号、有斐閣、1976 年、82-102 頁

江黒忠彦「カントの教育哲学における人間性」『帝京平成大学紀要』Vol.14 No.1、帝京平成大学、2002 年、13-22 頁

江坂正「ルソーの教育思想――『公教育』論について――」『立命館文学』第 334・335 号、立命館大学人文学会、1973 年、1-25 頁

小野原雅夫「カント良心論の体系的位置づけ――神へと至るもう一つの道――」『福島大学教育学部論集 人文科学部門』第 70 号、福島大学教育学部、2001 年、1-10 頁

小野原雅夫「自由への教育――カント教育論のアポリア――」『情況』第 3 期第 5 巻第 12 号、情況出版、2004 年、212-222 頁

尾渡達雄「カント教育論の性格について」『哲学』第 18 集、広島哲学会、1966 年、60-71 頁

加藤泰史「啓蒙・他者・公共性――『グローバルな公共性』の構築に向けて――」『別冊 情況』第 3 期第 5 巻第 12 号、情況出版、2004 年、189-200 頁

加藤泰史「法的なるものと政治的なるもの――カントの『理性の公共的使用』をめぐって――」『中部哲学会年報』第 37 号、中部哲学会、2004 年、25-38 頁

亀井一「公と私のインターフェース――ドイツ語を手掛かりにヨーロッパの『公共性』をさぐる試み――」『大阪教育大学紀要』第 I 部門第 53 巻第 1 号、大阪教育大学、2004 年、65-75 頁

木村勝彦「カント自由論の研究序説――物自体概念をめぐって――」『哲学・思想論集』第 15 号、筑波大学哲学・思想学系、1990 年、189-209 頁

蔵田伸雄「尊厳と目的自体――カント『道徳形而上学の基礎づけ』における二つの道徳的価値――」『論集』第 9 号、三重大学人文学部哲学・思想学系、1999 年、109-122 頁

黒積俊夫「経験の成立――ロックからカントへ――」『名古屋大学文学部研究論集』

78号、名古屋大学文学部、1980年、114-136頁

佐々木賢「教育商品化の現在」『現代思想』vol.42-6、青土社、2014年、51-63頁

渋谷久「カント『純粋理性批判』における物自体の問題」『哲学』第17号、日本哲学会、1967年、167-177頁

菅沢龍文「カントの良心論の革新性について」『哲学』第42号、日本哲学会、1992年、169-179頁

鈴木晶子「カントの教育学」『現代思想』Vol.22-4、青土社、1994年、332-341頁

千葉建「カント倫理学における道徳的動機づけの問題」『哲学・思想論集』第39号、筑波大学哲学・思想学系、2014年、73-84頁

寺下明「教育における『自由』の実現について――カントの道徳陶冶論を手がかりに――」『東北福祉大学研究紀要』第21巻、東北福祉大学、1996年、33-43頁

西山法宏「カント倫理学のルソー受容問題」『哲学論文集』第44輯、九州大学哲学会、2008年、55-72頁

原田茂「カント『教育論』の人間観――特にルソーとの関連において――」『教育哲学研究』第12号、教育哲学会、1965年、15-27頁

藤井基貴「カント『教育学』における公共的教育と私的教育――öffentlich概念に注目して――」『中部教育学会紀要』第5号、中部教育学会、2005年、15-28頁

三井善止「カント教育論の目的論的構造」『教育哲学研究』第64号、教育哲学会、1991年、29-43頁

三井善止「カント哲学における物自体の展開と『私』の問題」『論叢』第22号、玉川大学文学部、1981年、55-72頁

三井善止「カントの物自体論」『関西学院哲学研究年報』第八輯、関西学院大学哲学研究室、1967年、1-36頁

皆見英代「『規準』と『基準』・'criterion'と'standard'の区別と和英照合――教育評価の専門用語和訳に戸惑う――」『国立教育政策研究所紀要』第137集、国立教育政策研究所、2008年、273-281頁

三渡幸雄「カントにおける『良心』の問題」『人文論叢』第37号、京都女子大学人文・社会学会、1989年、51-98頁

村上保壽「ルソーとカント――カントに与えたルソーの影響の断片的考察――」『倫理学年報』第22集、日本倫理学会、1973年、63-76頁

矢野眞和「教育家族の逆説」『現代思想』vol.42-6、青土社、2014年、173-185頁

山口匡「カントにおける教育学の構想とその方法論的基礎――理論＝実践問題と≪judiziös≫な教育学――」『教育哲学研究』第71号、教育哲学会、1995年、73-86

頁
脇坂真弥「カントの自由論——二つの自由概念と自由の根拠をめぐって——」『宗教研究』No.317、日本宗教学会、1998年、51-74頁

初 出 一 覧

序　章　書き下ろし

第Ⅰ部　道徳教育論を主軸としたカントの教育哲学の再定位
　第1章　『教育学』と道徳哲学との関係性から読み解くカントの教育哲学
　　「カントの道徳教育思想とその現代性」上智大学大学院修士論文、2008年。

　第2章　カントの良心論とその教育学的位置づけ
　　「カントの良心論とその教育学的位置づけ」『上智教育学研究』第22号、上智大学教育学研究会、2009年。

　第3章　道徳教育の方法論としての「問答教示法」
　　「カントの道徳教育方法論――『問答教示法』の意義をめぐって――」『上智教育学研究』第21号、上智大学教育学研究会、2008年。

第Ⅱ部　カントの教育哲学と周辺思想家との関係性の検討
　第4章　カントの教育哲学に対するルソーの影響――公教育の概念を中心に――
　　「カントの教育思想に対するルソーの影響――公教育の概念を中心に――」『関東教育学会紀要』第38号、関東教育学会、2011年。

　第5章　教育哲学者としてのロックとカント――理性の位置づけとその陶冶の方法をめぐる比較研究――
　　書き下ろし

　第6章　カントの道徳哲学に対するショーペンハウアーの批判
　　「カントの道徳哲学と教育の可能性――ショーペンハウアーの批判を通して――」『上智教育学研究』第20号、上智大学教育学研究会、2007年。

第Ⅲ部　カントの批判哲学と教育哲学
　第7章　カントの公教育論――世界市民的教育の現代的意義の探求――
　　「カントの公教育論――公共性（Öffentlichkeit）概念に基づく教育思想の現代的

意義の探求──」『上智大学教育学論集』第45号、上智大学教育学科、2011年。

第8章 カントの教育哲学にみる強制と自由との両立可能性
　「カントの教育思想にみる強制と自由との両立可能性」『教育哲学研究』第99号、教育哲学会、2009年。

第9章 「物自体」の概念とその教育哲学との関係性
　「カントの『物自体』の概念とその教育学的意義の解明」『武蔵丘短期大学紀要』第22巻、武蔵丘短期大学、2015年。

第10章 「絶対的価値」論と道徳教育の構想
　「カントの『絶対的価値』論と道徳教育の構想」『武蔵丘短期大学紀要』第21巻、武蔵丘短期大学、2014年。

結　章　書き下ろし

謝　　辞

　本書は筆者が 2015 年に上智大学に提出した学位論文「カントの批判哲学の教育哲学的意義に関する研究」に若干の加筆と修正を施したものである。
　学位論文を上梓するにあたっては、主査を引き受けてくださった加藤守通教授に大変お世話になった。加藤先生は、日頃から私の研究状況を気にかけてくださり、親身になってご指導いただいた。また、カントとその周辺思想家以外の領域に疎かった私にとって、古代ギリシャ哲学をはじめとした貴重な知見を学び、教育哲学研究に対する視野を広げることができたのも、先生のご指導があってのことである。
　また、副査として審査にあたっていただいた髙祖敏明教授、奈須正裕教授、池田全之教授にも心から御礼申し上げたい。髙祖先生からは、私が上智大学の学部 1 年生の時からご指導を賜り、歴史的視点から現代の教育を取り巻く状況を理解することの重要性を教えられた。奈須先生からは、哲学研究が机上の空論に終わることのないように、常に教育の現場に対する目配りを忘れずに研究に携わることの意義を学んだ。私の研究が何とか学位論文として体をなすことができたのは、両先生の温かいご指導の賜物にほかならない。また、フィヒテやシェリングをはじめ、近代のドイツ思想を専門としておられる池田先生からは、これまで私が行ってきた研究を温かい目で見守ってくださり、研究の専門的な領域に関わる大変貴重なアドバイスを賜った。
　本書を書き終えてみて、私がカントの哲学と出会ってからもう 10 年以上になるかと思うと、月日の経つのは早いものだと実感する。カントの思想にはじめて触れたのは、学部 3 年次に、恩師である増渕幸男先生の講義でその著書が紹介されたからであった。そこで手に取った『道徳形而上学の基礎づけ』の内容にすっかりのめり込み、ここまで一人の哲学者を研究し続けるこ

とができたのは、増渕先生のご指導のおかげである。すでに増渕先生は大学を退職され、先生のご指導の下で本書を仕上げることができなかったことを大変申し訳なく思っている。それでも、研究が遅々として進まない状況を温かく見守ってくださり、時には厳しい助言を与えてくださったことには感謝の言葉も見つからない。

　また、増渕先生の下で共に学びあった増渕ゼミ生は、よき仲間であり、切磋琢磨し合えるライバルであると思ってきた。彼らの存在は私の研究の原動力であり、そうした仲間に恵まれたことを本当に嬉しく思う。

　最後に、研究が思うように進まず、思い悩んでいる私を温かく見守り、相談に乗り支援をし続けてくれた家族に対して、この場を借りて深い感謝の意を表して謝辞としたい。

　本書を出版するにあたり、風間書房の風間敬子氏と大高庸平氏には多大な労をとっていただいた。ここで改めて厚く御礼申し上げる。

　なお、本刊行物は独立行政法人日本学術振興会平成29年度科学研究費助成事業（科学研究費補助金）（研究成果公開促進費）（JP17HP5209）の助成を受けて可能になったことを記しておかなければならない。

2017年6月

　　　　　　　　　　　　　　　　　　　　　　　　　　　　　筆者

索　引

あ行

愛
　──国　172-173
　自己──　27, 37, 130, 136, 144
　祖国──　98-100
　人間──　129-130, 135
　汎──　4-6
悪　26-27, 36, 47-48, 58-60, 75, 87, 100, 109, 111, 115, 129, 139, 142, 178, 181, 189-192, 195, 199-201, 231, 237
　根本──　39, 42, 47, 144, 192, 196
ア・プリオリ　77, 87, 127-128, 140, 217
アンチノミー　184, 207-210
イェシェ　7
意志　29-30, 37, 43, 57, 66, 68, 70-71, 74-75, 78, 82-83, 86, 93, 96-100, 102, 106, 116, 125-134, 136-140, 142, 144-149, 154, 181-184, 188-190, 200-201, 209, 213, 219, 227-228, 230, 232, 244
　──の自律　182, 184, 188-190, 193-195, 199-200
　選択──　→　選択意志
　善──　→　善
ヴォルフ　56
嘘　42, 70-71, 138, 234
『永遠平和のために』　76-77
英知　53, 55, 71, 148, 204, 208, 210-211,
　──界　29, 139, 210-213

　──的存在　20, 29, 54, 210-211, 213, 218, 221-222

か行

価格　141, 229
学院　99, 105, 162-163
格率　25-28, 31-33, 86, 99, 140, 188, 191-192, 196, 200, 235, 237
仮言命法　30-31
価値　3, 8-9, 12-13, 32, 36, 67, 75, 82, 84, 115, 119, 126, 129, 132-133, 136, 140-142, 145, 147, 153, 160, 173-175, 178, 204, 221, 223, 225-232, 235-236, 239-240, 244-245, 248-249
　絶対的──　12, 32-34, 140-142, 221, 225-229, 231, 233-236, 240, 245, 248
　相対的──　141, 227, 229
　道徳的──　48-50, 59-60, 65, 83-84, 86, 103, 119-120, 136-137, 143-145, 147-148, 169, 190, 196, 231, 250
学校　5-7, 158, 163, 165, 167, 173
　──教育　83, 105, 165, 167-168, 173
　──教師　158, 165, 167, 170, 173
『活力測定考』　113
家庭教師　41, 158, 165-167
神　38, 55-57, 71, 74-76, 83, 182-184, 208
関心　3, 10, 17, 35, 40, 45, 47, 56, 64, 66, 68, 72-74, 76, 78, 85, 89-90, 100,

107, 115, 119-120, 131, 140, 150, 172, 176, 181, 187-188, 232, 234-235, 240
感性　29-30, 37, 39, 68, 125, 134-135, 148, 186-188, 191, 194-195, 197, 206-207, 210, 214-216, 219-220, 222
　　――界　29, 87, 210-213, 215-216
　　――的存在　20, 29, 35-39, 53-54, 134, 210
『感性界と英知界との形式と原理』　20
義務　25-30, 34-36, 39-40, 42-43, 45, 49, 52-54, 57, 59, 65, 67-68, 71, 75, 77-78, 96, 98, 118, 130, 136, 138, 142-143, 145-146, 230, 234-235, 242
　　完全――　26-28
　　不完全――　27-28
『教育学』　1-4, 7-11, 17-20, 22-26, 34-35, 40-42, 45-46, 56-57, 63, 79, 86, 89-90, 94-95, 103, 109, 114, 117-118, 121, 153, 158, 161-162, 164-165, 179, 194, 217, 222-223, 233, 240-241, 243-244, 246-247
教化　19, 21-22, 24, 41, 107, 118, 120, 170, 196, 217, 250
強制　1, 12, 21-22, 25, 34-35, 39, 43, 66, 74, 79, 82-83, 89, 93, 97, 102, 104-105, 116, 124, 169, 170-171, 176, 179-180, 183, 186, 193-199, 201, 225, 239, 241, 244-245, 248
クヌッツェン　113
訓練　19, 21, 41, 83, 107, 117-118, 120, 162, 199, 217, 234, 250

傾向性　29, 34, 37-38, 66, 68, 70, 115, 117, 121, 134, 139, 190, 192, 201, 227, 231-232
『形而上学的認識の第一原理の新解明』（『新解明』）　181-184, 186
『形而上学の夢によって解明された視霊者の夢』　93
啓蒙　4-7, 74, 78, 80, 107, 158-160, 163, 168, 170, 174
『啓蒙とは何か』　4, 12, 158-159, 239, 244
現象　81, 126-128, 137, 185-186, 203-204, 207-208, 211-212, 214, 218
　　――界　139
公教育　2, 11-12, 93-96, 98-101, 103-109, 122, 153, 157-159, 161-165, 167-168, 170-176, 177, 225, 239, 243-244, 246-247
公共性　12, 101, 103, 108, 110, 153, 157-159, 161-163, 165, 168, 170, 174-176, 239, 243-244
幸福　28-29, 35-39, 42, 69-71, 103, 106-107, 128, 131-132, 134-137, 149, 169-171, 231, 242, 250
　　――主義　134-137
合目的性　80, 216
悟性　22, 50, 59, 80-82, 84, 118, 124, 127, 159-160, 206, 212-213, 222

さ行

私教育　94, 103-105, 109, 158, 162-167, 176
自然　20-22, 29, 32, 58, 71, 75-77, 80-

82, 84, 86, 95-97, 101, 117, 143, 146, 185-187, 192, 196, 207, 209-211, 214-216, 219-220, 233, 239, 245
　──的教育　10, 17, 19-24, 89, 94, 109, 114, 162, 166, 223, 233, 241
　──法則　31-32, 43, 54, 81, 185, 210
『自然地理学』　13
実践の教育　10, 17, 19-24, 41, 89, 162, 223, 233, 241
実践的自由　182, 184, 186-188, 191, 193-195, 197
『実践理性批判』　1, 4, 43, 45-46, 63-64, 67, 71-73, 78, 85, 87, 180-181, 189, 191, 200, 203, 205, 209, 211, 214, 218, 229, 240
『実用的見地における人間学』(『人間学』) 23, 42, 246
市民　95-96, 98-100, 102, 105, 107-109, 160-161, 169
　世界──　157, 164, 167, 171-173, 175, 177, 239, 244
社会　38, 94-98, 101-103, 106-108, 153, 157-158, 164, 168-171, 173, 225-226, 236, 239-240, 243-244
　──契約　97-98, 100, 102, 106
宗教　5, 37, 39, 46, 57, 60, 74-76, 85-86, 172, 250-251
熟練　36, 83
シュプランガー　55
『純粋理性批判』　1, 4, 11-12, 38, 45-46, 81-82, 123, 125, 180-184, 186, 188, 190, 193, 203-205, 209, 212, 214-215, 218, 221-222, 240

ショーペンハウアー　11, 123, 125-154, 243-244
自律　29, 31, 33-35, 39, 45, 60-61, 72, 74, 78, 80, 82-83, 97, 101, 107-109, 140, 143, 168-169, 180-182, 184, 188-190, 193-196, 199-201, 211, 213-214, 217, 219, 230, 243, 250-251
　意志の──　→　意志
人格　31, 33, 36-37, 54-55, 140-142, 161, 178, 218, 221, 227-230, 232-233, 235, 248
人格性　222, 233
心術　37, 64-66
進歩　38, 60, 160, 218, 220, 240, 245
人類　60, 87, 111
『人類史の憶測的起源』　95, 101
崇高　35, 57, 67
善　24, 30-31, 36-38, 42, 47-49, 58-59, 64, 70, 72, 85, 87, 93, 133, 139, 170, 178, 190, 192, 195-196, 220, 227, 251
　最高──　17, 36-38, 126, 133-137, 148, 153, 244
　──意志　32-34, 71, 75, 227
選択意志　186-192, 197, 200-201
　──の自由　181-184, 188-193, 195-196, 199-201
尊敬　36, 51, 86, 93, 99, 140, 147, 188, 230, 232, 234
尊厳　140-141, 177, 188, 194, 197, 218, 229-236, 240, 245

た行

他律　29, 54, 61, 138, 201

268　索　引

『たんなる理性の限界内の宗教』(『宗教論』)　5-6, 37, 42, 46, 50, 60, 74-76, 89, 181-182, 191-192, 196, 200, 242, 250-251
超越論的自由　181-188, 190-191, 193, 209, 217
定言命法　10, 19, 26, 28, 30-31, 33-35, 40, 45, 89, 93, 129-130, 137, 141, 143-144, 148, 191, 228, 237, 241-242, 245
ディルタイ　126, 142, 145-149
『哲学における永遠平和条約の近い締結の予告』　77
同情　11, 28, 125-126, 129-132, 136, 141-145, 147, 150, 154, 244
道徳化　9-10, 12, 17, 19, 24, 40-41, 45, 47, 56, 60, 89, 107, 118-120, 122, 179, 205, 217-220, 240-241, 245, 250
道徳教育　2, 9-11, 17, 25-26, 34, 38-40, 45, 57, 60-61, 63-65, 67, 71, 73, 79, 82, 84-85, 89-90, 144-145, 153-154, 221, 225, 229, 231, 233, 235, 240-243, 245-246, 249-250
『道徳形而上学』　1, 4, 10, 42, 46, 51, 53, 57-58, 61, 63-64, 67, 73-74, 78, 85, 89-90, 119, 123, 142, 181, 189-190, 195, 234, 242
『道徳形而上学の基礎づけ』(『基礎づけ』)　26, 28, 41-42, 45, 54, 180-181, 188-190, 192, 194, 203, 205, 211, 213, 227-229
道徳性　23-25, 29-31, 35-37, 39, 49, 51, 65-66, 72, 74, 93, 121, 125, 144, 150, 184, 188, 191-192, 195, 201, 209-211, 219-220, 223, 229-230, 233-235
道徳法則　29-30, 32-33, 36, 38-40, 45, 47, 52, 54, 58, 61, 64-66, 72, 77-78, 83-84, 86, 130, 134, 138, 143, 145, 148, 180, 184, 188-201, 211, 213, 217-218, 220, 230-232, 235-236, 249-250

な行

人間性　18-19, 31, 111, 164, 228-231, 234-235
認識　11, 22, 38-39, 50, 81-82, 84, 109, 113, 117, 119-122, 125, 127-128, 132-133, 137-140, 148, 150, 191, 203-204, 206-209, 211-216, 218, 239, 245

は行

バウムガルテン　56
バゼドウ　5-6
判断　21, 40, 45, 49-54, 56, 59-60, 65, 69, 80, 82, 84, 100, 119-120, 137, 145, 147, 149, 164, 168, 173, 199, 216, 220, 226, 232-233, 236
──力　32, 45, 50-51, 53, 65, 79-84, 87-89, 118, 198-199, 216, 242
『判断力批判』　43, 46, 80, 87, 203, 205, 213-216, 219, 221, 228, 239, 245
美　220
『美と崇高の感情に関する考察』　93
品性　24-25, 42, 179, 196, 233

フィヒテ　203
物件　227, 229
文化　111, 173, 178
文明化　19, 24, 41, 107, 217, 250
平和　76-78, 87
ヘルダー　7
『弁神論の哲学的試みの失敗』（『弁神論』）
　　10, 46, 48-50, 89, 242
法　169
ポストモダン　9, 225, 236, 248-249
ホッブズ　75

ま行

マイモン　203
物自体　2, 12, 126-129, 131, 199, 203-209, 211-222, 225, 239-240, 244-245
問答教示法　10, 61, 63-64, 67-69, 71-74, 78-79, 84-86, 89, 119-121, 153, 195, 234, 242-243, 249

や行

ヤスパース　55
要請　34, 37-38, 55, 74, 78, 102, 135, 158, 170, 208, 250
欲求能力　29, 81, 190, 209

ら行

理性的存在　32-33, 35-36, 125, 140, 227-229
理念　5, 17, 33-34, 36, 38-39, 63, 67, 76-78, 85, 96, 134-135, 148, 158, 172, 186-188, 190, 193, 208, 213-214

良心　10, 41, 45-61, 89, 242, 246
『理論と実践に関する俗言』　95, 102, 169
リンク　7-8, 13
ルソー　4, 11, 41, 93-103, 106-111, 114, 121-122, 153, 157, 243
怜悧　23-24, 42, 223, 233
ロック　11, 109, 113-124, 153, 243

筆者略歴

鈴木　宏（すずき・ひろし）

1984年生まれ。山口大学教育学部講師。上智大学大学院総合人間科学研究科博士後期課程教育学専攻満期退学。博士（教育学）。主な論文に「カントの教育思想にみる強制と自由との両立可能性」（『教育哲学研究』第99号、2009年）、「カントの公教育論――公共性（Öffentlichkeit）概念に基づく教育思想の現代的意義の探求――」（『上智大学教育学論集』第45号、2011年）等。

カントの批判哲学の教育哲学的意義に関する研究

2017年11月30日　初版第1刷発行

著　者　　鈴　木　　　宏

発行者　　風　間　敬　子

発行所　　株式会社　風　間　書　房
〒 101-0051　東京都千代田区神田神保町1-34
電話 03(3291)5729　FAX 03(3291)5757
振替 00110-5-1853

印刷・製本　中央精版印刷

©2017　Hiroshi Suzuki　　　　　NDC分類：134.2
ISBN978-4-7599-2195-3　　Printed in Japan

JCOPY〈(社)出版者著作権管理機構 委託出版物〉
本書の無断複製は、著作権法上での例外を除き禁じられています。複製される場合はそのつど事前に(社)出版者著作権管理機構（電話 03-3513-6969、FAX 03-3513-6979、e-mail: info@jcopy.or.jp）の許諾を得て下さい。